中国校本教研与校本课程数字出版平台
中国校本教研网 www.schooledu.com.cn
◎特别推荐◎

新生代语文名师核心教学主张

Xinshengdai Yuwen Mingshi Hexin Jiaoxuezhuzhang

许友兰 编著

江蘇教育出版社

图书在版编目（CIP）数据

新生代语文名师核心教学主张/许友兰编著. —南京：江苏教育出版社，2013.11

ISBN 978-7-5499-3360-0

Ⅰ.①新… Ⅱ.①许… Ⅲ.①中学语文课—教学研究 Ⅳ.①G633.302

中国版本图书馆 CIP 数据核字（2013）第 199550 号

书　　名	新生代语文名师核心教学主张
编　　著	许友兰
责任编辑	刘丹丹　祁篆萍
出版发行	凤凰出版传媒股份有限公司
	江苏教育出版社（南京市湖南路 1 号 A 楼　邮编 210009）
苏教网址	http：//www.1088.com.cn
照　　排	润星之源文化有限公司
印　　刷	九洲财鑫印刷有限公司
厂　　址	河北省三河市灵山大口
开　　本	787 毫米×1092 毫米　1/16
印　　张	20.5
字　　数	342 千字
版　　次	2013 年 11 月第 1 版　2013 年 11 月第 1 次印刷
书　　号	ISBN 978-7-5499-3360-0
定　　价	30.00 元
网店地址	http：//jsfhjy.taobao.com
邮购电话	025-85406265，85400774　短信　02585420909
E - mail	jsep@vip.163.com
盗版举报	025-83658579

编委会名单

主　　编　许友兰

编　　委　朱爱华　　姜树华　　黄年忠
朱永宏　　石　祥

总序：雉水边高地上远望美丽的日出

成尚荣

读这本论文、案例选集，我首先把目光投注在许友兰和她徒弟们的合影上。几位排列自然，疏密有致，明显让人感受到相互的依靠感，心心相印的气息迎面扑来，抑制不了的青春活力直溢心灵。合影真亮、真美。尤其是他们的目光，似乎不是对着相机，分明是在深情地远望着什么。远望什么？远望那又一次美丽的日出，因为他们正站在雉水边的高地上。

许友兰工作室是以雉水命名的，内在地蕴含着高地上的远望的意味。这是一个有志向的优秀团队，如今五位学员中已有一位特级教师诞生，三位成为南通市学科带头人，其他两位也呈现着蓬勃向上的态势。他们，将会继续向前、向上。是什么让他们在名师之路上走得又好又快？他们成功的关键因素有哪些？解决这些疑问的密码就“潜伏”在这本集子里，我们可以从论文与案例中去寻找、思考、发现。

一个团队必然有一个核心在起着组织、指导、引领、支撑的作用。许友兰雉水工作室的核心无疑是导师许友兰。许友兰，已退二线，但仍然年轻。我有时开玩笑地和她说：“许老师，你还像个小姑娘。”此话绝无奉承之意，也绝不是搞笑，戏说中有着我的一份真诚，因为我知道许友兰首先是真诚的。她真诚地对待每一个徒弟，真诚地对待每一个学生，真诚地对待每一个与她聊天的人，真诚地对待每一次讨论。她正是以真诚来建设这个优秀团队的，这是她特有的一种方式，这种特有的方式体现了她的人格魅力。当然，这种特有的方式也离不开她的学术魅力和研究魅力，这三种魅力融合化为一种真诚。如果要梳理、总结、抽象他们成功的经验，真诚是第一条，是前提。

古人云：“相由心生。”说的是人的相貌往往是心灵的映照，心灵的面貌往往由外在的相貌来表现。许友兰的年轻，正是她心灵的年轻；徒弟们的年轻，不仅是年龄之“轻”，更是心灵之“轻”。团队的年轻，是因为他们每个人的心里都住着一个儿童——心里存活着自己的童年，心里也装着无数个儿童。因此，他们爱儿童、像儿童，甚至，他们就是儿童，儿童就是他们奋斗的根据地。正是对这一根据地的建构与坚守，让他们站在儿童立场上，以童心去观察、对待儿童，从童心里生发出创造。如果要梳理、总结、抽象他们成功的经验，儿童立场上的童心是又一个重要的因素。

许友兰和她的团队喜欢说开发学习力、激越学习力。学习力首先是阅读力，他们读名著、读经典。我曾经参加过他们的读书会，倾听他们的阅读体会，感受他们的阅读方式，触摸他们的阅读品质。阅读，让他们踮高了脚跟，看得更远。可以说，雉水边的高地是阅读的高地。学习力还是思考力，他们常常在一起进行思想的碰撞与分享。分享的深度来自真正的碰撞，碰撞让思考有了深度和张力，思考让他们逐步确立自己的教育思想和语文教学主张。可以说，雉水边的高地更是思想的高地。如果要梳理、总结、抽象他们成功的经验，学习是他们成功的法宝。

许友兰把她的工作室叫作共同体。共同体有自己特有的文化，而文化的最高境界应当是和而不同。鲍曼在他的著作《共同体》中说，共同体中最大的矛盾冲突是共同体中的纪律与成员之间的自由，他认为这种矛盾是不可调和的，因而真正的共同体是不存在的。鲍曼自有他的道理，但是在许友兰工作室里，似乎这一矛盾并不存在，这是因为他们信奉、追求和而不同的最高境界。同一个团队，可以有不同的教学主张，可以有不同的模式、不同的风格。朱爱华追求、倡导"大语文"，认为大教育有大语文，大语文有大美；姜树华追求、倡导"言意共生"，他认为从言意兼得走向言意共生是一种发展，所以要"文本细赏"，要晤、焐、悟；黄年忠追求、倡导至简、让学、拓展；朱永宏追求、倡导言语实践；石祥追求、倡导"美读睿思，以读促悟"。尽管这些主张还需进一步斟酌、完善，但应当充分肯定的是，他们是认真的、负责的，是适合自己的，是有一定深度的。不同的见解在共同体里可以互相学习和支撑，可以共同成长。在许友兰工作室里，有权威，但无霸权。他们可梳理、总结、抽象的成功的经验，这一条——和而不同的文化氛围最为难能可贵。

要说的还有很多。不说了，让大家从中去体悟、发现吧。我也正在不断地发现和感受之中。不过有一句话还是要说，那就是，永远站在雉水边的高地上，去远望又一次美丽的日出吧！

序 一

金海清

新世纪以来，如皋秉承自然平和、优雅精致的精神传统，以“活动单导学”教学模式为抓手，以“活力教育、生态校园、幸福师生”为目标，不断追求更高质量、更加公平、更具特色的教育境界，倾力打造优质、均衡、和谐的如皋教育。

强教必先强师，办人民满意教育，迫切要求我们大力提高教师队伍素质，培养造就教育家。2008 年，我们成立“雉水名师工作室”，意在搭建名师成长服务平台，打造优秀教师群体品牌。我以为，“雉水”是个有底蕴的文化符号，它是如皋教育文化历史发展的根；“雉水”也是个有智慧的自我确认，教育引领着孩子仁义礼信、上善若水，与孩子一起爱智慧，修慧根；“雉水”还是个有艺术的美丽遐想，“如皋”的本义是到雉水边的高地去看日出，而教育其实也就是师生一起欣赏彼此心灵的日出。“雉水名师工作室”作为一个教学研究共同体，聚集一群追梦的人，在思想的教育丛林中，一起雕刻着教育的美好时光。

在这群追梦者中，我尤其敬重既有教育气质又有魅力气场的先行者——许友兰老师。说她有教育气质，是因为她对教育永远葆有一颗爱心，对孩子永远葆有一颗童心；说她有魅力气场，是因为她总能虚心为学向高人请教，又总能低调做事对自己提要求；说她是先行者，是因为她无论是作为老师提出的“自我学习——自我质疑——自我释疑——自我创造”的教学模式，还是作为校长提出的“小公民教育”，或者是作为导师提出的“和而不同”的个性发展主张，都让我感受到作为先行者的眼光与智慧。特别令我感动的是，她在退居二线后，仍然对南通、如皋教育矢志不渝，以自己的气度、人格、学养引领、指导、提携着年轻教师。

“许友兰工作室”是如皋市第一个“雉水名师工作室”，成立于 2008 年 7 月，其历史意义非凡。首批培养对象朱爱华、姜树华、黄年忠、朱永宏、石祥五人，是从全市报名的四十多名青年教师中选拔出来的。几年来，我多次参加了工作室的活动，真切感受到名师引领的重量，学员协作的能量，导师指导的力量。正如许友兰老师所说的那样：适合的才是最好的，虽然工作室成员起点不同，志趣各异，但都能在这个共同的精神家园里做最好的自己，从人生的每个角度实现自我生命的高度。到现在，这批学员中1人被评为“江苏省特级教师”，3人被评为“南通市学科带头人”，2人被评为“如皋市学科带头人、骨干教师”，其中2人进入南通市名师培养一梯队，工作室被列为“全国百佳名师工作室”。

翻阅“许友兰工作室”成果集，一篇篇成长故事、教学主张、课堂实录、教研论文让我很是感动。我觉得这些既是工作室几年活动的历史剪影和取得的丰硕成果，也是学员个人几年成长的智慧结晶和生命拔节的印记。这些都将给全市教师构建“学习共同体”、提升师德修养、促进专业成长以有益的启迪。我相信，只要我们懂得坚守与超越，坚持“通向理想彼岸的修炼”，如皋一定会出现更多的“常春藤”联盟学校！如皋教育必将赢得更为幸福、更加辉煌的未来！

（作者时任如皋市教育局局长，现任南通市教育局副局长）

序　二

张　俊

雉水名师工作室，是我市为推动教师专业成长，发挥名师辐射影响力，孵化本土优秀教师而进行的创新型举措。这样一种以点带面的教师培养方式，打破了以往“走出去”“请进来”的单一培训格局，不仅唤醒了教师内在的专业发展需求，而且促进了教师道德水平与人格品质的提升，成为区域推动教师发展路径的样本，在全市产生了广泛而深远的影响。

名师工作室的导师，是我市几位德高望重的特级教师，他们不仅在学术上深有造诣，而且在修养上境界高远。在这样的高地上，许友兰老师给我的印象尤其深刻。她是江苏省早期的特级教师，江苏省首批名教师。初识许老师时，我在高中教数学，她在小学教语文。尽管学科学段不同，但许老师的人品、学识和成就在教育圈内的评价已是很高，我听闻不少。我想，人如其名，一个以“兰”为“友”的教师，一定是美丽、优雅而纯净的！

后来因为工作的关系，我有更多的机会接触许老师。每次见面，我总能感受到她对教育的信仰，对儿童的爱，对教学之美的追求，其言其行，足以让人感佩。2008 年，“雉水名师工作室”成立，我作为分管教学的副局长当时就表态，自己乐意当工作室的后勤部长。从那时起，许友兰工作室的每一次活动，我都积极参与。除了从中学到很多东西之外，我也在不断思考，自己还能提供哪些服务，还能通过什么样的方式扩大许老师的影响力和辐射力。通过一次次的教学研讨、课题研究、主题沙龙、读书分享等活动，我对许老师及其所带领的团队有了更深入的了解。他们的确做到了以“兰”为“友”——形成了以许友兰老师为领军人物的“学习共同体”，形成了兰一般的精神气质。

兰有幽香，“寸心原不大，容得许多香”。在许老师看来，做人，首先就要有兰蕊蕴香那样的内涵，要练内功、积内秀。于是，许老师和工作室成员进行一番番谈心、一次次沙龙、一轮轮阅读、一节节研课……教育科学与艺术的一招一式在这里不断积淀、升华。正是有了这样的历练，工作室成员才有了一次次美丽的蜕变。翻阅此书，倍感亲切。从字里行间，我能清晰地看到许老师和她的学员苦练内功的种种情形。品读着学员的成长经历、教学主张、精彩案例，我能想象到他们挑灯夜读的孜孜不倦、钻研教艺的痴情不改、拾级而上的精进不止……而在这些风景的背后，我看到许友兰老师无私奉献的高尚品格，看到她为工作室成员的成长，为如皋教育的课堂改革，为地方教育的发展所做出的不懈努力和巨大贡献。

兰为王者香，故“众香拱之，幽幽其芳”。在许友兰工作室中，学员们聚集在导师许友兰的周围，在耳提面命中走向自信、自觉、卓越。在许老师看来，名师工作室只是一个平台，是一个学习成长的“共同体”。身处其中，感受到的不仅仅是知识的魅力、研究的快乐、成长的愉悦，还有一种家庭的温馨、家人的温暖、家长的期待。而各位学员也在自己的单位发挥着领军人物的作用。有的学员是校长，带领教师一起阅读、实践、反思、探究，增强学校的师资水平，提升学校的教学质量，促进学校的内涵发展；有的学员虽然还是普通教师，但也发挥着自己的教研骨干作用，推动着学校的学科建设和课题研究。这样的唤醒与促进，正是“名师工作室”存在的价值与魅力：一棵树摇动另一棵树，一位导师引领、激励一批学员的成长，一批学员推动、促进一个学科、一所学校乃至一片区域的发展。

教育是慢的，也是美的。“名师工作室”作为提升区域教育发展的一条路径，已经走过了五年，取得不少骄人的业绩。这份梦想和光荣，承载着许友兰等老师们的艰辛努力和持续奋进。然而，这只是一个开始，未来的美丽如皋教育梦还需要更多的导师与名师，需要更多的路径与抓手，也需要更多的教育人的担当与坚守。只有这样，我们才能创造出更加生机勃勃的如皋教育的春天！

（作者系江苏省如皋市教育局局长）

目录

Xinshengdai Yuwen Mingshi
新生代语文名师核心教学主张
Hexin Jiaoxuezhuzhang

许友兰

没有梦想的人生是没有色彩的人生。梦想，使我不断产生超越梦想的冲动，在教海中上下求索，自强不息。行者无疆，追求无限。我就像一个“仰望星空的追梦人”，一路前行，成就着自己，践行着自己不断创新、追求卓越的梦想。

CONTENTS

朱爱华

天地有大美，吾等向往之。大教育路上有大美，而我就一直行走在向往大美的教育之路上。当一个育者可以为着她所向往的大教育永不停息地努力，当一个师者永不停息地培养引领着一批批追求大美的育者，那其实也是一种大美！

姜树华

冬日的含蓄，那是一份渐进积聚的能量；春日的绚烂，那是一种拨云见日的亮相；夏日的升腾，那是一次锦上添花的蜕变；秋日的高远，那是一个整装再发的姿态。人生四季，一路欢歌。回归，也是再出发。今天，又是一个起跑点。

黄年忠

我对自己说：既然选择了做一名小学教师，课堂就是我的生命，儿童就是我的寄托。坚守课堂，对课堂教学艺术进行不断打磨和不懈追求，幸福我和我的学生；做一个忠实的教育工作者，在成长的历程中收获成功的快乐和幸福。

朱永宏

细品人生，我为能为师而幸福，能为“蝶”而追梦，能为梦而超越，虽然到达理想彼岸的征途仍很遥远，前行的路上不会风平浪静，追梦的途中仍有暴风疾雨，但我坚信：心中有梦，总会自由飞翔。

石 祥

雨果曾说："进步，意味着目标不断前移，阶段不断更新，它的视野总是不断变化的。"在的语文教学之路上，我且行且思，且思且行，不断前进，不断超越，实现着一次次难以言状的"美丽蜕变"！

2008 年工作室全体成员合影

2010 年 7 月工作室成员暑期研修于常熟合影

通往理想彼岸的修炼

——“雉水名师许友兰工作室”首批培养对象成长之路

人生如莲。成功是浅浅地浮在水面上的那朵看得见的盛开的莲，这朵花能否开放得美丽灿烂，取决于水面下看不见的那些根系和养分。名师工作室是一个培植根系、丰足养分、升华气度、夯实厚度的教育修炼家园。在这里，我们入教育之门、炼教学之术、开教学之智、悟教育之道，在不断修炼中逐步完善自我、超越自我。

——题记

名师是一个地区、一所学校的品牌和资源，是一个地区、一所学校的特色和风格。区域教育健康、持续、全面的发展离不开名师的打造和培育，离不开名师的支撑和引领。为青年教师的快速成长搭建平台，培养新一代名师，将优秀青年教师中的杰出者逐步培养成教育家和教学名家，是振兴区域教育事业的希望所在，也是打造如皋教育品牌的战略举措。

几年来，在教育局及各级领导的关怀与大力支持下，我努力探索构建学习型组织的各种途径，精心策划系列活动，倾心打造一个新的学习共同体，促进培养对象在工作室的推动下迅速成长。

共建愿景——突破成长瓶颈

工作室学员是从全市报名应考的四十多位青年教师中选拔出来的，他们有的是市骨干教师，有的担任一定的行政工作，有的曾在省、市、县教学比赛中获过等级奖。但他们纷纷遭遇着成长的“高原期”，于是，工作室成立之初，首要进行的就是导师与学员一起寻找突破瓶颈的途径，实现“心灵的转换”，走上自我发展的新境界。

1. 注重人格修炼

万事德为先，大德才有大成。我要求学员注重人格修炼，铭守师德，做一名既有国际视野又有民族气质的母语教育人；做一名既有良知又有德行的大写之人、大爱之人；做一名有方向感的教师，“志大则才大，事业大；志久则气久，德行久”；做一名语文的朝圣者，拥有宗教般的教育情怀，既仰望星空，又脚踏大地，永远朝着明亮的方向，不竭求索，前行不息。

2. 建立共同愿景

所谓共同愿景，就是“组织中人们所共同持有的意象或景象，它创造出众人是一体的感觉，并遍布到组织全面的活动，而使各种不同的活动融汇起来”（彼得·圣吉）。一个缺少共同发展目标、价值观与使命感的组织，是缺乏战斗力的。我们通过反复研讨、论证，确立了工作室的宗旨——建设核心团队，提携新秀，培养学科领军人；追求风格，形成流派；亮出了行动口号——打造学习研究共同体，构建自主、生态、智慧的语文课堂。共同的意愿、明确的发展方向，使工作室成为开放的学习研究型组织，成为互学互促的精神家园。

3. 整合个人意愿

工作室的学员来自县城和乡镇不同层次的学校，教学经历、教学个性、专业背景等均有所不同。针对不同的教师，我们有着不同的成长期待，不同的衡量尺规。我们要求学员从长远目标着眼，从近期目标着手，认真剖析自己的发展现状，准确定位，从读书为学、课堂教学、教育科研等方面设计自己的发展规划，将个人意愿与共同愿景进行无缝对接，增强了个人发展的内驱力和团队发展的内动力。

为了使共同愿景、个人规划落到实处，工作室建立了过程量化、考核评价等制度，编制了工作室学员年度考核表，清晰地记录每位学员专业化发展的成长轨迹。每学期末，将学员个人成长档案进行归类，量化考核，用科学的管理激励每一个学员的快速成长。

潜读经典——宏阔文化视野

一个优秀的教师，就是一个知识分子、一个文化人。他除了要掌握深厚的专业理论、熟悉教育教学规律和人才成长规律外，还必须拥有开阔的人文视野和丰厚的文化功底。这要求我们的学员广闻博览，不断丰厚教育学、心理学、学科教学的理论功底，潜心阅读经典，广泛阅读对自身发展有价值的书籍，把握学科潮流的发展脉搏，使读书成为生命的呼吸，成为日常的生活方式、自然的行走姿态，进而走向积聚思想、积淀文化的大家境界。工作室规定学员每学期阅读教育科学专著、学科理论书籍 5 本以上，每周读书笔记不少于 1500 字，在开阔他们文化视野的同时，帮助他们从日常的琐碎生活中突围出来，创造出一种别样的教育生活。

1. 规定共同篇目的阅读

每学年，工作室都会列出详细的阅读书目，学员按要求完成读书摘抄和读后感。几年来，我们以"走近教育大师"为主题，先后细读了苏霍姆林斯基的《给教师的建议》、洛克的《教育漫话》等百余本教育经典名著，学员们亲晤古今中外教育大师，了解了他们的教育主张和历史贡献，批判地吸收教育大师们的思想精髓；以"活动教学"为主题，阅读了日本佐藤学著的《学校的挑战——创建学习共同体》，对"活动单导学"教学模式的理论进一步溯源，实践进一步深化；以"提升文学鉴赏力"为主题，先后阅读《人间词话》等书籍，让他者声音与学员们的心灵对话；围绕"我曾这样阅读"，交流各自的个人阅读史，在喧嚣中享受一份恬静；进行分类阅读，教育理论、学科教学、人文历史等交叉阅读，分享交流；期刊杂志、小语网站、教育博客，一一浏览，碰撞整合；举行读后感评比活动，参加省、市、县各级读书征文竞赛，学员们写的《余秋雨散文对中小学教育的启示》《"实话"读书》《我一直在"功利"地读书》《直抵心灵的震颤》《教育人生》《在喧嚣中享受一片宁静》等读书笔记获得市级以上一等奖或在《教师博览》等刊物发表。

2. 个人价值取向的阅读

工作室还鼓励每位学员根据自身研究兴趣和专业发展方向，自主选择阅读相关书籍，丰厚自身的积淀。朱爱华从《中国文化通史（先秦卷）》等源头读起，辅以《秋雨文化》《跨越中英两国的教育机制》等杂书博览；姜树华深度细读了王尚文的《走进语文教学之门》《语文教学对话论》等书，对语感论展开深入研究；黄年忠读巴班斯基的《论教学过程最优化》等系列论著；朱永宏研读朱曦主编的《创造教育概论》等书；石祥读《教师，做个思想者》等书。他们均摘录了数万字的读书笔记，并灵活运用到教育教学实践中，逐渐形成了自身独特的教学风格。

对语名家——提升教育理念

工作室积极创造条件，"走出去""请进来"，引领学员走上专业成长的

"高速公路路口"。

1. 走近教育大师

几年来，我们沿着教育大师指引的方向一路攀登。著名教育专家、国家督学成尚荣先生对学员进行一对一的指导，帮助学员分析目标定位，勉励大家坚定方向、追求名师。我们邀请严清、杨曙明、冯卫东等学者作《跨越时空的对话——中国古今教育思想举隅》《西方古今教育思想述略》《我的读书生活》等专题读书报告；参加南通市名师培养一梯队的暑期研修，聆听湖南师大刘铁芳、南京师大杨启亮、教育专家成尚荣等专家学者的专题报告，不断刷新理念，坚定信念，向新的高度与深度不断迈进。

2. 融合名师风格

我们以"欣赏名师风格，畅谈教学主张"为主题展开对话，每位学员潜心观摩、研究于永正、窦桂梅、王崧舟、薛法根等大师的教学课堂，对他们的教学主张、教学风格、经典课例展开研讨。学员们在学习、借鉴、反思中梳理自己的教学历程，融合个人教学特点与课程理解，提出个人语文教学主张与策略。

击楫教海——锻造教学内功

名师的成长根基在课堂。课堂，是教书育人的主阵地，也是教师专业化成长的主平台。

1. 在课堂中打磨

工作室要求学员每月在校内开设一节公开课，每学期在全市开设一节研究课，将课堂作为我们学习型团队打造的着力点。磨课的过程，是提升教学理念、提高教学技艺的过程，也是课堂观察者和课堂执教者之间深层思考与对话的过程，由此建构和催生新的教学理念，实现共同成长。（1）内部打磨。学员的磨课先分别在各自的学校或工作室内进行，每一次磨课都力求全程录像，以便回放总结，发掘闪光点，修正不足。（2）专家指导。我们以每学期一次面向全市的大型教学观摩研讨活动为契机，邀请市教研员、教学专家一同参与，多角度、有针对性地进行研讨，促使每一次的打磨都是对前一次的刷新，是新一次的启程。（3）与名师同台会课。邀请江苏省特级教师、国内知名的新生代青年名师与学员同台会课，在不断地比照中取长补短，在共性中生成个性，共性与个性相生相成。

2. 在展示中完善

工作室精心设计校内展示、镇际交流、送教下乡、与名师同台会课、跨县、市、省交流切磋等不同层次、不同范围的教学展示活动。我们以“活动单导学”教学模式为抓手，围绕自己的研究课题，不断反思、总结，提升自己的教育思想、教学主张，力求成为“活动单导学”教学模式的传播者、带动者、引领者。几年来，5 位学员先后执教过省、市、县各级各类公开课 99 节（其中获国家级一等奖、特等奖 3 节，省、市一等奖 6 节），先后送教到本市 10 多个乡镇、学校，并远赴四川、南京、上海、河南、北京等 10 多个地区参加交流或竞赛，充分发挥了名师工作室的示范、引领和辐射作用。朱爱华赴贵州省执教《慈母情深》，生动地展示了她主题阅读的独特课堂风格与魅力；姜树华先后赴四川广汉、南京执教《窃读记》，充分展现了“活动单导学”“让学”理念与其“言意共生”的教学主张。

投身科研——植根生命沃土

教师是行动研究者，名师的成长应以教育科研为先导。工作室要求学员以课题研究为抓手，深入开展校本课程研究，切实解决教育教学中遭遇的现实问题。在培养期内，学员主持研究的市级微型课题不少于三项，或至少主持、参与一项省市级教育科学规划课题的研究，每年在省级以上刊物发表的文章不少于三篇。

1. 强化课题研究

“教而不研则浅，研而不教则空。”“无教学之技便顿失立身之本，无教研之好便立毁发展之基。”我们通过“压、推、引、促”等形式，让学员之间切磋琢磨，形成了良性竞争氛围，每位学员都分别承担了省、市、县级教科、教研课题，积极进行课题研究。朱爱华老师主持了江苏省“十一五”教育科学规划青年专项课题“小学语文教材二度开发的研究”，朱永宏老师的“小学高年级语文活动单导学模式的探索与实践”被列为国家课程标准苏教版小学语文教材科研课题子课题，石祥老师参加省级课题“小学倾听教育的理论与实践研究”的子课题研究，姜树华老师主持的南通市“十一五”重点教研课题“歌词教学对小学生语文素养提升的研究与实践”、黄年忠老师的国家级陶研课题“胡瑗与陶行知教育思想的比较研究”，2011 年都已顺利结题。

2. 活化沙龙研讨

几年来，工作室组织面向全市不同区域开展沙龙研讨活动 10 多次。或主题演讲，或答疑解惑，或对话碰撞，每一次的话题研讨都着力解决改革前行路上的一个普遍性的问题，从“‘活动单导学’教学模式不能拒绝现代化”，到“小学语文教学中活动单导学与教师引导的关系”，到“‘活动单导学’教学模式下语文学科特性的彰显”，再到“‘活动单导学模式’中个性风格的追求”等，每次沙龙都是思绪飞翔，意犹未尽，从不同的角度和层面进行深入探讨，有效地推动着小学语文学科“活动单导学模式”的深入发展。《彰显小语学科特点，推进“活动单导学”教学模式》《再谈“活动单导学”模式中教师的“导”》等沙龙系列文章在省、市报刊上发表，《“活动单导学教学模式”中个性风格的追求》2012 年被《名师之路》选为推介阅读文章。

几年来，名师工作室培养对象在学习中提升，在修炼中成长，学员们在各级各类教育教学刊物发表文章 222 篇，有 27 篇作品获奖，其中省、市一等奖 12 篇，2 篇论文被中国人民大学复印资料转载。工作室 5 位学员中 4 位走上了校级领导岗位，3 位成为学校掌门人。1 人被评为“江苏省小学语文特级教师”，2 人进入南通市名师培养一梯队，3 人成为南通市学科带头人，2 人成为如皋市学科带头人、骨干教师。他们相继荣获如皋市“名教师”“十大杰出青年”“十佳乡村教师”“市优秀教育工作者”“优秀校长”“劳动模范”“江苏省德育优秀工作者”“江苏省学科领军人培养对象”等殊荣，工作室被列入“全国百佳名师工作室”。更可喜的是 5 位学员在提升自己的同时努力带领自己所在的年级、学科、学校团队整体提升。2009 年我荣列“感动如皋”十大教育人物榜首，2010、2012 年《江苏教育研究》、南通《名师之路》的人物专栏、“当代名师”栏目均分别用两万余字的篇幅对我和我的团队进行了专题报道。

几年的团队打造，各级领导给予我们高度的评价——“名副其实的名师摇篮”“成效卓著的研究平台”。但我们清醒地认识到，这只是迈出了可喜的第一步，距离我们的共同愿景还很漫长。目前，第二批学员专业成长之舟已扬帆起航，在打造优秀教师“可持续发展”的精神家园之路上，我们将继续保持自己的行走姿态，超越昨天、超越自我、超越平庸，共同谱写未来人生与教育的精彩华章，在通向理想彼岸的修炼中，获得生命的充盈和成长的幸福！

许友兰

江苏省特级教师、江苏省首届名教师、中学高级教师。南通市小语学会副会长，如皋市人民政府兼职督学，南通市名师培养导师团、如皋“雉水名师工作室”两级导师。长期从事小学语文教学与研究，倡导培养学生“自学自创”的能力。多次执教各级公开课、做讲座，参与主持省“九五”、主持“十五”“十一五”立项课题并均已结题。在省、市级以上报刊发表教育教学论文80余篇，主持及参与编著《最新小学作文全功能题典》等10多部书籍，培养多名青年教师在全国、省、市、县课堂教学比赛中获一等奖。先后10次荣获市委、市政府记功、记大功奖励，荣获如皋、南通市两级连续六届专业技术拔尖人才、南通市全心全意依靠教职工办学的好校长、南通市优秀知识分子、南通市“三八红旗手”、南通市劳动模范、江苏省优秀指导教师、江苏省少年先锋队二级“星星火炬”奖章、江苏省劳动模范等荣誉称号。如皋市、南通市（两届）两级人大代表、党代会代表（南通市三届），2009年荣列“感动如皋”十大教育人物榜首。

仰望星空的追梦人

——我的成长故事

没有梦想的人生是没有色彩的人生。是梦想，使我无止境地追求，追求完美，追求卓越；是梦想，使我的事业走向精彩。梦想，使我不断产生超越梦想的冲动，在教海中上下求索，自强不息。30多年来，我怀着教书育人、传道授业的梦想，执著前行，从教师到校长，从校长到导师……

不断追求　圆优秀教师之梦

1. 追求称职

我从未向往过“教师”这个职业，更不曾用心去深究其职责的神圣。我对教师职业的挚爱，我对人生价值的追求，是萌生在一群“顽童”对我的公然失敬之中。

1975年秋，刚从师范学校毕业的我踏着清脆的上课铃声，不无几分自信地走向教室——这是一所偏离城中心的双轨小学。透过窗玻璃，我看见全班学生静候着，心里不免一喜。但是当我轻轻推开虚掩着的教室门时，一把笤帚“砰”然而坠，随之一片哗然，有的孩子几乎乐不可支。而我，心里顿时一片冰凉……

我的教育人生由此开始。这些不断上演的“恶作剧”迫使我对“教师”这个职业开始了最初的思考。稚气未脱的我开始探究这群“顽童”的心。在那狠批“师道尊严”、鼓吹“读书无用”的年代，我还能怪罪孩子们什么呢？当一名称职教师的念头在我心中开始萌发。我从深入学生、研究学生入手，学习优秀教师的经验，因势利导，激发学生的求知欲和上进心，终于使一个令人心冷的“乱班”建立起了正常的教学秩序。

2. 追求出色

1979年，我被调进全县规模最大、声名远播的如师附小。我心里明白，这不是一般的工作调动，而是我新的人生起点。当一名斯霞、李吉林式的人民教师，成了我初为人师时的梦想。

然而，开学第一天，我又碰上了一个难堪的局面：上课了，教室里还有 4 个座位空着。几经探询，又是一盆冷水迎头浇下："他们不来了，据说要调班。""听他们妈妈说，接班的老师年纪太轻，像个小孩子，怕教不好。"……我承认自己的年轻和稚嫩，但我不承认自己的低能甚至无能。一股难以名状的激流在我脑中奔涌，我萌生了"做一名出色的教师"的强烈愿望，开始潜心于自身教育教学素质的全面提高。

教师的威信，首先是建立在课堂教学中，而教学是一门艺术，因此，我时时提醒自己：要把每一堂课都尽力上成好课。我认真钻研教材，不断改进教法，力求取得最佳教学效果。1980 年，我在备课白居易的《暮江吟》时，对"一道残阳铺水中，半江瑟瑟半江红"的诗句产生了疑问：为什么同是一江水，会出现两种不同的颜色呢？查阅资料，请教他人，均未获得满意的答案。我不甘心，于是多次走近不同流向的江河，仔细观察夕阳下水面的景色，寻找问题的答案。几经观察、比较，我终于发现了诗句所描绘的意境：南北走向的江面上，夕阳残照，半江向阳，半江背阳——一幅色彩绚丽而又描写逼真的晚江图。课堂上，我边讲解，边绘简笔画，学生很快就理解了，并且深感作者观察的仔细和描写的真切。后来，我把自己对教材的理解写成文章，竟被一家省级刊物发表了。这是我的文章第一次变成铅字，它进一步增强了我不断求索、不断奋进的自信心。课前，我精心运筹；课后，我潜心反思，这已成了我的习惯，并乐此不疲。我珍惜白天，也利用黑夜，几乎天天灯下伏案，无论是寒气袭人的隆冬，还是燠热难熬的盛夏。因为，我要让自己有限的时间和精力，服从于我无限的追求。

3. 追求特色

1984 年，在不断高涨的教育改革浪潮中，县教育局和学校领导决定以"发展学生创造性思维能力"为探索课题，让我担任全市第一个实验点班语文教师兼班主任。这是对我何等的信任啊！5 年前，我遭遇了"调班风"，5 年后，我有了截然不同的遭遇：不少家长纷纷要求把自己的心肝宝贝调到我的试点班上来。在夜深人静时，我既享受着信誉带来的幸福，也感受到了国家、社会对教师的期望。思之再三，我下定决心要让自己做一个有特色的人民教师。

我把勤学、博学作为自身的行为准则。向书本请教，读孔子、杜威、赞科夫、苏霍姆林斯基，博览群书；向名家学习，陶行知、叶圣陶、魏书生、李吉林，博采众长；参加江苏省骨干教师研修班研修……我用自己的实际行动来实践自己要做一个“教人发现真理”的“优秀教师”的追求。“学然后知不足，教然后知困。”我知困更加知不足，所以，我要自强不息闯出一条新路。

1979 年，我率先从改变传统的教学模式着手，开始小学语文教学改革。1984 年秋，我又担任了“发展学生创造性思维能力”这全市第一个实验点班的语文老师兼班主任。我给刚跨入一年级大门的新生设计了这样一堂课：我带着半杯凉开水走上讲台，让学生依次闻一闻，辨别一下是什么香味，“测试一下谁最聪明”。学生全部闻过之后，我请凡是闻到“香味”的小朋友举手，有 30 多个学生陆陆续续举起了小手。看到还有 6 个小朋友没举手，我笑了，问他们：“难道你们认为老师讲得不对吗？”“杯子里没有香味！”“什么味道都没有！”这几个孩子七嘴八舌地说。我欣慰地笑了，说：“是的，其实这杯水没有任何香味！今天，老师通过这个小实验，要你们永远记住一句话——世界上最聪明的人，是那些能积极开动脑筋去发现秘密、不盲从的人。”我希望孩子们第一天跨进学校的大门，就能牢记，做任何事都要自己判断，不人云亦云，要注意发展自己的创造性思维能力。

从 1984 年到 1993 年，经过两轮实验，历时 9 年，实验班学生的学力、素质等综合素养都得到了全面发展。学生的语文能力、综合能力检测连续 18 个学期获年级第一，语文成绩和达到重点中学录取分数线的学生数均居全城之首，学生发表、获奖作品 150 余份，实验班 43 名学生，39 人被省重点中学录取，在全市创下了录取重点中学人数最多和班级学生发表作品最多的纪录。

在进行小学语文教学改革及实验班试点教学的同时，我在班级管理中也同步进行改革，提出了“自主教育”的“四自”育人主张，即思想上确立自立的意识，学习上培养自学的能力，生活上培养自理的习惯，工作中培养自治的才干。在我所任教的班级，孩子们没有贫寒的自卑和富贵的自傲。我信奉爱是教育最伟大的力量，我爱每一个孩子，力求将爱与平等种植于每个孩子幼小的心田。

我在教学方法、育人策略的创新实践过程中，逐步形成了自己独特的“自学自创”的教学风格，倡导“自主学习——自主质疑——自主释疑——自主创造”的教学模式，引导学生从自我学习起步，走向自我发现、自我创造。同时，我还积极从事教育科研，先后参与主持省“九五”、主持“十五”

“十一五”立项课题的研究，并且都已顺利结题。我多次应邀执教各级公开课、做讲座，在《江苏教育》《上海小学语文教师》《浙江教育》《黑龙江教育》等10多家省市报刊发表论文80余篇，《在语言环境中教学识字》载全国会刊，被作为全国学习新大纲的辅导资料。我用先进的教育理念把学生们带进了一个全新的学习境界。

1996年，执教20年的我被评为江苏省特级教师；同年，《江苏教育》将我列为封面人物。1999年我被评为江苏省首届名教师（全省小学仅10人）。我在追求称职——出色——特色——出类拔萃的专家型教师的道路上不断前行。

不断探索　走优秀校长之路

21世纪初，我走上了如皋师范附属小学校长岗位。我给自己的人生发展目标重新定位：做一个优秀的领跑人，走优秀校长之路！新世纪伊始，作为百年老校，面临着新的历史机遇和挑战，作为校长的我，也深感自己肩上的担子有多重。压力之下迸发动力，我与全体教职员工群策群力，共同寻找学校新的发展目标和生长点：全力打造基础教育品牌，培养一流的学生——能与国际融合的合格小公民；培养一流的教师——打造能培养一流学生的名师梯队！

1. 锻造一流教师团队

学校之大，大在思想。我深知，实现教育理想的关键在于拥有独立思想和梦想追求的教师，有教师的发展才有学生的发展。上任伊始，大批老教师退休，大批年轻教师涌进，青年教师占学校教师总人数的85%，且大多为独生子女。面对学校现状，我将锻造优秀名师梯队、全面提升青年教师整体素质作为学校可持续发展的核心工程来抓。

（1）联合高校，合作办学。我认为，学校办学水平快速提升的一个重要前提是教育教学思想的提升。2002年初，我提出了与高校合作办学、强强联手的办学思路。2003年3月6日，“南京师范大学如皋教育科学研究实验基地”正式挂牌。这是该校在苏中大地第一个教育科研实验基地，从此，如师附小步入了全面提升的快车道。

（2）专家引领，沙龙研讨。新课程改革刚开始，不少教师对新课程知之甚少，茫然无措，我们特邀吴永军博士、杨启亮博导，以及参与新课程标准制定的10多位专家先后来校给教师导航，与教师进行面对面零距离对话、沙龙研讨，帮助教师提升教育理念。

(3) 课堂打磨，三课并行。课堂教学观摩是提升教师专业实践能力的重要途径。新课程改革进程中，我们在学校搭建了内部比武、校际切磋、校外竞技相结合的教学擂台，着力抓好三种课：一是各教研组内每人必上的教研课，二是每学期一次的“泮水新韵——我与新课改同行青年教师课堂教学比武”，三是骨干教师示范课。上课与评点同步，人人参与。一次次点评就是一次次小型研讨会，不断碰撞，不断聚合，不断生成。系列磨课活动成为教师专业发展的闪亮品牌。我们还组织学校骨干教师编写了校本教材《生活与作文》(三册)、《在优秀传统文化中成长》(六册) 丛书 (被南通市评为优秀校本教材) 等。

2. 营造浓郁校园文化

我一直认为，学校的文化环境非常重要，它是教师赖以成长、发展的母体和磁场，因此，营造一个让师生感到幸福的精神家园一直是我的追求。

(1) 读书滋养，打造书香校园。教师，首先是一个读书人。因此，我要求教师阅读中外著名教育家的论著，以及教育理论和实践前沿的教育书籍，用名著名作滋养人生，提高教师自身的教育理性思辨能力和教学实践能力。要求教师做到：每学期精读一本书，每周一篇读书笔记，每学期参加一次读书心得交流或读书演讲比赛。学校定期向教师推荐读书目录，并先后赠送苏霍姆林斯基的《给教师的建议》等许多名著给教师，作为教师必读书；学校赛课、论文评比等各项竞赛活动的奖品是书；教师订阅教育教学杂志，学校给予费用补贴。全校上下人人有书读，人人都读书，读书成了教师生活之必须，读书为教师的教育教学活动提供了广阔的视角。

(2) 文化濡染，丰厚人生底蕴。我认为，一个教师内功的修炼还需要其他营养的濡染。于是，学校启动了培植教师内在文化的工程。例如：学校在每周一安排有15分钟文化渗透课。记得有一次，在全校人员学习时，会议厅的大屏幕上出现了“蓝色多瑙河”几个深蓝色的大字，随着淙淙流水画面的显现，一段旋律优美的圆舞曲在会议厅里荡漾开来。曲毕，音乐组长悦耳的声音响起：“各位老师，刚才大家欣赏的是大音乐家约翰·施特劳斯谱写的圆舞曲《蓝色多瑙河》……”在这特定的时段，教师们进一步认识了大音乐家贝多芬那具有交响曲之冠的c小调第五交响曲《命运》、被誉为“钢琴诗人”的波兰作曲家、钢琴家肖邦的《一分钟圆舞曲》、华彦钧 (阿炳) 的

《二泉映月》、20 世纪最伟大的艺术天才毕加索，等等。多元的文化为教师的人生铺底，教师们的心田逐渐丰盈！

3. 推行小公民教育

21 世纪初，我去美国考察，发现在美国的餐厅没有一点嘈杂的声音，人们静静地吃饭；在英特尔公司，员工们积极、快捷地从事自己的工作，没有大声喧哗，没有任何懈怠；接待室里，提供着让客人自选的各种果汁、水果等，每一位客人离开时都会将自己桌前清理干净，将椅子复位，包括高层领导……站在广阔的国际背景下，我们有了更深层次的思考，孩子是国家的未来，我们的教育应该着眼于未来社会的需要，把"一切为了孩子发展""培养具有健全人格、素质全面、能与国际社会相融合的合格的小公民，培养能与国际接轨的现代人"作为追求目标。

我们降低坡度，从规范学生言行举止的细节入手。以学会走路为起点，学校制定了"如师附小班级常规管理细则"，要求学生做到"五好""三轻轻"（说话轻轻、走路轻轻、取放物品轻轻）、"三随手"（随手关灯、随手关水龙头、随手捡拾废纸）、"三个不"（不追逐滚打、不攀爬窗户栏杆、不进网吧）等。学校还组织本校骨干教师编写了《在优秀传统文化中成长》读本，以"培养合格的小公民"为经线，以"怡情""礼仪""勤奋""友善""志向""正直"等为主题，浸润童稚心田，泽被莘莘学子。学校老师、学生和家长共同编制了《小公民成长指导手册——百名儿童手绘本》，分为"自我篇""家庭篇""学校篇""社会篇"四个版块，100 条纲目均配有学生亲手绘制的儿童画和朗朗上口的七字童谣，成为学生自我教育、自我反省、自我矫正的一本充满童趣的指导手册……学校通过多种措施，使规范和守则内化为学生的自觉行为。

我们还非常重视捕捉能震撼孩子心灵的德育资源，并努力在第一时间将它们呈现给孩子们。例如，汶川大地震第二天，我们的学生就手捧募捐红箱行动了起来，传递了爱的力量，并收获了许多爱的故事。

在我们的学校，德育是融入生活的德育，教育是融入活动的教育。我们用实际行动来实现我们追求的目标：

特聘外籍教师协办"快乐英语夏令营"，引导学生感受中西文化；

创办少年军校，培养学生坚毅的品格；

创建少年科学院，培养学生对科技的热望；

创建青少年校外活动中心、岸佛运动场，为孩子个性的充分发展搭建绚丽多彩的舞台；

……

在这一次次的特殊活动中，孩子们的心灵得到了净化，素养得到了提升。我们的老师就是这样用心地培育着合格小公民，执着地引领着大家做一个大写的人、一个幸福的人！学校先后获如皋市及以上集体奖项 100 多个，2007 年 8 月，我被南通市评为“全心全意依靠教职工办学的好校长”。

执着前行　育青年名师之材

2001 年以来，我多次拒绝了外地的高薪相聘，坚守如皋教育这方热土。2007 年 8 月，我离开了如师附小校长的岗位，但仍执着奋斗于教育教学研究的第一线。几年来，我把更多的精力投向了青年名师的培养。

1. 倾力托起教坛新秀

我把各级各类赛课作为年轻教师夯实基础、打磨综合素养的平台。2008 年 5 月，冒小燕老师荣获如皋、南通两级班会课大赛一等奖第一名，接着作为南通市的唯一代表将参加全国中小学优秀班会课大赛。一天夜里，时钟已经敲过 1 点，我接到了冒老师的求助电话，便随即起床，在网上与她研讨交流，用红色和绿色的字分别敲击出对教学方案的修改意图。最终，冒老师一举获得了教案设计、录像课、现场赛课 3 个全国一等奖。

从徒弟到其他青年教师，从语文到其他学科，只要有需要，我都凡请必到，听后必评。让我倍感欣慰的是，许多青年教师的综合素质都有了很大提升，周小艳、石祥、冒小燕、朱琳等 10 多位老师参加江苏省、全国课堂教学优质课大赛均获得了一等奖。

2. 倾情培育青年名师

2006 年、2008 年，我相继被聘为南通市名师培养导师团、如皋雉水名师工作室两级导师，在打造青年名师的征程里，我参与、领跑着新的学习共同体，同时，也不断刷新着自己。

2008 年 7 月，如皋市教育局创建了第一个“雉水名师工作室”，我受聘担任导师。我深知，这是如皋为青年教师的快速成长搭建的平台，它的目标就是要培养师德高尚、理念前卫、教学风格鲜明、教学成果突出、具有引领和辐射作用的名师梯队，促进教育均衡发展，打造如皋教育品牌。工作室成立以来，我和弟子们建立共同愿景，潜读经典，宏阔文化视野，感受学术潮流的最新脉动，升华人生境界；对话专家，不断刷新理念，超越自我，迈向新的高度；击楫教海，几十次的磨课，进行课堂教学改革，研讨、实践、助推“活动单导学模式”；投身科研，梯队成员分别承担了省、市、国家级课题研究，合着小语学科发展和如皋教学改革的脉搏开展了沙龙系列研讨。在通向理想彼岸的修炼中，工作室成员们获得了生命的充盈与成长的幸福。

几年来，名师工作室培养对象得到了很大的提升，得以迅速地成长，他们执教各级公开课，并获得多个奖项；发表文章并多篇获奖；多人走上领导岗位；获得“十佳杰出青年”“十佳乡村教师”“优秀校长”等多项殊荣。另外，他们在提升自己的同时还努力带领自己所在的年级、学科、学校团队整体提升，他们所在的安定小学、白蒲小学、高明小学等学校在全市的位置不断前移，进入同级别学校的第一方阵。

在这些青年名师快速成长的同时，我也不断提升、刷新着自己。《教育文摘周报》《江苏教育》《教师月刊》《小学教师培训》等国家和省、市、县报刊分别以《梦想与超越——许友兰的教育人生》《在梦想与超越中前行》《我习惯用“孩子”来称呼学生》《创新教育的实践者和引领人》《人生因创业而精彩》《她的面前是一片希望的田野》等对我进行过专题报道。2008 年、2009 年，市教育局组织拍摄了以我成长历程为线索的专题姊妹片《在梦想与超越中前行》《超越梦想的追求》，2010 年教师节以《画说追梦人生》为主题，采用“音诗画”的形式，将“我”搬上了舞台。

行者无疆，追求无限。有人说，我像一个“仰望星空的追梦人”。是的，从追求成为称职——出色——特色——出类拔萃的专家型教师，到追求成为培养青年名师的学科领军人，一路前行，我成就着自己，践行着自己不断创新、追求卓越的梦想。这情怀永远不变，这追梦仍在继续……

培植学习能力　为孩子一生奠基

——我的语文教学观

语文，是人类文化的基石，是民族文化的根基，是学生的精神家园。自 20 世纪 70 年代从事小学语文教学至今已耕耘 30 多年，我一直坚守、秉持

"你的思想是你语文教育的真正生命"的观点，不断实践且不懈追求最能代表语文教育生命的要义。我认为，披沙淘金，历久弥新的核心词依然是"能力"。从古代教育"授人以鱼，不如授人以渔"到终身教育所提出的"未来的文盲不是不识字的人，而是不会学习的人"，对"能力核心说"的认同是一脉相承的。无疑，倡导和培植学生的学习能力是当今教育的一项重要任务，也是当今教育中亟待进一步研究的课题。经过多年的探索、实践、思考，笔者以为培植学生的学习能力，可以从以下几个方面入手：

一、培植自主学习的欲望

心理学研究表明，动机作为一种非智力因素，是一切学习的原动力，具有唤起、定向、强化、维持、调节的功能。在培植学生自主学习的欲望方面，我非常注意强化个体与集体的学习动机，着力做的是：

1. 明确自主学习的目的

学习的目标，是激发和培养学生学习欲望的推动力。随着时代的发展，当年的独生子女相继成为新一代独生子女的家长。这是一个特殊的群体，他们大多天资聪慧，知识面广，拥有很多的优点，但不少人身上也有突出的缺憾，如依附性强、独立性弱化、责任心衰减等。这些性格的缺憾迁移到学习这个层面，就表现为学习目的性不明、主动性不足，学习能力呈退化趋势，与时代的要求相悖。为了培植学生自主学习的欲望，针对学生的现状，我帮助学生认真审视自己，让他们认识到自主学习是时代的要求，是自身发展的需要，也是生存的需要，没有选择余地，唯有增强自主学习的使命感，以积极主动的态度投入，变"要我学"为"我要学"，在学习中同时习得自主学习的技能，才能取得生存与发展的时代通行证。

2. 建立自主学习的共同愿景

彼得·圣吉的《第五项修炼》中指出："如果有任何一项领导的理念，几千年来一直能在组织中鼓舞人心，那就是拥有一种能够凝聚、并坚持实现共同的愿景的能力。一个缺少全体衷心共有的目标、价值观与使命的组织，必定难成大器……有了衷心渴望实现的目标，大家会努力学习、追求卓越……共同愿景的整合帮助组织培养成员主动而真诚地奉献和投入。"企业的管理是这样，学习的领域也是这样，尤其是目前我们仍然沿袭着班级授课制这种模式，在班级中形成一个场，场中自主学习的氛围影响、熏陶着每一个学生，每一个学生的主动发展又加速着场内氛围的形成。自主的学习不仅是学生知识获取方式的变化，更是学生生命趣味盎然的源泉。在这一集体形成的教学“场”中，物激情——情发辞——辞促思——思又加深对物的认识，儿童学习过程的思维活动，包括记忆、联想和想象都被激活了。这种自主学习愿景的追求与打造需要一些时日，但它一旦形成，就比个体学习目标明晰、动机强化，其效率要高得多，对学生可持续发展的影响要恒久得多。

二、培植自主学习的能力

终身学习的观念现今已被越来越多的人所认同，但我们还需要进一步认识清楚的是：未来唯一持久的优势，是有能力比你的竞争对手学习得更快，而“自主学习的能力”是重要的砝码。因此，我着重抓住以下两个方面：

1、培植学生预习的能力

预习是课堂教学的前奏，是教学活动中重要的一环，利用好这一环节，能激发学生的求知欲和学习兴趣，促使学生积极主动学习，提高课堂教学质量，促进学生自学能力的形成。学生的预习大致可分为：拿到新教材后对全册教材的预习，每个单元教学前的单元预习，每篇课文新授前的分项预习，从作家到写作背景，从生字的认读到全文思路的把握，从精妙之笔的鉴赏到写作方法的借鉴，从一篇课文的通读到相关资料的阅读链接等方面进行预习，以至提出自己的疑问。坚持学生不预习不开讲，学生自己读得懂的教师不讲等。实践使我们进一步认识到预习的重要性：第一，有利于提前做好心理准备。学生在预习中常常会发现一些不解的问题，他们带着问题进入课堂，听课过程中能较好地集中注意力。第二，有利于构建新的学习起点。学生通过预习，能提前弄清新旧知识之间的联系，为学习新课扫除部分障碍，教师在新的起点上开始新课的教学，能大大提高课堂的教学效率。第三，有利于课堂的精彩生成。学生充分感知教学内容后，大多能从更广阔的空间、更深刻的层面去思考问题。预习后每一个学生或多或少会形成一些自己的想法，通过交流和思维的碰撞，精彩的阐述会在课堂引发，智慧的火花会在课堂闪现。

2. 培植学生自主学习的基本技能

识字、阅读是语文教学的永恒主题，从“学会”到“会学”是语文教学的重要嬗变。“自主识字与阅读”是新课标提出语文素养的要素之一。

自主识字。识字是学生学习语文，乃至学习其他一切知识的前提和基础。我从一年级开始，就借助汉语拼音、偏旁部首等，着重培养学生自主识字的能力，并与学生一起总结出了“自我识字五步法”：一读，读准音；二记，记住形；三解，解字义；四找，找难点、易错点；五用，即运用。例如，学习“清、情、晴、请”一组词，学生能寻找到它们的异同点，这些字都有一个基本字“青”，且音从“青”的四声，意思与偏旁部首有关；学习“森”“众”“繁”，引导学生发现前两个字都属于“品字形”结构，很特别的是都有两个捺；“每”做“繁”的部件时不带勾等。学生掌握了学习方法如同手持打开知识大门的金钥匙，彻底改变了填鸭式的学习模式。通过一年时间的训练，学生大多能熟练运用“自我识字五步法”，课堂上的学习大多是同伴交流学习所得，通过交换思想，生成新的认知，学生因自己的“能”而信心倍增。

自主阅读。叶圣陶先生曾说：“学语文主要靠学生自己读书，自己领悟。”在这里，叶老强调的是学生自读、自悟式的语文学习方法，我也深以为然，认为这种语文学习方法是学生发展的必经之路，是新世纪创新学习的重要途径。基于这样的认识，我在教学实践中逐步将叶老的思想转换为探索路径：首先，引导学生自主确定阅读目标。学生的阅读兴趣、阅读能力、阅读价值取向的多层次性、差异性等，决定了学生对同一阅读教材理解、欣赏、评价的多角度、多层面性。不少学生面对一篇新教材，往往茫然而不知所措，不知道该做什么，不知道该从什么地方入手学习。究其原因，主要是因为他们不会自行设置目标，不能带着目标意向主动地去阅读。因此，培养学生制定阅读目标是培养学生阅读能力的重要任务。在阅读教学中，教师首先应引导学生根据教学要求与年级特点，设计自己的阅读目标。其次，培养学生自主阅读的习惯。第一，引导自我感悟。《义务教育语文课程标准（2011 年版）》（以下简称《语文课程标准》）指出：阅读教学是学生、教师、教科书编者、文本之间对话的过程，阅读是学生的个性化行为，教师应加强对学生阅读的指导、引领和点拨，但不应以教师的分析来代替学生的阅读实践，要珍视学生独特的感受、体验和理解。当然，个性化阅读必须以“还原性阅读”为基础，强调吃透文本，悟其真义，不能天马行空，胡拽蛮扯。第二，引发积极思维。有不少人认同这是阅读教学的最高境界。讨论可引发学生积极主动的思维活动，在讨论中，思维不断碰撞，生成智慧的火花。第三，选择阅读方法。在阅读教学实践中，我与学生一起总结出“自我阅读五步法”，即：感知内容、解词赏句、理思路习方法、质疑释疑、阅读链接，以课文为圆心进行拓展阅读。

三、培植自我质疑、释疑的能力

大科学家爱因斯坦有一个精辟的论说："提出一个问题比解决一个问题更重要。""疑"是思的开端，是创的基础。教学实践证明：学生的思维活动总是由问题引发的，学生学习的过程，是一个不断发现问题、提出问题、解决问题的过程。传统的教学，释疑的环节大多由老师来完成，这大大压制了学生的创造禀赋。我以为，培植自我质疑、释疑的能力应同步进行。

1. 自我质疑

古人云："学起于思，思起于疑。""疑者，觉悟之机也，一番觉悟，一番长进。"人的思维活动常常是由提出问题开始的，质疑是学习的一个重要环节，有疑才有思，有思才有问，有问才有悟。可谓"疑乃思之源，思为智之本"。自我质疑，讲的是问题不应由教师预设，不应作为课堂的点缀，而是要鼓励学生要质自己不懂、提自己不解、说自己不明之处。学生质疑不受任何条件的制约，对教材质疑、对同学质疑、对师长质疑，在一切有疑处质疑。阅读教学中，文章的主要内容、词、句、段的隐含义、言尽而意未尽处等，教师都要着力引导学生去关注。教师应在 40 分钟的课堂上给质疑一席地位，新授课之前，可加强教学的针对性；授课的过程中，可加强解决问题的迫切性；结束新课的反馈中，可进行查漏补缺。通过日积月累，循环反复，切实提高学生质疑的能力。

2. 自我释疑

"师者，所以传道授业解惑也。"这句话道出了从古至今为师者的职责所在。所不同的是，当今的教师在教学中应该把知识的传授、学生质疑的品质、释疑的能力作为一个整体任务来完成，其中质疑是前提，释疑解惑是归宿，以培养适应现代社会发展的一代新人。在这种思想的指导下，教师在教学中应根据知识的内部联系和学生认识发展的规律，精心设计课堂教学的过程，把释疑列为教学的重要环节。我常采用的释疑方法有查阅工具书释疑、利用阅读教材文本提供的语境释疑、联系生活实际释疑、观察操作释疑、推理演绎释疑、讨论辨析释疑、向智者请教释疑等。教师应注重方法的指导，凡学生能自己解决的问题一律让学生去探询结果。

在教学实践中，我逐步形成了让学生"自我学习——自我质疑——自我释疑——自我创造"的教学模式，以语言文字为基础，以思维训练为途径，以自学自创为目标，力求引导学生从自我学习起步，走向自我发现、自我创造。早在20世纪80年代，我先后在省级刊物上发表了《激发学生预习的兴趣》《谈初入学儿童自学能力的培养》《把传授方法贯穿在教学中》《独立阅读，自行欣赏》《培养学生自我释疑的能力》等研究论文，并通过实践把学生们带进了一个全新的自主学习的境界。

四、培植多维学习的能力

多年来，人们对语文教学的认识大多停留在一种传统形式的层面，学生规矩地坐在教室里，用一课又一课的时间，学习用来做例子的近300篇文章和浓缩的语文知识，无数的学生在同一时间，用同一种方式，阅读同一篇文章，记录着同一种结论，做着同一道习题，考着同一张试卷，答着同一个答案。一般情况下，学生只要将老师在课堂上讲的内容记录下来，转抄到试卷上，就可以拿到良好以上的成绩。站在21世纪的起跑线上，如何让小学语文教育更好地适应这个时代、服务这个时代，推动社会的进步，如何让我们培养出的学生更好地为这个时代作贡献，要面对很多的问题，但首要的问题却是要更新观念。让今天的教育链接明天，让小小的课堂链接社会、链接世界、链接未来，这需要我们不断拓展学习空间与方式。变单一的学习为多维的学习，是新课程改革的要求，是时代的呼唤。第一，向书本学习。挖掘教材的潜在内容，拓展教材的外延部分，实行链接式的学习；第二，向生活学习。引导学生在自然、社会、生活中学习，实现学校、家庭、社会教育教学的结合；第三，向活动学习。社会生活是一切认知的源泉，我们要实现课堂教学、课外活动、综合性实践的结合，建立课内外联系、校内外沟通、学科间融合的活动课程体系；第四，向能人学习。如小伙伴、父母、师长、能人志士等；第五，向网络学习。互联网的出现，冲击着传统的学习模式。通过不受时空限制的网络，学生可以获取最新、最广的知识，分享高质量的教学资源。因此，选择有效的内容、采用恰当的方式进行基于网络环境的学习，应成为教师引导学生高效学习的新路径。

现代教育以培养具备可持续发展能力的人、具备终身学习能力的人为目标，学校教育仅是人生旅途中的一个阶段，培植学生的学习能力，是关系孩子一生可持续发展的奠基工程，它需要我们打破传统的语文教学模式，有目的、有计划、持之以恒地带着学生去践行，在语文学习中提升学生的自我学习能力。

“活动单导学教学模式”中个性风格的追求

近年来，如皋市“活动单导学教学模式”推进的广度、深度、速度惊人，从萌芽到产生，从雏形到成熟，从模糊到清晰，从固守到超越，活动用“单”历经了“纸质单——电子单——纸质与电子交互——手中无‘单’，心中有‘单’”的历程，“模式”的推进走过了“走进模式——走出模式”的发展推想与实践。“活动单导学教学模式”在全市推广以来，如皋的中小学教育发生了巨大的改变，学生的学习行为发生了颠覆性变化，他们真正成了课堂学习的主人，广大的教师也步入了专业成长的快车道，教育教学效率、效益提升显著。但是，伴随着这种教学模式的推广，如何彰显教师个性风格的问题日益凸显，已成为“活动单导学教学模式”深入推进中迫切需要解决的问题。

“风格”，泛指气度、作风、特点。它是教学的境界，也是教师个人成熟的标志。歌德说：“风格，这是艺术家所能企求的最高境界。”艺术如此，教学亦如此。法国著名作家雨果曾说：“风格是打开未来之门的钥匙。”他认为：没有风格，可以获得一时的成果，获得掌声，可得不到真正的胜利、荣誉。事实也不止一次地告诉我们，不少教师获得了一节课的成功、一时的成功，但走不高，走不远，走不持久，原因就在于他们没有形成自己的教学风格。风格具有独特性，是各种花特有的光彩和香味。世界上没有两片完全相同的树叶，世界上同样也没有两个风格完全一样的教师。因此，在“活动单导学教学模式”向纵深推进的当下，应把突破模式、彰显自身的特点、塑造自己的风格、达到个性化的境界列为我们的追求。可以说，“活动单导学教学模式”为各种教学风格的形成提供了更高的平台，也提出了更严格的要求。接下来我从以下四个方面谈谈对教学个性风格的粗浅的思考。

一、追求教学思想的个性化

思想是教学个性风格的内核。不少学者和文学家对风格作过深层次的描述。别林斯基认为：风格是思想的浮雕性、可感性。风格离不开思想，靠思想站立。个性风格是教学思想“浮雕式”的生动体现。在践行“活动单导学教学模式”过程中，作为语文教师，我们要做有思想的行动者、有行动的思想者。唯有教师思想上不断地求新，才可能引导学生求新，唯有教师精神上有自己的独立，才可能容许学生的独立。教学风格，从初始的追求到逐步成熟，有一个不断反思、不断完善的过程，也有一个不断变化、不断筛选择优的过程。作为语文教师，我们一定要紧扣母语本源、儿童本位、学科本色、实效本真展开，不因推进模式而模式，不因时尚猎奇而遮蔽本真，不因目迷五色而忘记“回家”，不因创生风格而偏离语文教育主旋律，矢志不渝地追寻自己的教育主张，形成自己的语文教学思想。

二、追求教材解读的个性化

钻研教材、正确解读是上好课的前提。目前，我们中高年级的教师手中都有一本《小学语文活动单导学练》，有些教师在教学中，拿着现成的单子进课堂照本宣科，不去进行二次备课，对教材的理解浮光掠影、一知半解，这是不行的。追求教学的个性风格，必须对教材进行个性化的解读。作为教师，我们要与教材融为一体，经过一个由懂到熟再到化的过程，熟练地驾驭教材，还要根据所教学生的实际情况抓住教材重点，突破教材难点。在这个过程中，教师根据自身与学生的知识结构，补充、拓展、延伸、超越教材，赋予教学内容个性化的解读，使之成为教学活动的载体和发展学生个性的有效凭借。

有一个课例让我感触很深：在传统教材《狼和小羊》中隐藏着一个极具教学价值的内容，那就是“争辩”。文中的小羊争辩时是“欲辩解，先行礼；先否定，后说理”。我们常说：理直气壮。文中的小羊，一开始也想“气壮”地与狼讲理，但在“无理”却“气壮”的狼面前，小羊根本就没有任何争辩的力气，最终被吃掉了。于是学生就会产生这样的疑问：为什么有理者反而被无理者吃掉了？教师通过引导最终让学生明白：羊遇到的是一只狼，所以不能与之争辩，唯一的办法就是赶快逃；争辩要看对象，谁可以争辩，谁不可以争辩。这样的解读与教学，学生不仅获得了一种语言智慧，更是获得了一种生存智慧。

解读教材还可以通过以下几种方式进行：（1）还原和活化。还原就是把教材的语言文字还原为它所反映的实际事物，通过还原，变抽象为形象，变深奥为浅显，变枯燥为生动，使知识从书本上“走”出来，变成活灵活现的东西，进入学生的心灵世界。（2）补充和改编。教材受书面形式的限制，总是简练概括的，存在“空隙”和“短路”，“言虽尽，意未犹”，给学生留下了自由想象和推理思维的空间，这是进行个性教学的有利因素，教师要鼓励学生对教材进行扩展，推测、想象、填补、描叙。对教材进行改编或改组，旨在改变教材存在的方式，主要包括变换体裁、课文重组、变换角色、改变角度、一题多变等。通过改编或改组来改变学生的思维方式，培养学生思维的变通性和灵活性。（3）质疑和超越。质疑指对教材的观点、描述等提出不同看法，这既是培养个性的要求，也是教材本身不断完善的要求。超越是使用教材的最终归宿，它意味着学生可以借助教材这个载体，把认识上升到更高的境界。当然，个性化的解读必须依据教学目标，遵循可行性、科学性的原则来进行。

三、追求教学结构的个性化

理想的教学模式应该是动态的、没有“程式”的。推行“活动单导学教学模式”几年以来，我们可以看到其发展依然不平衡。有的教师仍不能把握其精髓，有的课堂也不尽如人意，有人曾这样评述：“教学流程程序化、教学语言敷衍化、文本解读浅表化”，披着“活动单导学教学模式”的外衣，在其框架、形式下，行传统灌输教学之实。还有的仅仅停留在研制活动单上，固守模式的框架，不去思考、精心设计适合学生自主学习的流程。在“活动单导学教学模式”合作探究环节中的“小组合作”“组际交流”是这种教学模式中的两个重要的核，是“引导学生亲历生命成长过程”的重要环节。要把握这种教学模式的精髓，我以为应该明晰两个观点：

一是教学模式程序的增减取舍。作为在区域推广的一种高效教学模式，“活动单导学教学模式”有一套课堂教学程序，即“创设情境——实施活动——检测反馈”，其中的实施活动又包括自主学习、小组合作探究、展示交流三个环节。对于广大教师来说，通过这种教学模式把握基本的教学流程、基本内容，有利于操作的自动化，达到目标管理课堂、制约教学中的随意性的目的。但“活动单导学教学模式”只是一个大体的框架，不是一个机械、僵化的标准流程。如皋市教育局的金海清局长曾在《小课堂演绎大课改》的访谈录中，对其教学程序这样阐述：“我们应该重在把握活动单导学模式的思想精髓，致力构建生本课堂，在坚持‘活动单导学’的教学思想和教学原则的前提下，不同的学段、不同的学校、不同的学科、不同的老师、不同的课型都可以对教学程序尤其是活动环节进行取舍增减。”可以说，固守程序、不求变动，与“活动单导学教学模式”的核心理念相悖。

二是教学过程共性中的个性追求。“活动单导学教学模式”作为一种开放、发展的教学模式，处在不断完善的动态之中，它需要我们在实践中不断检验、修正、创新，融入个性化的特点和风貌。作为教师，在灵活运用该模式的基础上，应以独特的身份和视点去观察、感受、认识教学过程，把握教学的内容和对象，通过教学实践把它转化为个性化的教学艺术，从而构筑起一个他人所无、己所独有的教学艺术世界。

“活动单导学教学模式”从普遍性、必然性、理论性出发，规定了“度”。个性风格则以特殊性、偶然性、灵活性为依据调整“度”。教学模式离开了教学个性风格，就会变得僵化；个性风格离开了教学模式，则流于零乱、随意。因此，我认为在实践“活动单导学教学模式”过程中努力追求个性风格，理想的境界是“合唱声中独唱者的旋律”！

四、追求教学语言的个性化

教学语言包括口头语言和体态语言，综合运用好教学语言是语文教师展示自己个性化教学的一个重要方面。作为语文教师，我们的教学语言本身就是一种典范，集知识、情感、文采于一体，是培养学生听、说、读、写能力的媒介。因此，我们必须予以重视，并努力使自己的课堂语言体现自身的个性特征。绚丽型的语言激情四射且文采斐然；优雅型的语言清新雅致且意味深长；质朴型的语言朴实无华且平中见奇，浑然天成；思辨性强的语言不但富有逻辑，还闪烁着智慧的光芒；简洁型的语言简洁明快、直截了当，且一语点破要害。著名特级教师王崧舟老师的教学语言擅长描绘，为教学渲染出一种优美的意境，给人一种华丽之感，这是他主张的诗意语文的鲜明体现；而孙双金老师的教学语言渐趋平实，充满哲思之辩，则是他主张的情智语文的最好体现；薛法根老师的教学语言平实，以谈话式的语调，让学生在轻松的心态中学习，体现了他简约的教学风格与智慧。

体态语言作为一种不出声的语言表达方式，是口头语言的伴侣，我们的面部表情和肢体语言渗透出来的个性化表情和动作都带有自己独特的个性，有的潇洒自如，有的温文尔雅，这种差异使自己区别于其他的教师，并且对自己的教学个性形成有着重要的意义。

“活动单导学教学模式”与个性风格追求是对应统一的关系。每个语文教师都应寻找、发掘自己的优势，并善于将自己的长项与教学各环节有机结合，敢于另辟蹊径、标新立异，敢于坚持自己的独特见解，从而造就自己的精彩和自己的风格。著名作家苏童曾说：“希望我的风格会流动，会摇曳，会消隐，也会再现。”建构风格与提升风格是一位名师的高位走强的必然选择。青年教师更要勇于不断从“旧我”中突围，创生出“新我”，使课堂成为师生个性和生命充分挥洒的精神场所，在“活动单导学教学模式”中奏响和而不同的交响乐章！

给青年教师的建议

蓦然回首，我的教学生涯已走过了 38 个年头。“当一名斯霞、李吉林式的人民教师”是我初为人师的梦想。回首三十多年的教育生涯，我作为一个追梦人，在梦想与超越中不断前行……成长的路上感触良多。

立志——做一名有方向感的教师。首先要确定努力的目标。一个没有理想的人，不可能走远。真正的人生之旅是从设定目标的那一天开始的。生活的道路一旦选定，就要坚定地走下去，不犹豫，不彷徨，不回头。“千里之行，始于足下”，确定了目标，就要付诸行动，用行动来改变自己的人生，改善自己的生活质量。

学习——做一个终身的学习者。首先，要做一个读书人。一个优秀的教师，除了要掌握深厚的专业理论，熟悉教育教学规律和人才成长规律，还必须拥有开阔的人文视野，丰厚的文化功底。这就要求教师不能只读一类书，而要广闻博览。教育理论、学科教学、人文历史等交叉阅读，分享交流；期刊、小语网站、教育博客，一一浏览，碰撞整合。根据自身研究兴趣和专业发展方向阅读相关书籍，丰厚自身积淀，涵养自身独特的教学风格。其次，树立终身学习的理念。联合国教科文组织在《终身教育的展望》一文中指出：“学习和工作应该是人从生到死连续不断的过程。”一个人能力素质的高低最终取决于能否锲而不舍地坚持学习。人才学上的“蓄电池理论”告诉我们，一块高能电池的蓄电量是有限的，只有不断地进行周期性充电，才可持续地释放能量。我们处于知识创新的时代，终身学习的时代，不懂的、不熟悉的东西有很多，即使是过去懂得的、熟悉的知识也需不断刷新，向书本学习，向同伴学习，向教育对象学习，向网络学习，才能让思想随着时代的脉搏跳动。

实践——做一个躬耕于课堂的实践者。立志要成为一名教育名师，就要坚守课堂，坚守教育实践。一个教师，如果离开了课堂，离开了大量的教育实践，付出再多的努力也都难以成为一名教育家。教育家不是造出来的，而是在教育教学实践中磨炼、成长出来的。而课堂教学则是提升教师专业实践能力的重要途径。

反思——做一个勇于反思的蜕变者。自我反思是教师专业成长的必要因素，一个成功的教师必然是一个善于反思的人。华东师范大学教育系教授叶澜曾指出："一个教师写一辈子的教案不一定成为名师，如果一个教师写三年教学反思，就有可能成为名师。"朱永新教授说："谁能坚持每天写一篇教育反思，10 年后必成大器。"在教师成长的路上，反思无处不在，反思所得、反思遗憾、反思快乐、反思苦恼，反思一次次鲜活的教学经历，捕捉那些稍纵即逝的思维火花……在反思中获得触动，从反思中获得提升。

朱爱华

如皋市安定小学校长、党支部书记，中学高级教师，“雉水名师许友兰工作室”首批培养对象，南通市名师一梯队（二期）成员。曾获如皋市学科带头人、南通市优秀校长、南通市园丁奖、南通市学科带头人、南通市优秀教育工作者、江苏省师德先进个人、全国优秀辅导员等称号。崇尚“大教育”理念，主张“大语文”教学思想，注重学科融合与整合，大力践行“主题文化自主阅读”，先后承担“情境教育与儿童主体性发展的研究”“农村小学语文教材二度开发的研究”等国家级、省级课题，多次执教全国、省、市级公开课并获赛课一等奖，发表多篇论文，并有数十篇获奖。曾受邀参加全省基础教育工作会议交流、国际研讨会交流、省内外讲学等多次学术交流活动。

大教育路上有大美

——我的成长之路

天地有大美，吾等向往之。很多年来，我一直行走在追求教育之大美的路上。

学会大阅读

1. 专业阅读，观赏教育的别致风景

我非常感念师范时的班主任汪政、晓华两位先生，是他们使阅读成为我生命呼吸、生活的姿态。一直以来，我都是喜欢坐拥书城，率性阅读，读得多、读得杂、读得乱，视野开阔而混沌，思维敏锐而粗犷，语言流动而松弛。在有幸成为许友兰老师的弟子之后，嗜书如命的她对弟子的内功要求甚是严而有格，总是教导我们要用经典润泽自我的生命，用阅读启迪教育的智慧。于是，我自由的性情阅读被格调、品味、系统式的阅读所取代。

就这样，我在学校古老的大成殿前的一座老楼的三楼，开始了漫长而幸福的专业阅读之旅，沿途观赏教育的别致风景。《语感论》《言语教学论》《语文科课程论基础》《语文的阐释》《国文百八课》……我仰望母语的星空，获得灵魂的安顿；《学习理论：教育的视角》《多元智能》《拓扑心理学原理》《格式塔原理》……我追寻教学的原点，获得专业的尊严；《爱弥儿》《人的教育》《给教师的建议》……我拜谒教育大师，获得为师的幸福。荏苒五年，是我生命中很有质地的一段光阴，也是我在师傅的耳提面命中苦苦修行的难忘岁月，不仅让我积聚了许多的专业理论素养，也让我欣赏到了很多大家精彩的实践智慧之美。

后来，我走上了校级领导岗位。面对全新的世界，导师又适时提醒我：对学校的领导首先是教育思想的领导，其次才是行政上的领导。于是，我的阅读又开始转型。在《第五项修炼》中，我懂得《人生为一大事来》，《为了自由呼吸的教育》，《没有任何借口》，《细节决定成败》，只有《用心做教育》，《终生的准备与超越》，才能《赢》得教育管理的卓越。《学校在窗外》，我《寻找田园小学》、寻找《夏山学校》、寻找教育的《理想国》!

2. 文化阅读，洞悉民族的心灵地图

面对不断扩充的书橱、渐渐增添的笔记、蜂拥而至的荣誉，我为自己的苦读修炼而感到自豪、自满、自负。导师明察秋毫、不露声色。在一个夕阳西下的傍晚，她与我并肩而行，谈起了民族文化的历史，我顿时无语凝噎。导师见我如此“望峰息心”，深感欣慰，对我提出了“阅读经典、文化铺底”的阅读要求。于是，我又从教育的世界中解放出来，开始了文学、史哲、美学的远行。从吟诵远古时代的《诗经》《楚辞》《汉赋》到享受华夏文明的《美的历程》，从涵泳拜伦、雪莱、济慈的诗中三昧到欣赏《镜与灯》中的《金蔷薇》、《艺境》中的《拉奥孔》，从《万历十五年》《晚清七十年》中感受《统一与分裂》……沉潜在民族文化的历史河流，触摸那早已尘封的千年文明，我的视域变得越发敞亮通透。

3. 无字阅读，享受成长的幸福拔节

阅读，让我行进在精神冒险的旅途中，贫乏的心灵得以运动并获得充分的更新。然而，有次导师看似无意的一句话，却让我醍醐灌顶。“生活中有些故事很鲜活也很有启迪意义，但未曾成书，我们必须敏锐捕捉到信息，读懂生活这部大书的含义!”是啊，与有肝胆人共事，从无字句处读书。能读无字之书，方可得惊人妙句。活的人、活的问题、活的文化、活的世界、活的宇宙、活的变化都是活的知识宝库，都是活的书。导师就是我永远无法读完的厚书。她用行动诠释着无私的大爱、无言的教诲。记得那是我第一次去南通参赛，内心渴望着导师能在赛场给我压阵指导。我鼓起勇气拨通了电话，正在住院的师傅赛前一天赶到，事后听医生说：再晚两个小时手术就会有生命危险！听到这句话，我感激的泪水夺眶而出……

在导师的引领下，我明白了阅读的根本目的是为了做大写的人、大气的人。漫漫成长路上，我们很容易迷失自己。导师总是让阅读的镜与灯照亮自己的灵魂。她说：“一个常常有勇气面对镜子的人，一定可以身似水洗、心如冰清，成就大器之材!”几年来，我涵养大气大度，努力成为自己，即使面对现实繁重的管理工作，也始终保持内心的冷静与热忱，坚守自己的追求和正义的胆识，不卑不亢，胸怀坦荡。导师常说：“唯其如此，自能厚德载物。”

学教大语文

有一段时间，我迷恋上余秋雨的散文，从《文化苦旅》到《霜冷长河》，从《千年一叹》到《行者无疆》《借我一生》，我把余秋雨的散文集子都找来阅读赏玩，乐不思蜀。期间，还多次推荐给学生，与他们共同阅读，交流分享阅读所得。师傅见我如此激情投入、洋洋自得，便智慧地询问："能不能在教学中尝试学生主题阅读，进而开展主题阅读教学？"一语惊醒梦中人，我开始了上下求索。

恰逢2008年，我获得省"师陶杯"论文评比一等奖而有机会在颁奖会上执教观摩课。当时心想，不如就趁热打铁，见教于行家里手吧。于是，我和孩子们一起设计主题文化阅读课——《走近莫高窟》。从余秋雨的《莫高窟》，到他的《道士塔》，再到《樊锦诗》，通过精美画面的视频播放、当时中国文明的见证者或者说是掠夺者的斯坦因的文字介绍，孩子们穿过历史的隧道，深情赞美了民族绚烂的文化以及文明的创造者。同时，他们也对王道士的猥琐卑劣的行径表达了愤恨，恨不能与当时的斯坦因、王道士之流进行对决。然而设若抢回宝物又能怎样？带着这个假设我们又进行了深度阅读，于是遇到了《樊锦诗》中守卫国宝41年的老人，孩子们在讴歌老人的同时更加明确了我们不仅要保护好历史文化，更要不断创造新的文化。课堂结束之后，引起了人们的热议。有人说：这多好呀！依据课文，拓展文本，进行主题文化阅读，其宽度、广度、厚度、强度、维度都有了，孩子入情入境，是一节难得的好课！也有人提出疑问：余秋雨的文字，五年级的孩子读得懂吗？

倒是导师异常冷静，她走过来提醒我："大家的说法都应该谦虚地记下，并且分类研究琢磨，观点的背后是理念的区分，争辩的背后是价值的生长。疑义相与析，我们更要研讨和反思的是，语文阅读教学的根本使命是什么？倘若我们能使学生在阅读中增智长能、亲历生命的成长，哪怕孩子在朦胧的感知中有些许收获，这一课就有存在的价值！"她勉励我继续进行这样的实践，把自己的阅读与教学结合起来。于是，我在主题文化阅读教学之路上越走越宽。我和学生们一起《走近李时珍》《走近苏东坡》《走近大禹》《走近花木兰》，一起咏唱《慈母情深》，一起对比《猴子种果树》与《小猴子下山》《三"画"乡下孩子》，从收集阅读材料，到编写自读教材，我们是读者也是编者，是学生也是教师。

就这样，我从个人的阅读风格——主题性文化阅读，进入新的教学理念——主题文化自主阅读教学。主题文化阅读的生成是多元的，指向成长的多重体验。这样的阅读教学与其说是语文教学，不如说是语文教育，或者可以称之为大语文教学。在这里，孩子们不仅有感受层面的启迪性收获、实践层面的创造性收获，更有来自个体生命成长的必要元素（包括搁置的价值元素）。

学做大教育

学海无边涯，教育有境界。导师许友兰的教诲不仅仅在于治学和做人，更在于教育境界的不断追求。她曾是一位非常出色的校长，在“九五”期间就曾率先提出“小公民教育”，要把学生培养成共和国的合格小公民。赓续着导师“先规后范、大爱有格”的育人理念，我和孩子们一起经过 6 年的阳光雨露，分别被评为“全国优秀少先队辅导员”和“全国少先队优秀中队”。事实上，也正是因为怀揣着对生命成长的美好期待与尊重，我才会在 2010 年的暑假向我的学生们讲述“爱心大使”赵小亭深山支教的献身经历，才会赶赴贵州贵定马长河小学签订两校友好合作交流协议，才会宣传并力行赵小亭的大爱精神。对此，导师也总是褒扬鞭策：“其实，教育本不应该只局限在那个校园中、那间教室里，作为校长，我觉得更应该首先关注教育层面、关注每一个孩子成长的问题。”在导师潜移默化的影响下，我也悉心追求着大教育的境界，时刻关注着学生的生命在场，让他们亲历着生命的成长。

在 2010 年学校的“体艺 2＋1”活动中，我针对学校地少人多的特点，确立了这样的活动理念：以天地为课堂，以操场为舞台，让每一个学生都幸福地踏上体艺人生之路。活动中，一年级的广播操、绳操、二年级的校园集体舞、三年级的千人唱诗、四年级的跆拳道、五年级的龙舞腰鼓、六年级的少年军体拳等特色表演，将体育、音乐、舞蹈、文化等课程巧妙地融为一体，人人上场、个个主角，整个操场就是一个硕大的音乐池。具有全员性、整合性、呈递性、丰富性的“体艺 2＋1”，给在场的每一个人都以强烈的感染和震撼，成为一份永恒的记忆。活动结束后，导师给予了很高的评价，她说，一切教育最终沉淀为“人格”，那么教育最终的目标应该是成“人”的教育，教育应旨归于孩子幸福成长的终极目标。也许这种幸福不一定是快乐的，其间的体验或许还有一些是痛苦的，但一定是丰富的、充实的，这些最终成为学生生命成长的元素，必然抵达孩子“人格”的形成。

回首向来教育路，我与师傅相伴相随，我所追求的大美之路也越来越明晰，越来越宽广：大阅读——大语文——大教育。

行走在“大语文”教育之路上

——小学语文教育教学再思考

长期以来，大家对“大”“小”语文的争论此起彼伏，大科学家钱学森有一个直指教育问题核心之问：“为什么我们的学校总是培养不出杰出人才?”这个问题引起了整个教育界乃至社会各界的共同思考。我以为这一问题的再讨论与我们的语文教育教学也很有关系，遂在学习、实践、探索中思考，形成此文。开篇需要强调的是，我们这里探讨的是“教育教学”，而非仅指“教学”，其前提即是把语文教学纳入了教育的一部分，融于教育。

一、语文教育教学需要大情境——社会生活

钟启泉教授在《课堂转型：静悄悄的革命》中说：当今世界教育正在努力实现“打破三中心”，即教师中心、教科书中心、课堂中心。而我们国家的改革绝大多数关注并打破的是教师中心，着力凸显学生的主体（也即室内操作中学生学习方法的变革）。我们总是把课堂狭隘地理解为教室内的、学校内的学习场所或情境，孩子们的“圈养”现象依然比比皆是。

纵然是部分学校倡导以学生自主自学为主，乃至“35+5”（学生自学 35 分钟+教师讲解 5 分钟）的地步，也依然未能进入学习和教育本质源——教育最终的目标不是学习这些知识，而是让这些学习的内容成为孩子一生成长有用的元素和积淀。

事实上，绝大多数文章都是作者在特定时空里创作出来的，作为教师，我们应尽可能地还原或创设类似情境。我们虽不能课课如此，但我们最起码要把“教育即生活”的理念演绎到位才行，而不是仅限于“这篇课

文写了什么”。

为什么余秋雨会辞去上海戏剧学院院长的职务，我在他的《千年一叹》中找到了答案：“与笔端相比，我更看重脚步；与文章相比，我更关注生命；与精细相比，我更倾情糙粝。荒原上的叹息总是糙粝的，如果要把它们调理成书斋里的柔声细气或沙龙里的尖声尖气，我如何对得起自己多年以前就开始的辞职远行?”

当读到这一段时，我想起了有篇小学课文叫《学会查无字词典》，想起了一篇题目是《无字书》的文章，想起了苏格拉底、柏拉图曾带着弟子们在麦田里寻找“最大的一穗”，想起了孔子和七十二贤周游列国。我非常惊喜地发现，中西方这些古代著名的大家有许多地方竟然惊人地相似，他们都是“读万卷书，行万里路”的真正践行者。

我想这种学习或教育的方式就是宋朝大教育家胡安定先生所说的“游历考察”吧。无论是前面提及的教育大家的教育行为，还是苏霍姆林斯基组织的参观活动、夏令营活动，以及日本教育中开辟“野外教室”的实证，从古至今，从中到外，无一不在证明：游历考察的确是一种行之有效的教育方法。

而我们对孩子进行的“圈养”教育，多少年隔膜了从儿童到少年与大自然的交融，僵硬了多少孩子的心田和思维。物我两忘、物我相融的情景那是书中描写的，不是孩子们切身的体验。

走过韩国，值得我们注目并深思的是：为什么韩国的老师喜欢把孩子带出学校去上课呢？为什么景福宫里东一群西一堆的孩子手握课本，眼睛里放射着晶亮晶亮的光芒？为什么晚上山腰间广场上的篝火晚会的狂欢天天回荡在山谷间？为什么那台上台下的互动让人察觉不出谁是主谁是客？为什么反而是他们把孔子的游学精神光大了呢?

这本原的生命的内在活力，本是与这世界、这自然同在的，只是我们因为在那个固定的教室里而常常忘了它们，忘了这是语文教育的重要源泉、形式。

二、语文教育教学需要大视野——文化背景

很多时候，我们把教育缩小或等同于教学。而在语文教学中往往又存在一叶遮木的弊端，即使有人注意了所谓的整体，有时看到的可能不仅仅是一片树叶，而是一棵树木，但往往又会忘记树后的一片树林。

小学四年级课文《但愿人长久》是一篇描写在中秋月夜，苏轼因思念弟弟而触景生情写下了千古名篇《水调歌头·明月几时有》的文包诗课文。文章文化气息非常浓郁，包含着丰富的文、史、哲意韵：文，美妙的文字、绝美的诗词；史，苏轼才华横溢而仕途坎坷的一生；哲，“人有悲欢离合，月有阴晴圆缺，此事古难全”。文章所要传达的是不仅仅宽解自己，还要安慰别人、祝福别人的那份旷达精神。在教学时，教师如果不能通览苏轼多才而坎坷乃至悲情的一生，就不能体会文中主人公中秋月夜对月亮的那一份寄情式思考——为什么弟弟此时在他心里如此重要？因为弟弟是他现时唯一的至亲手足；为什么感情是那么强烈？因为他们已经六七年没有见面了。这样的原因导致了这样的浓情，这样的浓情催生了这样的千古绝唱，如果教学时，教师仅仅扣住文本，那是无法穿越历史，抵达主人公的内心的。

当然，这样的不仅“目有全牛”，而且心中拥有一片广阔的草原，乃至这头牛之于这草原的关系，之于这草原的历史，之于这草原的未来的课堂，对教师提出了很高的要求：根据自身的学力积淀、文化积淀，把教材放在相应的文化背景中审视的意识和能力，以及跳出教材看教材的本能与可能。但由此形成的开阔视野无疑会把学生带进一个充满探究需要的巨大磁场和辽阔时空。长此以往，学生学习语文时拥有独特的文化审美体验的意识和能力也就成了可能和必然。这种价值是巨大的，它理应是语文学习给孩子成长的一个重要馈赠。

三、语文教育教学需要大课程——拓展融通

朱光潜先生曾撰文说，对一棵古松可以有三种态度：实用的、科学的、美感的。也就是说，在不同人的眼中一棵古松具有不同的存在意义与价值，这对我们的语文教学来说也有一定的启迪意义。在语文教育教学中，我们可以紧紧抱着其中的一个“美感的”，而无视其“实用的”抑或“科学的”吗？显然是不行的，因为人的生存与发展是多维的，人的需要也是多元的，绝不仅仅只是其中的一种，就像我们吃的菜不能只是一种那么简单。在执教语文时，除了语文专业性内容的教学外，其他学科与本语文课有关的内容也同样应该进入语文老师的视野，成为语文课堂的一部分。

支撑这个论点还有一个论据，那就是创造、创新的需要。“为什么我们的学校总是培养不出杰出人才”这个有名的钱学森之问，非常沉重，却不容我们回避。多位国家领导人也相继提出关于创新的重要论断。创新成了我们

教育一个必须揭开的疖子。

然而，创新并不是呼之即来的。创新必须有整合意识、有各学科融通意识（目前外国有些孩子的创新意识较强，与他们更重视主题综合实践的开展不无关系），说得直白一点，就是我们需要培养的是复合型人才，这种人才大脑中的知识结构支柱是多元的，而且这些柱子之间的链接非常迅捷，一个主题词（问题）的提出会得到各个柱子（思维库）的积极响应。试想，一个仅仅被训练好的语言文字高手，一个仅仅只顾听、说、读、写，无视相关内容链接（无此意识或无此能力）的语文学习，与往日八股文的学习有何分别？创新何来？

如果打开一个年级的所有课本，我们可以发现，我们的教材有这样一个特点，即不同学科的内容安排都有不少惊人的相似因素，它们就像同一样事物的各个不同侧面散见于不同学科之间。在教育教学中，如果我们把这些相似的内容整合到一起教学，既可以最大限度地节约教育时间，提高教育（不仅是教学）效率，而且这种整体性教育的强度和密度也能以最大的可能启发儿童、引导儿童。因此，教师可以依据事物的相似性或可拓展性进行整合教学，使之融会贯通，构成儿童自主学习的基础。之后，学生就可以自己主动去观察各门学科之间的联系和区别，并且能够通过小组合作形成一个个跨学科主题的案例。实践证明，学科融通的自觉行为容易成为学生创新意识的源泉和支柱。当然，学科拓展应适切、有度。

四、语文教育教学不拒绝“小语文”——精品细读

“小语文”是语文的一部分，纯粹文字的咀嚼是语文基本功、基本素养的积淀。唤醒学生的需要是“小语文”实施的首要之点，因为任何一种学习，当它成为学生的需要时，教师的存在才恰当而有意义。“小语文”实施的要点有不少，我择其一二略说。

朗朗乾坤，琅琅书声。著名教育学者窦桂梅把 2010 年作为她“朗读教学研究年”，我认为这并不是一个简单的回归。她在“深度语文”“主题教学”等一系列主张实践多年后，再次把语文教学的重点归结到“朗读”二字上来，其实是一个走过繁华之后的归真。她的看似简单的语言朗读，实质是到位、准确、用心的朗读，她的朗读已经穿越时空，穿越人情，抵达人心。窦老师不让任何一处朗读搁置在 100℃以下，她努力让她课堂上的每一个学生都读起来，把人物形象都读得立起来、活起来，真正达到身临其境。

然而，反观我们当前的许多课堂，说得多，读得少，品读更是缺少。品读的真正作用和价值在于它不仅仅只是在读一个文字、一篇文章，而是在通过一个看似外在简单动作，把它内化外显努力抵达一个通道：文字——文章——文学——文化——“以化成天下”。品读所留下的积淀对于孩子的成长是终身受益的。

关注学生语言的生成性。日前，我有机会听了好多地区的语文课，发现学生除了朗读水平亟待提高外，还存在一个重要问题，即课堂发言短、平、快。短，所发之言几乎一个词、一个字。这指的并不是内容的真正浓缩，而是发言浅在得只能落脚在课文表面的些许词语上。平，课堂发言平白无味、无生成，发言的无深度、无广度、无厚度，最终导致所发之言无精彩。快，老师的问题可能还没有问完，学生的回答已然备好，是真的如此自主、聪明、敏捷吗？答曰：否也。挖根究底，其原因还在于学生的无倾听、无思考，答案仅限于有了一个。学生大多没进行“是什么、为什么、还有什么”的三段式思考，发言、听课质量可想而知。要改变这一现状，教师必须多方设法，譬如：教师的问题必须具有生成性和思考力、学生的回答方法和技巧必须熟识（低年级可以范答）、学生的课外阅读应当丰富多元，等等。语言的充分发展，是思维得以充分发展的条件。

学生对语言咬文嚼字，精雕细琢，在语言的营养中充分体验、感悟、积淀，其语文素养的提升将成为一种可能和必然。当然，还需要说明的一点是，这些“小语文”式的注意要点与“大语文”的实施并不矛盾，很显然，如果“大语文”中有这样的“小语文”就不会落下“蜻蜓点水”“贪多不实”的名，而如果在“小语文”实施中不忘“大语文”的教育理念，则语文教学也会生趣盎然，幸福美好。真正成功的语文学习需要唤醒学生内在的需要——原动力；真正成功的语文学习需要目标学生的终极发展——一生的幸福；真正成功的语文学习可以让学生享受创造带来的快乐。

取法乎上，得之中；取法乎中，得之下。我们唯有站在上上的境地才可能深入浅出，大处着眼，小处着手，深得语文教学的真谛和教义。由此，我以为，“大语文”时代必将到来！

小学语文课程改革历程回眸与展望

新中国小学语文课程改革走过的岁月不知不觉已经接近60个年头，如果我们以其间的五部大纲作为每一次改革的标志站点，那么每一部大纲中的关键词都值得我们去细细读解，因为这里记录着每一次改革的原因和思想。这样的前车之鉴必然会给当下及未来的小学语文课程改革铺上厚实的基础，带来有益的启发。

一、小学语文课程改革的历史脚步

（一）课程改革的站点

第一次改革：1956年《小学语文教学大纲（草案）》

第二次改革：1963年《全日制小学语文教学大纲（草案）》

第三次改革：1978年《全日制十年制学校小学语文教学大纲（试行草案）》

第四次改革：1987年《全日制小学语文教学大纲》

第五次改革：1993年《九年义务教育全日制小学语文教学大纲（试用）》

（二）大纲目标的读解

1. 1956年大纲关键词句——阅读、说话、写字；以社会主义思想教育儿童，培养他们成为个性全面发展的社会主义社会的成员

读解反思：1949年，华北人民政府教科书编审委员会将原有的“国文”（中学）和“国语”（小学）统一改为“语文”。其缘由叶圣陶先生说得非常清楚：“彼时同人之意，以为口头为‘语’，书面为‘文’，文本于语，不可偏指，故合言之。”由此看来，最初的语文教学目标主要定位在“口头语言”和“书面语言”两个方面。当然，它还承担着思想教育和常识教育等方面内容。

崔峦先生说：“语文学科的教学目的，应当包括三个方面：学科特定的教学目的，即语言文字训练方面的目标；思想教育目标；一般发展方面的目标。”显然，小学语文的第一次改革浓墨重彩的是语文学科特点，其在大纲的含量占了绝大部分，这次改革虽不够全面，但其语文特性的彰显让新中国

的第一次语文课程改革大方向并未走错。

2. 1963年大纲关键词句——语文是学好各门知识和从事各种工作的基本工具；苏式语文；双基教学

读解反思：在1957—1958年的“整风反右”“大跃进”运动的政治背景下，语文教学也开始了从未有过的“教育大革命”——政治性、思想性、战斗性被置于语文教学的首位，这使得语文教育史上诞生了一场波及范围最广、历时最长的社会性大讨论——“关于语文教学目的任务的讨论”。在解放后多次政治风雨的洗礼下，人们依然执着地认为“语文是学好各门知识和从事各种工作的基本工具”无疑是小学语文课程改革的一大幸事。

在新中国成立初期学苏联的大政治背景下，教育领域也因凯洛夫等苏联专家的影响而“苏式语文”。“五级记分制”“课堂五环节”等很快成为中国教育的主旋律，由此带来的深刻影响一直延续至今。

在贯彻1963年大纲的过程中，诞生了语文教学必须加强“双基”训练的认识——基本知识和基本技能的训练。

但本次大纲的侧重点还是语文学科特性的内容比较多，就整体而言依然是不够全面的。

3. 1978年大纲关键词句——传授知识、发展能力、形成正确的思想观点

读解反思：1978年吕叔湘先生在《人民日报》指出：“10年时间，2700多课时，用来学习本国语文，却是大多数不过关，岂非咄咄怪事！”叶圣陶先生也强烈呼吁语文教学要变“少慢差费”为“多快好省”，必须大力研究、改革语文教学，培养和提高语文能力。因此，1978年的大纲规定了语文作为“基础工具”的特性，以及通过“基础训练”获取“语文知识”、发展“语文能力”的任务。

同时，小学语文学习方法指导和小学语文教学序列研究也是这一时期的研究热点，涌现了大量具有全国影响的研究成果，如李吉林的情境教学、丁有宽的“读写结合五步系列训练”、吴立岗的素描作文训练，等等。

本次大纲与前两次相比无疑更贴近语文的特性和学生的发展。

4. 1987年大纲关键词句——语言文字训练和思想教育的辩证统一；废止注入式，采用启发式；培养自学能力，养成自学习惯

读解反思：这是第一部不附加“草案”“试行”等字样的教学大纲。走过漫长的语文特性（工具性）和思想特性孰轻孰重的纷争之后，语文教学的

方向终于走向了辩证统一。既不能无端、无止境地赋予语文教学中的思想教育，也不能无视语文教学中的思想教育。把握得好，才能相得益彰。

叶圣陶先生说："教是为了不教。"人们也已经意识到注入式教学的弊端和危害，开始重视启发式教学的思想。其中，自学能力的培养被推到一个前所未有的高度。一时间，全国很多个相关实验点开始了这种具有群众性意义的科研。人们纷纷认识到：提高语文教学质量，必须要端正教学思想，改进教学方法。

5. 1993 年大纲关键词句——培养民族素质；指导学生正确地理解和运用祖国的语言文字，使学生具有初步的听说读写能力；在听说读写训练的过程中，进行思想政治教育和道德品质教育，发展学生的智力，培养良好的学习习惯；一纲多本

读解反思：有史以来，语文教学被推向提高民族素质的高度。崔峦在谈到小学语文教学与素质教育的关系时指出，"普及九年义务教育的核心是提高全民族的素质，进行素质教育"。通过对素质教育与应试教育全方位地比照，人们认识到，"实施素质教育是一项系统工程"，"全面落实素质教育必须对语文教育进行整体改革"。从本次大纲目标来看，我们不难发现其内容涵盖了语文教学目的的三大部分，而且"一纲多本"的理念让教育教学更加贴近地区发展的实际，应该说是比之以前尚属较完备的大纲了。

二、小学语文课程改革的当下掠影

2001 年教育部颁布的《全日制义务教育语文课程标准（实验稿）》中明确指出："九年义务教育阶段的语文课程，必须面向全体学生，使学生获得基本的语文素养。""语文素养"取代先前的"语文能力""语文素质"，成为新一轮课改的核心关键词。崔峦认为：语文素养是"以语文能力为核心，是语文能力和语文知识、语言积累、思想情感、思维品质、审美情趣、学习方法、学习习惯的融合"。显然从语文知识——语文能力——语文素质——语文素养的认识、从"工具性与思想性的统一"到"工具性与人文性的统一"，体现了人们对语文课程认识和理解的一大进步和日趋完善。因为人需要的是真正的人文关怀，"人文性"的提出是贴近人性发展需求的理念，从而受到大家的欢迎。

新课程标准中还提出了"语文实践"概念，这也成为当下一个非常广泛的教学理念，相对于以前大纲中的"语文训练""课外活动"等概念，"语文

实践”这一新的概念整合了课内外的语文学习活动，进一步拓宽了语文活动的视野。我以为，这是对呆板课堂教学形式的否定之重构，让活动唱主角，让学生在活动中学习。实践活动往往充满着综合性，“语文实践”是学生语文类综合实践活动，其最终落脚直指教育走向综合、知识走向综合、能力走向综合、素养走向综合。

另外，在新课程标准中，自主合作探究也成为其着力提倡推广的一种新学习方式。这种学习方式强调主动、自觉、独立地学习，排斥“被动学习”“填鸭学习”；强调小组合作学习应该从“会组织、会协调、会帮助、会评价”四个方面来进行有序而高效的学习；强调“探究学习”是在老师的指导下，通过自主的尝试、体验、实践，主动发现问题、解决问题、获取知识、形成能力的学习活动。

还有一点需要指出的是，新课程标准中还非常重视“语文课程资源的开发和利用”，要求师生凭借教材通过自主合作探究的方式对课程资源进行整合重组开发。而其实施的过程是师生知识增加、能力增强、素养提升的过程，同时也是真正的学习过程。

在新的课程标准的实施过程中，小语教坛上如雨后春笋般涌现出一批语文教改的专家，一批新课程理念的践行者，一批卓有建树的优秀教师，可谓是“百花齐放”“百家争鸣”。自然亲切型的于永正、睿智创新型的支玉恒、语感品悟型的贾志敏、情深意远型的李吉林、情思激荡型的窦桂梅、讲究诗意型的王淞舟、追求平实型的薛法根、沉醉情智型的孙双金，等等，他们在各自的课改园里辛勤而富有智慧地耕耘，独步青云，各领风骚，成为当下小学语文世界的盛世景况。

三、小学语文课程改革的未来风景

真正成功的语文学习需要唤醒学生内在的需要；真正成功的语文学习需要目标学生的终极发展；真正成功的语文学习是学生的一种享受和幸福。因此，我以为，未来小学语文课程改革的趋向会更进一步贴近并观照每一个生命的真正意义的幸福成长。

（一）学习内容：打破教材中心——走向综合

当全世界把教育的目光集中在综合实践活动时，我们不能对这一趋向再等闲视之，这也注定了语文这门课程应该是一门主题统领下的学科整合的大课程。

择一“跨学科主题教学”案例说明：

打开一个年级的所有课本，大家很容易发现不同学科的内容安排都有不少惊人的相似因素，它们就像同一样事物的各个不同侧面散见于不同学科之间。比如，关于国旗，在语文课本中有诗歌《升国旗》，音乐课本中有《国旗国旗真美丽》，美术课本中有《画国旗》，而劳动课本中则是做一面国旗。同样都是有关国旗的内容，虽然各学科的教学内容有着相对的独立性和本身的学科特点，但不容忽视的是它们之间因涉及相同的内容而形成了一种相互关联的整体关系。

因此，我邀请各科老师在同一天里依次进行了这样的教学活动：

第一课：语文《升国旗》

第二课：音乐《国旗国旗真美丽》

第三课：美术《画国旗》

第四课：劳动《做国旗》

第五课：班会《国旗的故事》

每每望着孩子们用崇敬的眼神关注着操场上国旗的升起，把举在头顶的五个小手指并得紧紧的情景，我心中由衷地感到整体教育的力量，似乎祖国的荣誉感已悄然濡染了这些才进小学两个月的儿童的心灵。

这样的例子有很多。当然，成就这样课例的前提是教师的跨学科备课，或者是教师在独立备课的时候依然具有跨学科备课意识。事实证明，不仅不同学科教师可以上同一主题的内容，同一个教师也可在一堂课中作跨学科主题式引导。

形成语文综合性课程来源于人们对学习目标意义的终极理解，它绝不仅仅只是对现有教材内容表面的增减；成就学生综合性学习的前提是教师自身的综合性学习，它绝不可能是表面形式的存在。说到底，未来的语文教材自然不会是学生手中的那本教材，未来的课堂也决不会是对那本教材的演绎。

（二）学习主体：打破教师中心——走向自主

当今教坛，让学生“做学习的主人”的理念已经为大家所接受，率先在中学举起这面旗帜的是江苏洋思模式和山东杜郎口模式，但在小学采用一种普及性的自主学习模式开展教学工作尚为少见。不过江苏千年古城如皋“活动单导学模式”的广泛实践与研究的如火如荼地开展，吸引了外地同行不断地前来参观、观摩、研讨，并获得了盛赞。那么，“活动单导学模式”到底是一个怎样的模式？它的践行让学生的学习与往日其他普通的学习收益有何区别？

简单地说，“活动单导学”是学生用来开展学习的活动思路单。教师凭借这张非同寻常的学习单来引导学生学习，学生学习的过程就是一次活动，是一次学生自主合作探究形式的活动，教师对学生的学习完全放手，其放手力度前所未有。这里说的教师的放手并不是真放手，不是对学生的学习不管不顾，而是对教师自身的学习和工作提出了更高的要求。例如，在设计导学单时，活动要求学生搜集某些资料，那么教师在课前必须做好更为充分的准备，或者是与学生课前一起准备；围绕活动单研讨，教师必须做好面对可能产生的各种问题的准备，教师不仅要备课，备活动单，更要备如何引领学生围绕活动单开展学习活动；教师必须做好完全驾驭整个课堂的准备，但同时又必须以参与整个学习活动的平等的一分子来退居引导地位，形成师生学习共同体。

我们从苏教版二年级语文《猴子种果树》的活动单设计案例中不难发现其间要义：

猴子种果树（第二课时导学单）

学习目标

1. 正确、流利、有感情地朗读课文。
2. 学会小组合作学习的部分方法。
3. 在学习中懂得做事要有耐心、有主见，不要急于求成。
4. 在模仿写作中提高创作能力。

活动方案

活动一：回顾全文，整体感知

自主：1. 哪些人来劝说小猴的？一边读课文，一边圈画出来。

2. 你能根据课文内容接着填一填吗？

种梨树——拔梨种杏——________——________——________

合作：交流自学内容。

展示：上黑板交流自主合作内容。

活动二：选择一处重点学习

自主：1. 猴子为什么要拔梨种杏（拔杏种桃、拔桃种樱桃）呢？

2. 练习读好这一部分内容。

合作：1. 交流小猴拔树的原因。

2. 小组内分角色读。

展示：小组汇报自主合作的成果。

活动三：表演故事

自主：想一想，要表演好这个童话必须注意什么？

合作：小组讨论注意点，组内合作表演。

展示：交流分享。

活动四：创编故事

自主：想一想，这只猴子后来要去学本领了，又会发生怎样的故事呢？

合作：小组讨论，写在题板上。

展示：交流分享。

总结课堂

“活动单导学”着力构建学习共同体，其最大的收益是这一群课堂上不断活动着的学习小组，最大的不同是彻底把课堂话语权交给每一个学生，让他们平等、民主、自信而富有激情地开展学习活动，人人都可以是小组的主发言人。整个班级就是由这样七八个小小的学习共同体组成，从而形成全班学习大共同体（包含教师）。

真正自主学习的孩子是幸福的，是高效的，是能干的。未来的课堂一定会是孩子真正自主学习的时空。

我们需要“作为实践的课程”，而不是需要“作为事实的课程”（作为实践的课程，其出发点并非知识的结构，而是知识是如何被共同活动着的人们所生产，知识成了师生合作工作的产物）。只要存在不足，改革就势在必行。然而，任何课程改革的最重要的标准和依据，我认为应该是是否符合人类自身发展的需要，因为只有这样的改革才会贴近世界的主体——人类，才会成就社会真正意义的发展和民族素养的提高！

参考文献：

1. 吴忠豪，于龙．新中国60年小学语文教学改革［J］．语文教学通讯（小学刊），2009，（1—2）．

2. 崔峦．小学语文教学大纲的比较研究［J］．课程·教材·教法，1993，（11）．

3. 麦克·扬．未来的课程［M］．上海：华东师范大学出版社，2003.6.

激越学习力：亲历生命的成长

——“活动单导学模式”下的主题阅读

我常常思考：到底该让孩子享受怎样的教育？当下教育存在的问题亟须突破的是什么？传统教育积聚的三大难题（即以教师为中心、以课堂为中心、以教材为中心）该如何解构和超越？

在我的追问和反思过程中，如皋进行的“活动单导学模式”给了我思考的回应和实践的平台。这种模式在如皋教育区域均衡、优质、和谐的理想烛照下，最大可能地实现了学生的自主合作探究学习，实现了教师的专业化成长。

一直以来，我都在寻求主题阅读的范式和路径。而“活动单导学模式”给了我一个新的视角，我逐步认识到，主题性阅读，就是以一个专题为圆心，对现有教材进行反思调整和二度建构，将再生性的、发展性的内容整合成课程或教材内容，并由此向外而作的辐射式阅读，它拓宽了孩子的视域与生命成长的通道，成为孩子们学习经验的履历，实现了课堂生命的润泽和教师尊严的丰盈。主题性阅读不仅关联着概念、原理、方法、价值的知识，更昭示着师生的生命存在、本质力量和成长价值。

一、开放

学生是在与教师、教材、学生、环境的相互交往中，生成与发展自立、自能的阅读品质的。主题阅读教学，就是依其自身开放与聚焦的特点，重点关注阅读经验的设计、阅读实践的创造，以及阅读体验的反思和评价，来形成学生的阅读履历，促进“教的课程”转为“学的课程”。

在学完四年级课文《李时珍夜宿古寺》后，我感到，区区一篇课文远不能使李时珍其人其事其书其精神对学生产生足够的影响，因此我和小朋友们一起开始了《走近李时珍》之旅：有的小组搜寻、筛选李时珍相关的奇闻逸事，了解其时代背景和人物精神；有的小组收集草药，查找《本草纲目》，了解草药的药性和药效，尝试迈入中医药的神奇世界；有的小组欣赏电影《李时珍》，跨越时空晤对李时珍的精神灵府。在充分准备后，我们召开教材编写交流会，并最终形成一份主题阅读教材和一份真正意义上的学习活动单。

走近李时珍（活动单）

学习目标

1. 通过拓展阅读，走进李时珍的心灵世界，感悟他高贵的品质。

2. 联系生活，进一步了解李时珍及《本草纲目》的历史贡献及世界影响。

活动方案

活动一：读故事，走近医圣

1. 自由读小故事，给每个故事加个小标题。

2. 每组选读一个故事，画出最能体现李时珍品质的语句读一读。

3. 合作交流：你从哪些地方看出李时珍是一个____________的人？

4. 各组展示。

建议：可以从药名、外形、药性、功效等方面开展研究性学习。

活动二：辨草药，感知《本草纲目》（任选一题学习交流）

1. 观察一种中草药，并根据《本草纲目》中的介绍开展研究和交流。

2. 阅读下列短文，填写表格，说说这组数据告诉我们什么？

出示：这部旷世名著有190多万字，分为五十二卷，书中编入药物1892种，其中李时珍新增入的药物374种，并附有药方11096个，其中约有8000多个是李氏自己收集或拟定的，药物形态图1109幅。其规模之大，超过了过去的任何一部本草学著述。从17世纪初开始，《本草纲目》传往世界各地，先后被译成日、德、法、英、俄、拉丁等十几种文字。

书名	字数	卷数	药物品种	药方个数	药物形态图	世界影响
读着这组数据，我想说：						

3. 合作交流。

4. 成果展示。

活动三：看电影，抒发感想

1. 观看《李时珍》电影片段。

2. 说说我的感想。

3. 展示交流（先组内交流，再全班展示）。

检测反馈

如果老百姓要向李时珍赠送一块匾牌，你想题上什么词：____________

从所设计的活动单来看，其问题设置极具开放性和选择性。例如，你觉得“李时珍是一个____________的人”？学生可以根据不同的故事逸闻，得出不同的答案，一个立体而可亲的李时珍形象慢慢在学生的心中形成；“辨草药，感知《本草纲目》（任选一题学习交流）”，具有兴趣选择性；而“看电影，抒发感想”从实际课堂来看，孩子们或感慨、或悲愤、或敬重、或赞美，表达了自己的真实情感。通过这一系列的学习活动，形成了实践的课程。事实上，教材、活动单诞生的过程就是学生学习活动展开和建构的过程，也是生活完善的过程。

更令人惊奇的是，不知不觉中，学生学习的课堂已经发生位移。在家里、菜市场里，孩子们与家长一起认识着各种“药物”，结果他们惊喜地发现，身边这么多食物，原来竟也是中药；在书店里，孩子们买来《本草纲目》，煞有介事地研究起来，原来经典也可以流行，厚书也可以轻读；在药铺里，孩子们请教中药的药性、药理，虽是半知半解，却挡不住他们求知的欣喜；在校园的花圃里，几个小伙伴们一口气辨识 20 多种不同的叶片，竞说着自己所了解的那片叶子的药性、药理知识；在教室里，学生交流着生活的阅历，奶奶是如何用晒干的橘子皮泡茶喝，如何用野菊花烧水洗脚止痒……学生在亲历心智成长的过程中，生命的本质力量也得以显现，学习能力得到了提升。他们醉心于这种开放的主题阅读生活，他们阅读的内容已与生活无缝融合，家长、学生、教师、邻居、专家等都成了他们学习共同体中的一员。由此可见，这种开放性的阅读，不仅是课堂的前设与赓续，更是生活的学习，学习的生活。

二、融通

开放的课堂，解放了师生，也润泽了教室，融通了物我。“活动单导学模式”下的主题阅读，不仅尊重学生发展的主体性、文本的开放性，还尊重学生发展的差异性，鼓励学生在学习过程中“互惠学习”，通过个体间的切磋来实现生命成长中的理解的“视界融合”。

在主题阅读《慈母情深》一课中，我们不仅吟诵穿越千年的经典——中国第一篇对父母的赞歌《蓼莪》，品读感人肺腑的时文——梁晓声的《母亲》以及大难之时的母亲群像——《地震中的母亲》，我们还引入阎维文的《母亲》，“传唱亘古不变的恩情”，欣赏大家收集过来的母亲图片，甚至还有焦波的漫画著作《咱爹咱娘》的部分内容。这一系列的活动，让孩子们在这些视听感觉的打通之间，深刻地感悟到了亲人之爱的深沉。从千年以前《蓼莪》中母亲的养育之恩，到当代梁晓声《母亲》中母亲的培育之恩，到《地震中的母亲》里母亲的献身护卫之恩，无论是时间还是空间，都具有纵横之变。但在这时空巨变中，孩子们却能感受到，唯一不变的永远是母亲的恩情，如春晖，如甘霖！这样的课堂给予学生的只怕不是知识，更是赋予生命、爱、感恩、理解比词语更丰富的内涵、更灵动的力量！

“活动单导学模式”的活动特质，决定了主题阅读教学中师生的互动和心智的融通。课堂中每个成员都是活动的主体，每个小组都是一个小小的学习共同体。他们为着共同的主题阅读进行分工、讨论、合作、交流。从自己独立思考到小组合作研讨，到集体展示交流，每个过程都是学生自由、自觉学习，坐着自学、站着小组讨论、下位走动组际讨论……这是怎样的风景！

学生在这一份欣喜中对主题阅读的兴趣更加浓郁，焕发出了对自我的信心。有的小朋友甚至在课外主动找来一些主题类似的文章，大胆假设、小心求证地进行着互涉比照，在反思中建构理解的制高点。

而老师则定位于这趟学习之旅的“导”游。老师不只是导知识，更多的是导思想、方法、习惯、思路、航向等，引导学生学会学习。在活动过程中，老师深入地观察每个学生，提出具体的学习任务以诱发学习，组织交流各种意见或发现，开展多样化的与学生的互动，使学生的学习活动更加丰富、思考更加深刻。如是，课堂中，学生不是坐在教室内研读、问答教材，而是亲历教材诞生、演绎的过程，这是一个个生命在主题阅读中积极参与、融入体验的过程，它解放了孩子，实现了孩子们的生命在场，孩子们的学习力在激越，交往力在融通！

三、建构

教育的一个重要旨归就是使学生获得自我建构的兴趣、自信和能力。外及生活方式，内抵人之品性。而学习则是通过创造世界（认知的实践）、人际交往（交往的实践）和完善自我（自我内在的实践）这三种对话性实践而完成的。我们倡导的“活动单导学模式”下的主题阅读，正是学生从个体阅读经验出发，经过与同伴的阅读体验的合作交流、讨论辨析，又再返回到个体的阅读、反思、学习，创造性地享受主题阅读带来的生命愉悦。教师的责任是激励、诱导学生在自由的时空里快乐地阅读，并学会主题阅读的方法、路径，充分地经历阅读过程的展开，在原有的基础上生成属于自我的、更精彩的、更有意义和价值的知识、方法、观念等，建构起属于自我的阅读生命流。

例如，《猴子种果树》一课活动单的最后一个活动是：“这只猴子如果要去学本领，可能又发生怎样的故事呢?”通过之前的阅读活动，学生们对小猴种果树的行为有了自己的认识，如有一位平时写话非常一般的小男孩就写出了下面这篇精彩的文章：

小猴学本领

这天，小猴告别了妈妈下山学本领，他决定自己养活自己。

小猴刚开始的想法是当一名厨师，因为他听说厨师能做一手好菜，吃得好，而且工资也高。于是他就学了起来。过了几天，一只小鸟飞进了厨房，看见小猴正忙着做菜，连忙说：“猴哥，猴哥，你怎么当了一名厨师呀？你为什么不学裁剪工呢？厨师身上有很多油，整个人都油腻腻的，你能忍受得了吗?”

小猴想：“对呀，裁剪工又干净又吃香，将来还可以像邻居那样出国打工挣大钱。”

说干就干，小猴又拜师学了裁缝。可是学了没几天，一只鸽子飞过来说：“猴哥，猴哥，你怎么学干这个？像你这么聪明，应该学着炒股票，那个赚钱可快了。”

一心想学本领赚大钱的小猴听了鸽子的话，就兴致勃勃地来到证券公司（师注：该词语本册教材前面练习中已学过）。证券公司里人山人海，小猴好不容易才挤进去，并把身上的一点积蓄全买了一支股票。

没过几天，这支股票跌到最低点，小猴的钱几乎全都赔了进去。他忘了一句话：股票有风险，投资需谨慎。身无分文的小猴，哭了好几天，最后只能灰溜溜地回家了。

主题阅读的生成是多元的，它指向成长的多重体验。从这次创编故事的活动中我们可以看到，学生们通过小组讨论，形成了各自不同的主见，他们把生活中的一些现象、话题等也巧妙地引进了活动中，如“学吹笛子——学弹钢琴——学画画——学下围棋——一事无成”。也有学生认为小猴会接受教训，并最终学到本领，取得成功，等等。从学生们的这些认识中我们欣喜地发现，在这里，学生们不仅有感受层面的启迪性收获、实践层面的创造性收获，更有来自个体生命成长必要的元素（包括搁置的价值元素）。

主题语文综合课程的探索与反思

一、跨学科主题语文教学实践

（一）个人跨学科语文主题教学

我们打开一个年级的所有课本，能看到在不同学科的内容安排上都有不少惊人的相似因素，它们以同一样事物的不同侧面散见于不同学科之间。这些相似的内容为开展跨学科主题语文教学提供了条件。例如，我在教学语文课本中诗歌《升国旗》时，就同时把音乐课本中《国旗国旗真美丽》、美术课本中《画国旗》、劳动课本中做一面国旗的内容进行了整合教学活动，取得了很好的教学效果。实践证明，这种整体性教育能最大限度地节约教育时间，提高教育（不仅是教学）效率。而且这种教育的强度和密度正好能以最大的可能启发儿童，引导儿童。

后来，我又发现，这种以语文学科为依托，力图打通学科关节的整体性教育有时具有随机性。比如：有一年冬天下了一场罕见的大雪，我没有照常让孩子们早读，而是带领他们到雪地里赏雪、嬉戏，一个个问题，一阵阵欢笑，在雪景中传来传去。回到教室，大家按捺不住激动的心情写下了许多关于雪的文字。

自我反思，这种跨学科的整体联动的教育教学活动在拥有很多优点的同时，有其鲜明的不足——个人的力量很小，作为一个语文教师，不可能同时兼教很多门学科，何况要通晓它们的教学。因此，这种跨学科教育的师资最优化整合的问题便非常鲜明地呈现在面前。

（二）多人跨学科主题语文教学

后来，组织安排我负责一个城镇十几所小学的教学管理工作。在这里，我们开展了“以语文为龙头，打通学科关节，发挥联通效应”跨学科教育系列教研活动。所谓跨学科主题语文教学，即以语文学科为依托，使几门学科在内容上实现关联。它要求执教者对选择出的各种课堂要素，在尊重差异的前提下，找出彼此间的内在联系，然后整合为一个有机整体，并且把重点放在对于认知、技能、情意的统整上。也就是说，执教者要致力于学生对学科知识的融会贯通与综合运用，让学生获得完整、一贯的经验，而非零散、破碎的事实，从而促进学生语文素养的发展。因此，多人跨学科主题语文教学课是一堂整合而成的语文主题综合性大课。

我们首先以“了解如皋，热爱家乡”为专题进行教学研究，开设了三堂绝非完全意义上的语文、数学、美术课。

附录简案如下：

科目课题	教学内容	教学目标	教学重点难点	教学流程
第一课：语文《巷韵》 执教：张小惠	《巷韵》（节选如皋籍作家陈根生的散文《巷韵》）	1. 正确、流利、有感情地朗读文章。 2. 初步感受文章中优美的语言，品味小巷无穷的韵味。 3. 激起对家乡小巷的历史、现状和未来较为浓厚的探究兴趣，由品读《巷韵》提升到品味乡韵，激起对家乡的喜爱之情、自豪之情、保护之情、建设之情。	重点：有感情地朗读文章。 难点：感受优美的语言，品味小巷无穷的韵味。	一、情境导入（播放歌曲《小城故事》，呈现如皋小巷画面） 二、整体感知 自读课文，画出自己喜爱的语句。 三、披文入情 1. 范文激情 配乐范读，请大家边听边想象画面。 2. 自读自悟 用自己喜欢的方式来读自己喜欢的语句。 3. 互动交流 小小交流会，相机指导朗读。 4. 欣赏电视散文《巷韵》 四、拓展延伸

续表

科目课题	教学内容	教学目标	教学重点难点	教学流程
第二课：数学《郊游方案设计》执教：陈少萍	自编：家乡如皋郊游方案设计	1. 通过实践活动，培养学生的参与意识和经济意识，学会用数学的眼光观察世界。 2. 感受数学与日常生活的密切联系，从而激发学生学习数学的兴趣，初步培养学生运用数学知识解决实际问题的能力。 3. 了解家乡的人文景观，激发热爱家乡的情感。	难点：学会运用数学知识解决实际问题（学会消费）。 重点：在感受家乡人文景观中学会统计。	一、情境导入 1. 播放如皋纪录片。 2. 你知道我们如皋有哪些著名旅游景点吗？我们郊游前要了解些什么呢？ 二、旅游地点和交通工具 三、讨论费用问题 1. 出示参考信息。 2. 提问：从表一中你看懂了什么？从表二中你看懂了什么？ 3. 这次活动我们每人要准备多少钱？下面我们就以小组为单位商量、解决这个问题。 四、全课总结
第三课：美术《新老街道》执教：姚珏	六年制小学美术（苏教版）第七册第16课	1. 欣赏精美图片，了解如城的昨天、今天和明天，调查家乡有特色的老街和新街，培养热爱家乡的情感。 2. 启发学生捕捉熟悉的生活中最有表现力的一面，按自己的想法创作出富有个性的作品。	难点：创作出具有主观感受的作品。 重点：引导学生比较新老街道的不同特色，并展望未来。	一、情境导入 二、引导交流 1. 欣赏部分老街道的摄影作品，结合平时的生活感受，启发学生说出看后对家乡老街的情感。 2. 讨论目前旧城改造中的街道变化，赏析古今交融的如城夜景，激发学生的自豪感。 3. 联想未来，描述想象中的家乡美景。 4. 引导学生按自己的想法表达情感，创作独特的作品。表现技法、形式鼓励多样化。 三、学生作业 四、交流作品 五、拓展延伸
第四课：与会代表沙龙（具体内容略）				

二、主题语文综合课程的提出

（一）主题语文综合课程提出的必要性

随着社会的发展及新课改的进一步实施，我们越来越认识到让学生呆在教室里的学习是不能满足学生的需要的，无论是苏霍姆林斯基的“研究性学习”、陶行知的“生活教育”、新课程倡导的“自主合作探究方式”，还是我们自己的实践都一再提醒着我们。这一问题也牵引着世界各国教育研究者的目光，大家都在加强对这一问题的探索与研究。如日本在新的课程改革中设置了综合性学习时间，其主旨就是从制度层面规定，各学校需要创造性地展开适合地区和学校的、有特色的教育活动；为了培养能自己学习、自己思考的完整的人的能力，培养能主体地适应国际化、信息化等社会变化的素质、能力，需要展开超越学科框架的横向的综合的学习，课程设置为这样的学习活动提供了时间上的保证。其他许多国家也都在寻找更适合学生素质发展的途径，却都不约而同地走到了综合性课程面前，以期解放学生的手脚，放飞自然，达到身心健康、自由地发展。我们也不例外，经过不断地探索、研究与实践，提出了实施主题语文综合课程，以适应学生素质发展的要求。

（二）主题语文综合课程提出的意义

我一直认为，教育的最终要旨应该是使每一位儿童获得幸福。如果我们的教育让儿童感到痛苦，甚至濒临崩溃，这样的教育就没有存在的价值。而儿童的幸福在枯涩的课程中是获取不到的。我的老师，著名的文学评论家汪政先生曾说过：一所百年老校（如皋师范），就像一棵树一样，是慢慢、慢慢长起来，终成大树的。我觉得人的成长又何尝不是？一棵小树苗，经历了风霜雨雪、日照夜露、雷鸣电闪的洗礼，慢慢地长，在年轮的加增中，伸向天宇。一系列的洗礼，经历、体验，即最好的情境，最好的教育。

如果我们的课程能够深深地吸引学生，让他们觉得这不是一种正规的、有意识的、呆板的学习，而是一种生活，那么当他们回首整个过程时，就会发现他们收获的行囊是鼓鼓的，就会情不自禁地充满了喜悦，就会觉得再苦再累也是幸福的。而这一切都是因为情感的溪流一直充盈在他们整个活动中。比如，我们开展“了解如皋，热爱家乡”的主题语文综合学习活动时，就设计了欣赏电视散文《巷韵》、设计郊游方案、讨论家乡变化等环节，这一主题语文综合学习活动带给学生的不再是纸上谈兵的经历，而是那份与家乡亲密接触、自主活动所带来的愉悦，对学生们来说这都将是一份宝贵的人生体验。通过这一活动，家乡在学生心里变得真切可感，为家乡自豪、为家乡喝彩的感情油然而生，溢于言表。

在我们开展的语文主题综合性学习活动中，摄影、采访、阅读、表演、演讲、撰写调查报告等系列活动都是学生自发开展、自行参与的课程，却都进行得有声有色、有滋有味，有着让大家惊讶的出色。其根本原因就在于我们给学生创造了一个适宜的学习平台，提供了一个适宜的学习时空，让他们可以去亲自学习、收集信息、自我思考、主体判断、交流合作、碰撞思维，从而解决问题。学生在活动中寻求并掌握了诸如调查、归纳、报告、发表、思考、交流等一系列的信息收集的方法，并形成了主体性、创造性地探究和解决问题的态度，让生命得以健康成长。可以说，语文主题综合课程构建了一种更为适合学生素养发展的学习方式。

三、主题语文综合课程的多维特征

翻开小学 12 册所有学科的教材，可以发现它们有一个共同的特点：越来越贴近儿童的生活。这种共性让主题化综合课程有了普遍存在的可能和实践的必要，并逐渐凸显其特征：

（一）主题性

新课改告诉我们，我们必须改变课程结构过于强调学科本位、课目过多和缺乏整合的现状，整体设置九年一贯的课程门类和课时比例，并设置综合课程，体现课程结构的综合性、均衡性和选择性。我一直以为儿童的身心发展、慧性发展不能仅仅让他们在校园、课堂中成长而忽略他们已有经验及身心的参与。对小学生来说，最好的教育莫过于饱含学科知识但又形如生活的综合性课程教育。这种课堂更贴近学生的实际，更容易使学生具有自我认同、自我发展的可能，从而促进其心理社会多层面的安康。这样的课堂才更接近“健康课堂”。在这里，我们选择了“主题性”综合课程为突破口，即研究如何以语文为龙头，让一个主题来统领一个涵盖面较大的多种学科的综合课程，并尽力使它们间的交叉效应远远大于它们的个体总和。这里的主题不仅仅指校园里时兴的“××节”“××周”“××月”，它的范畴更广。它可以预设，也可以即时开展，它发生的频率更高。表面上，各个学科在为主题服务，实际上是主题在整合各科的相关内容，汇成一股雄壮的主题曲，呈现出鲜明的亮点，在孩子情感与智能的天空领跑。

（二）整合性

叶圣陶先生在20世纪40年代指出：学校里的课程各个分立，这是不得已的办法。因为分立了的缘故，每种课程往往偏于一个境界。但教育的最后目标却在种种境界的综合，也就是说使各个分立的课程所产生的影响纠结在一块儿，构成一个有机体似的境界，让学生的身心都沉浸在其中。日本著名课程与教学论专家佐藤正夫也说：现代的课程改革不能不致力于发展双重意义的统整——统整教学内容，并把它统整于儿童的人格之中——的课程，以最终求得儿童个性的解放与个性的实现。因为缺乏统整的教学是不可能求得儿童人格整体发展的。唯有相关的作为整体表现出来的教材，才能形成完整的人格。

目前，世界各国在课程设置上，一方面加强了学科之间的横向联系，一方面专门开设了具有综合性的课程。强调课程的综合性，强调科学性与人文性的统一，更重要的着眼点是课程与人的全面发展的关系。而今，我们的新课改也提出了鲜明的观点：新课程着眼全人教育，在小学以综合课程为主。

（三）开放性

人是一个动态的系统，这个系统的成长离不开与外界其他系统进行物质、能量、信息的交换，这种动态的系统是开放的，这种动态的系统的交流需要开放的课程，而我们的跨学科整合教育教学活动就是在实践这种思想。例如，我们开展的“了解如皋，热爱家乡”的教研活动看似是三节课加一个沙龙，而实际上，我们根据学生的兴趣与需要，在这之前就开设了“如皋风情美文阅读”“家乡的风景名胜”“家乡的传说”“我也养了一盆花”“护城小卫士”等各种实践活动课程供大家选择。课程设置基本做到了由课内走向课外，由学校走向社区，由封闭走向开放。学生们在各种活动中各显神通，有的搜集来关于家乡的神话传说，有的拍摄出家乡的古典与现代，有的按年龄段去统计长寿老人，有的去发现家乡的变化，有的到大街上去找不规范的字，等等，活动范畴和意义远远超出了活动预设方案。显然，这一专题教学活动不仅打通了学科间的关节，而且打通了教室内外、学校内外、古今时空、人与人之间的关节。

学生在活动中的收获更多的是获得了愉悦前进的快乐和如何对待事物间的联系与区别，并进行整体思考与实践的思想。在这样的活动中，儿童能够更容易地将新的观念吸纳在旧观念群中，自己扩展自身的思想圈，更容易获得终身学习的理念和方法，而这也正是学生素质发展所必须具备的重要内容。

故，语文主题综合课程是以语文学科为依托，用超越不同学科知识体系而关注共同要素的方式来安排学习，从而提升学生语文素养的一种课程，其前提是学生成长的内在需求，它具有主题性、整合性、开放性等特性。

四、主题语文综合课程的整合设计与反思

（一）主题语文综合课程的整合设计

主题综合课程的整合设计一般有三个维度：一是以学科为本位的课程整合，二是以儿童为本位的课程整合，三是以社会生活经验为本位的课程整合。而在操作实践的过程中，我们又对主题综合课程的整合设计，即对整合的理解和具体操作有了一些新的认识。

第一，目标的整合，它既是学科主题的聚合，同时它也需要进行延伸和具化。例如，如皋市丰乐小学的活动，从知识与能力维度看，都有“了解家乡，感受家乡的美”的内容；从过程与方法的维度看，都有社会实践活动，用不同的方式来学习、表达；从情感态度和价值观来看，都实现了培养学生热爱家乡、建设家乡的情感这一目标。

第二，内容的整合，它需要进行调适——调整与补充。如：三节课的内容相互关联，其间的文字描述、民族音乐、小城画面等系列内容一以贯之，天衣无缝地融合在一起，展现在学生面前的是五彩斑斓、古朴典雅而又生机勃勃的家乡小巷，三节课合三为一，俨然一堂大课。

第三，实施的整合，即教学方法的多元与优化。如：散文《巷韵》引领学生随着本土作家陈根生在追忆中领略昨天的小巷，使学生对古典的家乡有了浓厚的兴趣，产生进一步认识的欲望。此时，带领学生观看如皋纪录片，全方位地欣赏了家乡人文与自然景观，继而又引导学生设计郊游方案，走向今天的生活，步入社会，深入实践。在指导学生学好统计知识、正确的消费方法，形成正确的消费理念的同时，一缕浓郁且绵长的爱乡之情弥散在课堂里。兴犹未尽，执教者又引导学生欣赏摄影作品，描述想象中的家乡美景，环环相扣，步步深入，逐渐升华，体现了课程的综合性、渐进性。在这三堂课中，老师执教时相互交融，没有让学生的语文素养关在门外，都指向于学生言语能力的提高。可以看得出，三位老师不仅在内容上实现了联合备课，更主要的是在理念上已经形成共识，这才是最重要的整合——师资最优化整合。

第四，师资最优化整合。为了达成师资最优化整合，我们对联合备课提出了具体操作要求：

（1）各学科联合备课，发挥群体力量，确定活动主题。（确保交叉的地方不重复，但可以递进）

（2）教材可以是现有的，也可以是自编的。（根据主题内容和实际需要）

（3）授课方式可以是一课接一课上，也可以是一课内进行跨学科同一内容的整合，但本学科主体地位须突出。

（4）授课班级须确定为同一个班级，但任课老师可以最优组合。

（5）备课须注意符合学生的年龄特点，符合教育的规律，体现新课程的理念，要有自己独特的个性和创意。

（6）必须同时进行系列科研。

（二）主题语文综合课程的反思

主题综合课程与一般校本课程的最大不同在于它是基于本学科教学、以班级为单位的必修活动，是一种新的协同开发教材、协同教学的综合性课程形态。无论是同一课中多种学科主题整合，还是多节课、多学科的主题整合，它们都在班级课堂中完成，其学习内容几乎就是现有教材的整合。这种课程的选择与编写一方面须立足学生生活视野、国际视野、中国传统优秀文化视野，进行本土化处理，另一方面要在课程实施中进行校本化处理，并在实践反思中不断完善。

纵观我们的语文主题综合课程的实践活动，它经过了从个体实验到群体实践，从多学科在同一课中交融到多种学科在同一专题中整合，从内容的打通到形式的打通，达到了传统理念与现代理念的打通、微观操作与宏观操作的打通、平面与立体的打通、思维方法的打通、人生态度的打通……

当代行为理论把学习者看成是积极寻找信息和建构知识的人，而不是环境输入的被动接收者。鲁洁先生在《超越与创新》一书中也鲜明地提出“教育：人之自我建构的实践活动”的观点，也有人提出“课程即过程”的观点，我以为讲得都非常好。我认为，语文主题综合课程实施的至高境界应该是师生自发编写、自主参与，然后自我陶醉，最后自我反思的综合性学习活动。因为这样即说明我们的学生在老师的引导下拥有了自我学习的意识，拥有了整体思考并自我创造的能力，形成了自我效能感，也说明他们拥有了自我幸福成长的力量。

当然，这一课程的实现还需要为人师者不断提升自己，拥有自我整合课程的理念、智慧和能力，更主要的是为人师者拥有一颗为着教育而满怀激情的心灵。

如果这种课程得以正常地诞生、开展，我想我们可以改变很多。我将努力践行。

参考文献：

1. 马樟根．李吉林与情境教育［M］．北京：人民教育出版社，2000. 3.

2. Raymond M. Nakamura. 健康课堂管理［M］．北京：中国轻工业出版社，2002. 12.

3. 叶圣陶．叶圣陶文集（11）［M］．南京：江苏教育出版社，1991.

4. 佐藤正夫．教学原理［M］．北京：教育科学出版社，2001.

5. 钟启泉，崔允漷，张华．为了中华民族的复兴　为了每位学生的发展《基础教育课程纲要（试行）》解读［M］．上海：华东师范大学出版社，2001. 4.

6. 熊梅．校本课程开发实践模式探索［J］．教育研究，2008，(2)．

7. 戴尔·H. 申克．学习理论：教育的视角［M］．南京：江苏教育出版社，2003. 1.

8. 许锋华，岳伟．课程即过程——关于过程课程观内涵的诠释［J］．教育理论与实践，2008，(1)．

余秋雨散文对中小学教育的一些启示

我是一名教师，因此我的阅读会不由自主地带上教育审视的目光。而对秋雨散文的阅读，常常让我产生许多关于教育的联想和启发。

一、厚重的生命意识——关于教育目标的启发

毫无疑问，秋雨散文弥漫着关于生命意识的深层思考。他对生命内底的写照与凸现浓浓地贯穿始终。

其间健全人格形象的描写和呈现，令很多人记忆犹新，最突出的便是康熙了。这位善于修筑无形长城的清朝皇帝具有顽强的生命力。他不仅比明朝

任何一个皇帝都更热爱和精通汉族传统文化，而且除亲批《资治通鉴纲目大全》外，还组织编写《皇舆全览图》《古今图书集成》《佩文韵府》《康熙字典》等一批著作，一大批人文科学家应运而生，一时间文化气运蔚然。这位对国学研究颇深的皇帝同时还研究着西学，并且居然可以演算得比西方传教士还要快。西方自然科学著作的大量翻译使得国人在科学的大道上有了比照、启发而得以迅速发展。也许这已经很可观了。可是，康熙他不，他还打了很多著名的战役，他还参加了48次一年一度的“木兰围场”，并且留下了令他自豪的记录：

朕自幼至今已用鸟枪弓矢获虎一百五十三只，熊十二只，豹二十五只，猞二十只，麋鹿十四只，狼九十六只，野猪一百三十三只，哨获之鹿已数百，其余围场内随便射获诸兽不胜记矣。朕于一日内射兔三百一十八只，若庸常人毕世亦不能及此一日之数也。

是的，这是段令人振奋的记录！一天射318只兔子需要怎样强健的身体和精神呢？我们只能说康熙具有非常健全的人格，包括体格。

回望目前的教育，且不谈文武双全，且不谈博古通今，只一项功课学习就让很多学子望而生畏、望而生厌。他们称自己是痛苦的一代，因为要这样的学习！活动量的缺乏使得本该生龙活虎的他们有些慵懒，而一旦让其放松休息，他们要么山洪暴发般发泄，要么就不知如何是好。他们生活在蜜罐中，但却不知道甜的味道。他们羡慕上一代人的娱乐方式和生活经历，他们厌倦如此这般的封闭式学习生活，他们说这只是学习，不是生活。因此，我们往往很多时候看到的是小大人，而不是小孩。因为他们缺少孩子应该拥有的活力、天真、稚嫩和笑颜。这样的人格发展毫无疑问是有缺陷的，是不健全的。而不能使学生获得幸福人生体验的教育也注定是失败的。

因此，健全人格的培养应该成为教育目标的主体通道，因为它是实现孩子们一生幸福的根本基质。它包含着人的性格、气质、能力及文明化的程度等诸多方面。

人类社会滚动发展至今日，人们获得了许多，也损失或者说损伤了许多，付出了巨大代价，情感的弱化便是非常突出的一例。而人们损失、损伤最多的还是各种情感——激情、热情、同情……这样的人生何谈幸福呢？健全人格的缺失所带来的负面影响是巨大的，纵然是著名高等学府也依然有令人匪夷所思的状况出现。大量的事实证明健全的人格不可或缺。

人格不健全的人往往找不到自我，找不到人生的目标和存在的价值，他们不知道体验生命的高贵。《流放者的土地》中的人们给我们带来的震撼是巨大的：在那个让清朝人毛骨悚然的流放地“宁古塔”，“南国佳人多塞北，中原名士半辽阳”。但就是在这样一块足以让生命冰冻的土地上，出现了一个奇迹：不少被流放的清朝官员与反清义士结成了好朋友，甚至到了生死莫逆的地步。原先各自效忠的对象，无论是明朝还是清朝都消解了，消解在朔北的风雪中，消解在对人生价值的重新确认里。“同是冰天谪戍人，敝裘短褐益相亲。”（戴梓）当官衔、身份、家产一一被剥夺，剩下的就是生命对生命的直接呼唤。政敌不见了，民族对立松懈了，只剩下一群赤诚相见的朋友。他们以毫无障碍的心态发现了对方的善良与正直，然后把他们作为一个个有独立人品的个人来尊重。苦难净化人，纯粹生命意识下的人们，有一份来自内心的高贵和苦难的高贵，今天东北人的豪爽、好客、重友情、讲义气，一定与流放者们的精神遗留有深刻关联吧。

由此我想到了井冈山山上的故事。导游告诉我们：“这座山上的居民素质大多很高，因此它是全国卫生城市。他们来自五湖四海，他们的父母当年为着革命集聚在这儿，却又将他们抛在了这座山上。他们没有因为父母为革命作出多少贡献而改变自己对生活的要求。曾经中央的一个将军大老远来寻找一个战友的孩子——一个革命烈士的后代，一查是看守红太阳城大门的老人。”导游的一番话语让在场所有人都鸦雀无声，肃然起敬。

也许真性自我的存在和追求正是这样，有着苦难中或者寂寞中生命的高贵，我们也许还不能理解的高贵。但是我想，他们的精神领域是丰富的，绵远的。因此生命力便有了韧性，有了张力。也许你不能否认他们已经寻找到生命中另一种幸福——承受生命之重后的澄明。

这样看来人性的教育乃是最为关键的教育。正义、善良、爱应该成为人性教育最基础也是最重要的内容。居里夫人曾说过：“科学技术是中立的，关于它的善恶价值，完全依赖于使用者的人性。”一位从纳粹集中营里侥幸生还的人后来当上了美国一所中学的校长。他上任伊始，交给每一位教师一封信，信中说：“亲爱的老师，我是集中营的生还者，我亲眼看到人类所不应当见的情景：毒气室由学有专长的工程师建造；儿童由学识渊博的医生毒死；幼儿被训练有素的护士杀害；妇女和婴儿被受过高中或大学教育的人们枪杀。看到这一切，我怀疑：教育究竟是为了什么？我的请求是：请你帮助学生成为具有人性的人。你们的努力绝不应当被用于学识渊博的怪物、多才多艺的变态狂、受过高等教育的屠夫。只有在能使我们的孩子具有人性的情况下，读写算的能力才有价值。”

人性，这个人人都应该具备的本质属性，其实并不是人人都能葆有。人之所以为人，不仅在于他远离了兽类的蒙昧，还在于他远离了兽类的残忍；不仅在于他躯体的站起，还在于他灵魂的直立；不仅在于他利用自己制造的工具不断使自然“人化”，还在于他借助内心善的生长不断使人“人化”。

因此，我们的教育最终的目标应该是成“人”的教育。评判教育成败的标准应该是看能否让孩子真正感知、创造和拥有幸福的一生。

二、深刻的文化追寻——关于教育内容的启发

秋雨散文中流露的另一个特质应该是对文化的苦苦追寻、对文明的上下求索，而这正是对人类文明精神及其人格的呼唤。

《文化苦旅》应该算是这方面比较突出的一部书了。无论是体现着历史的深邃苍凉之感的大漠荒荒的黄河文明的盛衰，还是柔美凄迷、清新婉约的江南文化，抑或是中国文人艰难的心路历程，一路写来，语词华美，声情并茂。它让人在自豪、慨叹、悲伤、愤怒、痛恨、吟唱中，着着实实苦旅了一回，爱也罢，恨也罢，令人回肠荡气一场场。

《道士塔》是被选进高中课本作教材的一篇文章，但是当它和《莫高窟》《守望敦煌——樊锦诗》一起呈现在小学五年级同学的面前时，同样激荡了一颗颗童稚的心灵。

面对那可以傲视异邦古迹的地方，孩子们仿佛看到了一群群艺术家前赴后继在朔风中敲击山岩，凿开并诞生那壮阔的生命。他们说，看到那精美的壁画，看到那绝美的飞天，他们真想消融在那历史的洪流中。但是当他们读到“这是一个巨大的民族悲剧。王道士只是这出悲剧中错步上前的小丑，一位年轻诗人写道，那天傍晚，当冒险家斯坦因装满箱子的一队牛车正要启程，他回头看了一眼西天凄艳的晚霞。那里，一个古老民族的伤口在滴血”时，他们愤怒了，他们说：“如果我在场，我一定会阻止这场灾难的发生！一定会……”孩子们童稚单纯而炽热的情感是可以想象的。有这样的一个情感背景，当孩子们了解到现代敦煌人是怎样在大漠深处进行坚苦卓绝的努力时，他们就感动于那位守望敦煌 41 年的樊锦诗了！

无论是崇敬地惊叹这灿烂文明的诞生，还是痛恨文明的破坏和失落，这堂课因为浸满文明或者文化的内涵而显得厚重无比，以至于他们幼小的心灵永难忘记。那飞扬的神采告诉我们，这是可以根植于孩子们心灵的内容。

这堂课给我们带来的思考有很多，但有一点是可以肯定的：我们的教育教学融进文明的内涵、文化的深度和广度，才会成为学生血液、灵魂、生命深处的东西。

文明的背后是文化人格的呈现，它用物化的形式和流溢的精神存在，但是每一种存在我想都是与此相关人物或人物群的文化人格的积淀和累聚。

岳麓书院能够绵延千年，最重要的是它有一种人格力量的贯注。对一个教学和研究机构来说，这种力量便是一种灵魂。教学，归根结底，是人类的精神和生命在一种文化层面上的代代传递。他们所制订的学规、堂训、规条等几乎都从道德修养出发对学生的行为规范提出要求，最终着眼于如何做一个品行端庄的文化人。事实上，他们所讲授的经、史、文学也大多以文化人格的建设为归结，而宋明理学则可以看成古代一门哲学——文化人格学。但是人性人格的造就总是生命化的，这使得我们的教育工作者往往要从一个十分荒芜的起点重新开始。因此，虽然人格教育在千年以前即被重视，跨过千年的岁月之流，而今我们依然有必要重回本真——人性内在的教育才是最为根本的教育。否则，纵然是读过博士也依然有街头乞讨的背影，纵然是富甲天下也依然觉得生命没有意义而从高楼坠下。可以说，文化人格是一个人的第二生命，因为那里有可以让他们永久生存的信念。

文化人格的最高境界应该是重难后的“生命突围”。朱熹和他的学生在那个时代可以说是幸运的，也可以说是不幸的。只因他坚信教育是恢复人性、改变素质的根本途径，只因“生徒云集，坐不能容”，所以就不能见容于那个时代。被诬陷、被免职、被称“伪学”“逆党”，甚至被要求处死，种种的苦难、灾难一起风起云涌般向他们压来，但是都没有能摧毁他们的信心和追求。

苏轼三起三落，他在无言的孤独中彻底洗去人生的喧闹，去寻找无言的对话。他在静寂中无情地剥除自己身上每一点异己的成分，哪怕这些成分曾为他带来官职、荣誉和名声。他渐渐回归于清纯和空灵，习惯于淡泊和静定，体味着自然和生命的原始意味。这一切，使苏轼经历了一次整体意义上的脱胎换骨，他真正地成熟了。他的成熟是一种无须声张的厚实，一种并不陡峭的高度。

而以嵇康、阮籍为代表的魏晋人物则把个人人性自我的发展推向极致，在那里刮起一阵阵风：风流、风度、风神、风情、风姿……成为《遥远的绝响》。

他们在进行着坚苦卓绝的突围，他们其实是真正的人格健全者，因为最终他们能够感受到生命的愉悦和幸福。

回首而今的教育，长期以来，智育的任务在学校实际上是压倒一切的，而批判智育至上，强调德育在学校工作中的首要地位，其实并没有触及智育已经异化的实质。应试教育（或者说潜在的应试教育）使学生的智性生活完全僵死，使凝结着客观世界无限丰富性的所有文本成为异己于学生、敌对于学生，而学生又难以摆脱的桎梏。

有一个极端的案例：某班学生在完成了高考最后一个科目考试后，不约而同地去做的第一件事竟是把高中课本付之一炬。他们在精神上获得“解放”的同时，却不幸与本该属于他们的智性愉快告别。这实在是教育的悲哀与失败。

毫无疑问，体现对“人”足够重视的文化尚且过于欠缺，更何谈这些文化人格培植的内容呢？其实文化人格培植的过程即是精神建构、心灵成长的历程，而我一直以为，这是一个人生命成长的最为重要的标志。

三、开阔的文化视野——关于教育形式的启发

秋雨散文的视野开阔，可以说是超越时空、贯通古今、纵横天下。他的这种视野的获得我想应该归功于他行万里路式的文化行走方式。也许当初余秋雨辞职远行有很多种原因，但是当我看到他那些“我走进了荷马史诗的大门”“这里没有进入历史的文明”“难道这些中东孩子注定要匍匐在战场”等的照片时，我的心里很激动，很是羡慕。

“与笔端相比，我更看重脚步；与文章相比，我更关注生命；与精细相比，我更倾情糙粝。荒原上的叹息总是糙粝的，如果要把它们调理成书斋里的柔声细气或沙龙里的尖声尖气，我如何对得起自己多年以前就开始的辞职远行?”

当我读到这一段时，我想起了有篇小学课文叫《学会查无字词典》，有篇文章叫《无字书》，想起了苏格拉底、柏拉图他们带着弟子在麦田里寻找“最大的一穗”，想起了孔子和七十二贤周游列国。我非常惊喜地发现，中西方这些古代著名的大家有许多地方竟然惊人的相似，他们是“读万卷书，行万里路”的真正践行者。

我想这种学习或教育的方式应该可以叫做“游历考察”。无论是前面提及的教育大家的教育行为，还是苏霍姆林斯基组织的参观活动、夏令营活动

以及日本教育中开辟“野外教室”的实证，从古至今，从中到外，无一不在证明：游历考察的确是一种行之有效的教育方法。

北宋教育家胡瑗对此深有研究。据丁宝书所辑的《安定言行录》载：“胡先生翼之，常谓滕公曰：‘学者只守一乡，则滞于一曲，隘吝卑陋。必游四方，尽见人情物态，南北风俗，山川气象，以广其文见，则为有益于学者矣。’一日，尝自吴兴率门第子数人游关中，至潼关，路峻隘，舍车而步，既上至关门，与滕公诸人坐门塾。少憩，回顾黄河抱潼关，委蛇汹涌，而太华、中条环拥其前，一览数千里，形势雄张。慨然谓滕公曰：‘此可以言山川矣，学者岂可不见之哉！’”从这段文字我们不难看出胡瑗是何等地重视游历考察。一位学者说：登潼关，眺黄河，让八面来风涤荡心胸，让一腔豪情寄托山川，在这种时候，爱国情怀、远大抱负会油然而生，而观览美好大自然的审美体验，会带给学生终身难忘的回忆，这种积极的情感体验，也许会伴随学生一生。

由此我想，以宇宙为教育之课本的思想也许过大，但却是需要的，你不听孩子来自生命深处的呼喊——“带我出去，哪怕带我去农村走走也好”，我想除去愈渐遥远的农业以外，他们情感的农田也会渐欲荒芜了。

当学生以这样的心里话呈现时，我们目前的教育怎么说都是苍白的。

看来，我们的学习不应该局限于课堂、学校、作业，边走边学，在生活中学，在细小的或者在司空见惯的日常生活中学，时时处处我们都可以学，都可以发现其间的深意，可以获得做人的道理。表面看，这是学习方式的问题，实际则是教育理念的折射：我们怎样让孩子的人生更丰富、更幸福?

余秋雨给我们带来的影响也许应该是巨大的，而这一切都源自他对文化、对文明、对生命、对人类深切的关怀和挚爱。

参考文献：

1. 余秋雨．山居笔记［M］．上海：文汇出版社，2002.1.
2. 余秋雨．文化苦旅［M］．北京：东方出版社，2001.4.
3. 余秋雨．千年一叹［M］．北京：作家出版社，2002.10.
4. 严清．教育：与幸福牵手［J］．江苏教育研究，2005，(12)．
5. 严清．中小学德育工艺论稿［M］．南京：江苏教育出版社，2005.

《猴子种果树》教学案例

很多时候，我都在反思：我们的课文是不是可以采用更生动或让学生更心动的方式来进行?《猴子种果树》的非常规教学实践让我收获颇多。

一、课前交流“故事”

《猴子种果树》是二年级课本中的一篇童话故事，讲述的是一只猴子因为没有耐心而不断改种果树，结果一事无成。课文文字浅显，结构板块相似，不难理解。这个故事很容易让人想起另一则有关猴子的类似的故事——《小猴子下山》，于是，课前我请同学们小组内互相讲述这个故事。二年级学生一听讲故事，都兴趣盎然，有的甚至还边讲边演。

教学反思

本环节旨在向已有基础延伸。教材不仅指眼前的教材，类似的、学生已拥有的基础也完全可以成为教材的一部分，在这一环节中，学生通过回顾旧有、连接新知，形成了一个熟悉而又使人激动的学习场，学生在不知不觉中学会了触类旁通，并以主题为统领不断刷新、建构着自己的学习库。

二、课上对比“故事”

（一）片段一：比较相同处

课堂伊始，我便提出一个讨论题：读一读课文《猴子种果树》，比一比，你觉得课文中的猴子与《小猴子下山》中的小猴子有什么相似之处?

问题还没讨论，学生就已经小手林立，于是我进一步提出：大家别急着回答，我们请各小组画出这两个故事的网络图（我班学生已经训练一学期学画课文的主题词网络图），比一比，哪一组说得准、说得完整。

学生立马行动起来，很快就画出了对比网络图：

《小猴子下山》：

摘桃——丢桃摘玉米——丢玉米摘西瓜——丢瓜追兔——一事无成

《猴子种果树》：

种梨树——拔梨种杏——拔杏种桃——拔桃种樱桃——一事无成

学生们颇为激动地交流着这只犯同样错误的猴子。这时，他们不仅把课文的内容了然于心，而且对这只猴子的行为开始了评点。

（二）片段二：比较不同处

师：小朋友，再读读课文，看看这两个故事有什么不同？最大的不同是什么？小组讨论讨论。

（小组活动，没多会儿，又是小手林立）

生：我们组认为，最大的不同就是《小猴子下山》中的小猴子是自己看到一个更好的就把原来的扔了，而《猴子种果树》中的猴子是听信乌鸦、喜鹊、杜鹃的劝说而不断改变自己种的树。

师：你们认为呢？（学生点头赞许）那么乌鸦他们是怎样来劝说的呢？小猴子又是怎么想的呢？小组一起有感情地朗读有关段落。

（生自由读，分角色读）

师：读到这会儿，你们怎样看乌鸦、喜鹊、杜鹃的话？又怎样看这只小猴子？

（生小组讨论）

生：我们觉得乌鸦、喜鹊、杜鹃的话不对。因为如果不是他们在这儿乱劝说，猴子也不会落得这个下场。

生：不对，主要怪猴子自己轻信别人的话。

生：是的，都怪猴子自己没主见。

师：那么乌鸦他们引用的这些农谚、说的这些话到底对不对？

（生小组讨论）

生：我们现在认为，乌鸦他们的话其实是有道理的，不能怪他们。主要是猴子的不对……

（三）片段三：我帮猴子想办法

师：你们说说，这是一只怎样的猴子呀？

生：这是一只没有耐心的猴子。

生：这是一只没有主见的猴子。

生：这是一只朝三暮四的猴子。

生：这是一只不懂总结教训的猴子。

师：你想对这只猴子说点什么呢？

生：猴子呀猴子，你怎么又犯老毛病了呢？

生：猴子呀猴子，你怎么还没有接受教训？做事一定要有恒心呀！

生：猴子呀猴子，你这样朝三暮四，永远都不会做成事情的！

生：猴子呀猴子，你千万要记住：不能轻信别人的话，要有自己的主见。

师：那你们觉得，如果猴子听了乌鸦他们的话之后，换一种做法会不会有更好的结果？假如你们就是这只猴子，有没有更好的方法？

（小组讨论）

生：有一种好办法，就是听了一种劝告以后不要拔掉原来种的树，再栽上另一种，这样可以栽上四种，而且可以尝到四种水果。

师：你们觉得这一组“猴子们”的想法可以吗？

（生鼓掌）

师：是的，这是一群善于听取别人的意见，又善于动脑的“猴子”。

教学反思

在对比中延伸，让学生学会比较学习的思维方法是本环节的重要目标。将已知内容和现有教材进行比较，比较其相同点，得出猴子的一般特征。同时，通过勾画简单的网络图，让学生用比较具有挑战性的方式来通读课文，形成对课文整体结构的认知，培植学生的概括能力和整体把握意识；比较其不同点，得出种果树的猴子有了新的特征：容易轻信别人的话。而随后的拓展——“我帮猴子想办法”，则宕开一笔，将学生的思维引向了课本之外的另一层面，充分发掘学生的智慧和潜质，使他们形成新的思维方向。更主要的是，在这课堂上，学生冲在主战场，而教师所做的不过是点评或勾边式的引导。

三、课后仿写“故事”

下课前，我提出一项作业：“小朋友们，你们认为接下来，这只猴子如果要去学本领，可能又发生怎样的故事呢？今天的家庭作业请仿照课文以《小猴学本领》为题编个故事，有困难吗？”学生都高呼“没有”。

第二天，当我翻开学生们写的故事时，我很惊讶，他们的故事一个个都编得活灵活现。故事里的猴子所学的本领也是多种多样：

吹笛子——弹钢琴——画画——下围棋——一事无成

学耕田——学游泳——学打鸣——学烧饭——一事无成

学做厨师——学做裁缝——学炒股——一事无成

……

在学生们写的这些故事中，有80％的学生把猴子写成仍然不思悔改，继续一事无成，有20％的学生认为，小猴已经接受教训了，刚想放弃时就想起前两次的教训，结果通过努力与坚持，终于取得了成功。从这些故事中我们可以看出，生活中的一些现象显然已经被学生们所注意，尽管选材最多的还是他们日常生活中的题材，但他们能有如此的认知，写得又很精彩，实在是让人欣慰。

批阅完后，我再次请大家小组内互相阅读，取长补短，修改自己的故事，然后以小组为单位，开一个《小猴学本领》创作成果交流会。

学生们又一次激动起来。

教学反思

在迁移创作中延伸是本环节的重要目标。仔细反思这个还算成功的课例，吸引学生的是这种从一个故事衍生一个故事，再创造衍生第三个故事、欣赏到更多故事的课堂结构形式，这种形式的课堂让学生们感觉更有趣、更有挑战力、更有成就感。学生们的兴奋完全来源于他们思维火花的不断碰撞、迸发，他们的创造力被悄悄点燃，尽管他们还只是二年级的小朋友。究其根本，乃迁移法发挥作用，创造力成就感召唤也。

学无定法。换一种思维，换一种方法，兴许会带来很多意外的高效和惊喜。

《走近李时珍》教学案例

【学习目标】

1. 通过拓展阅读，走进李时珍的心灵世界，感悟他高贵的品质。

2. 联系生活，进一步了解李时珍及《本草纲目》的历史贡献及世界影响。

【活动过程】

一、复习导入，揭示课题

师：同学们，上节课我们学了《李时珍夜宿古寺》，学完之后，你觉得李时珍是一个怎样的人？

生：他是一位伟大的医药学家。

生：他是一位为了万民得福不辞辛劳的明代伟大医药学家。

师：今天，就让我们继续穿越时空，一起“走近李时珍”。（齐读课题）

教学反思

通过回忆刚学的课文，承前启后，让学生在亲切、轻松的氛围中，很自然地踏上了温故知新的学习之旅。同时，又暗含着“以课文为核心辐射学习”方法的渗透。

二、活动一：读故事，走近医圣

师：（出示“活动一”要求）谁来给大家读一读“活动一”的要求。

（生明确活动要求）

师：下面请根据活动单的要求开始学习。（学生根据活动单要求自主合作探究，教师巡视）

展示交流：

师：哪一组先来？

第一组汇报

生：我们选择的故事是第二个，我定的标题是：亲尝曼陀罗。

生：我给它定的标题是：亲尝草药。

生：以身试药。

生：生命冒险。

生：我们觉得最后一段中“埋怨、笑着说”最能显示人物品质。

师：注意，这个“埋”是个多音字，在这儿读mán，跟我读“埋怨”。

生继续汇报：有人埋怨他太冒险了，他却笑着说：“不尝尝，怎么断定它的功效呢？”从“埋怨”“笑着说”可以看出，李时珍觉得自己的生命和这么多民众的幸福比起来，根本就不值一提。

生：我从“大家更敬佩李时珍了”中这个“更”字，读出了大家原来就很敬佩李时珍，而从这一件事中大家对他的敬佩又更增加了一层。

师：非常好，还有吗？

第二组汇报

生：我们用对话的方式来告诉大家，这是一个怎样的李时珍。

（一生扮演李时珍，其他同学向他提问题）

生问：请问在你尝草药的时候，你是否想过，自己不尝，让别人去尝？

生答：我从未想过，因为百姓的生命更重要。

生问：你不觉得这样太冒险了吗？

生答：不冒险，百姓的性命比我更重要，那么多人病死了，全都是因为药物使用不当中毒而死的，我不能这样眼睁睁地看着百姓没有了生命。

生又问：你每次都是自己亲尝草药，你觉得自己这样做值得吗？

生答：值得！为了百姓能幸福地生活，我觉得这样做非常值得。用一个人的生命来换很多人的生命是很值得的。

师：其实每一个生命都很重要，只是在李时珍的心里，那杆天平称上百姓更重要。

第三小组汇报

生：我们选择的是第一个故事，我们从文中的诗句读懂了他是一个意志非常坚定的人。

（师出示：身如逆流船，心比铁石坚。望父全儿志，至死不怕难。——李时珍）

（齐读）

师：读得很好，这里的“志”是什么？

生：志气、志向……

师：李时珍的志向是什么呢？

生：重修《本草纲目》。

生：在这里，我们感受到李时珍那誓死修书的决心、为老百姓造福的决心是那样决绝，值得我们学习。

师：是啊，从李时珍的这些故事中，我们了解到李时珍的好多高贵品质。我们不仅可以从一个个故事中了解一个人的品质，还可以从其他方面来读懂一个人的品质、为人、思想。

教学反思

教材的开放性使得学生在纵观所有故事后可以自由选择学习。在“活动单导学”课堂上，学生是自主学习、合作学习的主体，老师是导航者、点拨者。学生朗读错误时，立即正音；学生理解深刻时，鼓励导向；学生认识不完整时，及时提升补充。

三、活动二：辨草药，感知《本草》

师：下面我们进入“活动二”，谁来读活动要求？其中，1～3 题每组可任选一题开展研究

（学生明确活动要求，并根据活动单要求自主合作探究，教师巡视）

师：我们先来看第一题，哪一组先来汇报？

第三组汇报：蒜

生：蒜又叫独蒜、独头蒜、小蒜。

生：蒜味辛、性温、带有小毒。

生：蒜在《本草纲目》里是这样写的：它可以治霍乱、腹泻。

第五组汇报：胡萝卜

生：胡萝卜外形五六寸长，大的有一拳头粗；药性：主治久患痢疾。我的奶奶最喜欢用它来做菜。

又一组汇报：木耳（药名、外形、功效　一个秘密）

生：木耳是长在朽木上的，每棵树上都能长木耳，但最后木耳有没有毒，还得由这棵树的木性来决定。我们组还有一个鲜为人知的秘密请曹禺来回答。

生：木耳还叫银耳和树耳。

师：接下来我们来看第二题。

（出示短文：这部旷世名著有190多万字，分为五十二卷，书中编入药物1892种，其中李时珍新增入的药物374种，并附有药方11096个，其中约有8000多个是李氏自己收集或拟定的，药物形态图1109幅。其规模之大，超过了过去的任何一部本草学著述。它综合了植物学、动物学、矿物学、化学、天文学、气象学等许多领域的科学知识。它那极为系统而严谨的编排体例、大胆纠正前人漏误的确凿证据，以及继承中有发扬的科学态度，都令人赞叹不已。从17世纪初开始，《本草纲目》传往世界各地，先后被译成日、德、法、英、俄、拉丁等十几种文字。）

第四组汇报：书名：《本草纲目》；字数：190多万字；卷数：五十二卷；药物品种：1892种；药方个数：11096个；药物形态图：1109幅；世界影响：先后被译成日、德、法、英、俄、拉丁等十几种文字。

生：我有不同意见，“其规模之大，超过了过去的任何一部本草学著述”才是世界影响。

生：这部旷世巨著有190多万字，我们想一想呀，语文书不过才两万多字，得多少本语文书叠起来才能达到这么多字呢！

生：李时珍爷爷写这部书花了27年，324个月，9855个日日夜夜，一般的人是坚持不了的，只有像李时珍爷爷这样为民着想的人才能坚持。

师：说对了，他有一颗为民着想、为民造福的心，所以他才能坚持27年，才能成就这么多数据。自李时珍的《本草纲目》诞生以来，有很多很多的人盛赞他，盛赞他的《本草纲目》，我们来看一看。

（出示：医中之圣，集中国药学之大成，本草纲目乃1892类药物说明，

广罗博采，曾费三十年之殚精。造福生民，使多少人延年活命！伟哉夫子，将随民族生命永生。——郭沫若）

（生齐读）

师：有什么想说的？

生：我想把“民族”改成世界。

师：为什么？

生：因为李时珍不仅仅救了中国的人，还救了世界各地的人，所以应该把“民族”改成世界。

教学反思

这样的课堂可以将学生引向《本草纲目》，引向生活实践，引向历史评价，引向自我认识，最终达到自我成长力的提升。

四、活动三：看电影，抒发感想

师：在察访药材的过程中，李时珍不仅受到高山流水、风霜雨雪这些自然环境的阻拦，还受到人为的阻拦，他是怎么面对的？这 27 年他是怎么走过来的？我们一起来看一段影片。

（生观看《李时珍》电影片段）

师：看完这一片段，你想说点什么？

生：李时珍爷爷您真伟大，这些道士把您几年的心血烧掉，有的还扔进了河水，您都没有泄气，又从头开始做起。时间一天天过去了，您一天天地变老，白发苍苍，您的万般辛劳终于变成了《本草纲目》！

生：您经过了那么多风霜雨雪，终于编成了《本草纲目》。27 年，324 个月，9855 个日日夜夜，真不知道您吃了多少苦，遭了多少罪，但您挺过来了。老百姓感谢您，中国人民感谢您，全世界人民感谢您！您真伟大！

师：是的，但有一点令人遗憾的是，直到李时珍去世后 3 年，他的这本旷世巨著——《本草纲目》才得以出版。

教学反思

电影生动的形象，让学生走进了李时珍的心灵深处，与其同呼吸共命运，不仅李时珍的形象深深地铭刻在了学生的心田，而且李时珍的品质也荡涤、感染着学生的灵魂，激发出了学生对李时珍的崇敬之情，学生的民族自豪感也油然而生！

五、检测反馈，升华情感

师：老百姓为了表达自己的感激与敬意，送给他很多匾牌和锦旗，猜猜，上面会题什么词？

生：医圣。

生：妙手回春。

师：为什么？

生：因为李时珍的医术非常高明，所以我想用“妙手回春”来形容。

生：华佗再世。

生：我想写“永垂不朽”，因为他和他的这部巨著将永远活在人们的心中。

师：李时珍和他的《本草纲目》不仅活在人们的心中，还成为今天我们传唱的对象。（播放歌曲《本草纲目》）大家听，这是2009年春节联欢晚会上，著名歌手宋祖英和周杰伦合唱的一首歌《本草纲目》。其实，李时珍和他的《本草纲目》，早已走向了世界，在为全人类造福，我真的非常希望我们当中也能诞生为民着想的人才，你们愿意吗？

生齐说：愿意！

教学反思

“检测反馈”的内容不是知识点，目的不是为了检测学生参与教学过程的收获，而是为了引领学生学会自觉提炼的方法，激励、提升学生的情感。

纵观本课教学，学生在这样的课堂中通过自行编写教材实现了“教材中心”的突破；通过与生活实践对接的学习活动，实现了课堂的位移，打破了“课堂中心说”；整个课堂因为“活动单导学”，学生必须自主合作交流展示，从而打破了“教师中心”的教学模式。主题阅读的生成是多元的，指向成长的多重体验。孩子们在这里收获的不仅是对李时珍其人其事的了解，还有学生学习方法的获得，更重要的是，学生懂得了如何去行走人生才更有价值！

慈母情深

——主题阅读综合实践活动设计

【活动目标】

1. 围绕“母爱”主题，学会收集阅读资料的方法。

2. 品读语言，多维体验，感悟母爱。

【设计理念】

让学生在收集关于“母爱”的相关阅读资料时，聚焦细节描写，抓住关键词句，品味母爱的平凡而伟大，从而激发学生对母亲的感恩之情；拓展学生的学习空间和渠道，让学生能够多维学习，从课堂走向课外，把课内外阅读与视听有效结合，使学生学会围绕一定的主题进行阅读。

【活动过程】

一、活动一：吟诵穿越时空的爱

1. 自读《蓼莪》《慈母情深》《地震中的母亲》三组文章，画出令自己感动的语句，并作批注。

2. 小组选择一篇着重阅读，反复诵读所画语句，读出情感和内涵。

(1)《蓼莪》自学提示

①读了这首诗，你的眼前仿佛出现了哪些画面？

②你们准备怎样展示自己的阅读成果？

(2)《慈母情深》自学提示

①你读了之后哪些语句令你尤为感动？

②在这里，你读懂了一个怎样的母亲形象？在白板上写下关键词。（这是一个怎样的母亲？这些语句让我们感动不已，我们想好好读一读）

(3)《地震中的母亲》自学提示

①请在让你的心灵受到触动或震撼的语词下做记号，并有感情地诵读。

②请为她们用心写下一两句颁奖词。

____

____

____

3. 小组交流。

4. 全班交流。

二、活动二：传唱感人肺腑的情

1. 小组交流课前搜索的赞美母亲的歌曲。

2. 展示：读歌词，听乐曲，说感受。

3. 歌曲点听，跟唱《游子吟》。

三、活动三：欣赏亘古永恒的美

有些图片、有些影片、有些故事记录下了母爱亘古永恒的美，你能提供一点和大家一起交流吗？

身边的，社会上的，网上的，你认为让你心灵受到震撼的都可以！

1. 小组交流收集的图片、影片、故事。

2. 全班交流。

提示：

我给收集的材料取名为________________

从这份材料中，我感到________________

____

____

3. 欣赏《妈妈再爱我一次》片段。

四、检测反馈

描绘平凡而伟大的母亲。

我们的母亲，也许没有文中的那样悲苦与悲壮，但在平凡的小事和细节中，我们依然可以感受到她们浓浓的爱！请饱含真情写下一个镜头特写。

____

____

____

____

____

____

《如梦令》教学设计

【学习目标】

1. 正确、流利、有感情地读、背词。

2. 初步了解词的特点以及学习词的方法。

3. 通过品读和吟诵，描绘词中之景，体会词境，感悟词人的快乐心情及对大自然、美好生活的热爱。

【活动过程】

一、导入新课

1. 今天，就让我们一起走进宋代著名女词人“词国女皇”李清照的一段美好的回忆中。

2. 板书课题：如梦令　齐读。

如梦令是这首词的——（词牌名）。

3. 这节课有这样几个活动。（点击课件）

过渡：我们来看第一个学习活动，谁来读一读活动要求？

二、活动一：反复诵读，感知音律美

1. 出示“活动一”：

（1）自主学习

自读课文，要求读准生字（藕）和多音字（兴），流利读词。

（2）小组合作

①小组互查自读情况。

②组内多种形式展示读，如试练“平仄”读等。

（3）展示交流

2. 生根据要求自读课文。

3. 展示交流：

①指名读：谁能读？同组先评，还有谁评？

师生相机评点：“藕”“兴”“沉醉”

②小组读：哪一组愿意集体给我们展示？

③平仄读：课前大家已经接触过，组长给我们先讲讲平仄规律好吗?(古人写诗词，通常要遵循平仄的规律。前两声就是平声，后两声就是仄声，遇到平声要延长，遇到仄声一读就收。两个字一读。)

④轮读：就像二重唱一样，我先领头读，慢我两个字跟读，我们在“争渡”那里相聚，最后大家再一起读，注意我们彼此不能受干扰。

三、活动二：品读字词，体会情趣美

1. 出示“活动二”：

(1) 自主学习

①自读课文，说说全文的大意。

②再读思考：你从词中读懂作者的哪些心理感受？并用几个词语概括一下。

(2) 小组合作

①小组互说词意。

②小组交流：词中哪些字词非常巧妙地描绘了作者的心理感受？挑选一种感受重点进行探究，并简要写在展板上。

(3) 展示交流

①学生至前台讲述词意。

②交流品词之味，体会作者心理感受。

2. 小组合作。

3. 展示交流：

①谁能说词意，请大胆地到前面来！如果你有不同意见待会儿可以补充，可以提出不同见解。

②在词中，你们读懂了作者的哪些心理感受?(学生到前面板书)

③说她“高兴”，何以见得？哪一组来汇报?

想想，作者兴致未尽之时，她与朋友们会玩些什么呀？——游玩之高兴

④过渡：咱们继续交流，你从哪里读懂作者的紧张与焦虑?

紧张（焦虑)：误入　深处　争渡——误入迷途、奋桨急渡之紧张

⑤沉醉于美好与快乐之中的李清照误入藕花深处之时又会怎么想？怎么做?

争渡：

惊喜（惊叹)：惊起一滩鸥鹭——惊飞宿鸟之惊喜

这是一份难得的意外之喜——听

（点击课件）

喜中有惊——读

喜中有叹——读

喜中更有一份激动——读

小结：同学们，李清照仅用33个浅显直白的字眼就将她高兴——紧张——惊喜的心理描绘得栩栩如生、淋漓尽致，难怪穿越千年的岁月流光，人们依然是这样的喜欢它——（录音起）我们也一起美美地读一读。（配乐）

四、活动三：想象描绘，品味意蕴美

1. 出示“活动三”：

（1）自主学习

《如梦令》中，最令你们心动的是哪一个瞬间？选择一个，展开想象的翅膀，穿越千年，做一回李清照。（任选一题写下来）

（2）小组合作

组内交流：推选出想象最佳的3位。

（3）展示交流

2. 拿起笔，每小组选择一题写一写。（配乐点击课件）

3. 组内互读。

4. 展示交流：

千年以前的一个日暮时分，夕阳西下，眼前的一切美景是那样绚烂……

糟了，怎么划到这儿了呢？我的心里不由焦急起来……

哦，没想到……，啊，刹那间……

5. 你们简直就是李清照的知音，发现没有，大家把写的语句连起来就是一篇非常成功的散文版《如梦令》。《如梦令》啊，你是这样让人流连，让人吟唱——（视频）这是全运会开幕式上《如梦令》的精彩视频——我们一起来低吟浅唱吧！

五、检测反馈

1. 读成一个字。

同学们，我们已经把这首《如梦令》读成了一幅幅画、一个个美妙的镜头、一篇非常优美的散文，甚至是一首动听的歌。现在，回首全词，你能不能把它读成一个字——也就是本词的词眼？并说说自己的理由。

2. 交流：

词人的情感都浓缩在一个“醉”字当中，她醉在乐游中，醉在美酒中，

醉在美景中，醉在意外的惊喜中，醉在美好的生活中，一醉千年，让我们再一次陶醉在这《如梦令》中吧——齐读。（播放音乐）

这次游玩之后，李清照无数次回忆起这段美好的生活。（齐诵）

同学们，李清照的晚年，国破、家亡、夫死，非常凄苦，但她为何还会时常吟诵这首词呢？

让我们一起吟唱这千古绝唱！（播放音乐）

《伯牙绝弦》教学设计

【学习目标】

1. 诵读课文，感知语言特点。

2. 品读课文，体会知音深情。

3. 拓展阅读，感受知音文化。

【活动过程】

一、导入新课

同学们，今天我们一起学习一篇古文——《伯牙绝弦》。古文又叫文言文，它与现代文有些区别，大家要注意体会。

课文预习过吗？讲的是谁和谁的故事？（板书：俞伯牙　钟子期）

伯牙、子期何许人？谁能用一两句话介绍一下？（出示《伯牙鼓琴图》）这幅图中，谁是伯牙？谁是子期？难怪乐曲《知音三唱》里这样写道，（出示《知音三唱》歌词："一边是玉带金鞍，一边是芒鞋布囊……"）读一读。

这样身份迥异的两个人却成了一对——请用文中的一个词来概括——知音。为什么呢？让我们先来一起读读这个故事。

二、活动一：诵读"绝弦"识知音

1. 自读课文

①读准字音，注意长句的停顿诵读。

②交流字义，说说课文大意。

可以阅读注解、查古汉语字典、联系上下文、百度、请教……

2. 组内交流

选择一两个方面重点交流，可以及时

将学习成果展示在黑板上。

3. 全班展示

（1）展示诵读——教师提醒停顿（学生已至黑板标注停顿符号）

①谁来读一读？

②古时候人们写文章是不用标点的，全靠大家对语句理解进行停顿。哪些长句停顿需要给大家提个醒？（课件出示："善哉，峨峨兮/若/泰山!"）（生领读："善哉，洋洋兮/若/江河!"）

③子期/死，伯牙/谓/世/再无知音，乃/破琴/绝弦，终身/不复鼓。

（2）展示字义理解（学生已至黑板标注难解字义）

关于字义理解，你们有什么发现呢？

①一字多义：有的同一个汉字但意思却大不相同，这里也有这种情况吗？比如，两组善、鼓、谓。

②多字一义：志、念、想。（心字底，心里所志、所念、所想）

③有些古时候常用的语气词，今天不常用了：哉、兮。

④有个字的写法要特别注意：曰。（区别日）

（3）展示课文大意

字词的意思已基本理解，现在谁能说说这篇古文的大意？

齐读。

小结：现在你明白是什么让身份悬殊、职业迥异的两个人走到一起了吗？——是音乐。是音乐让他们成为一对知音。（指板书）顾名思义，知，知道；音，音乐。就像文中所说——（引读，课件出示：伯牙善鼓琴，钟子期善听）（轮读）

三、活动二：品读"绝弦"解知音

1. 自主学习

默读课文，画出具体描写"伯牙善鼓、子期善听"的语句，思考：

①伯牙的琴声让子期的眼前出现了怎样的情景？从哪些字词可以看出？

②反复诵读这些语句，你们觉得哪些字词用得特别好？

2. 小组交流

3. 展示交流

（1）体会情境

①你画出了哪些语句？读一读。

"善哉，峨峨兮/若/泰山!"

"善哉，洋洋兮/若/江河!"

②伯牙的琴声让子期的眼前出现了怎样的情景？你从哪些字词可以看出？

峨峨兮：峨就是高大，高大的泰山。读出泰山的高大吧！

洋洋兮：广阔的，广阔的江河。读出江河水面的辽阔吧！

③下面请欣赏：《高山流水》

你在这里看到了怎样的山？是呀，这山仿佛就是高大的泰山，"会当凌绝顶，一览众山小。"那么巍峨——再读读这句话。

你在这里看到了怎样的江河？江河，古人特指长江和黄河，那该是怎样的壮阔、怎样的浩瀚！有诗为证："君不见""九曲黄河万里沙，浪淘风簸自天涯"——读出那江河的浩瀚无边、奔腾不息。

④伯牙心中这高山之志、这江河情怀，被谁读懂了？——子期，唯有子期!

听着听着，子期不禁忘情起来（引读：善哉……）知音就是这样地心有灵犀!

（2）感知语言

①古人写文章很有讲究的，你们觉得哪些字词用得特别好？

叠词；打比方；对仗、承前省、间接描写。

②我们再来看这两句，你还有什么发现吗？

这句话表面上是直接描写了子期的善听，还有一层弦外之音，你能读懂吗？

伯牙琴技有多高超呢？（沉鱼出水）

伯牙、子期一个善鼓，一个善听，彼此欣赏，互为知音。（这是间接描写）

③拓展。

善学的孩子往往能举一反三：志在明月，志在红日，志在清风，志在……伯牙鼓琴，志在__________，钟子期曰："__________，________________!"

（3）体会知音

伯牙所念，钟子期必得之。

①这里有一个字很重要——必：一定。读好这句话!

②添加关联词理解。

无论伯牙所念什么，钟子期都一定会听出来!

只要伯牙心有所念，钟子期就一定会听出来!

③《知音曲》。

是呀，众里寻他千百度，蓦然回首，那人却在青山绿水处。经过多少年的期盼，那个懂你的子期终于就在眼前，伯牙此刻心情、神态如何？他会说什么呢？握笔写上一句：伯牙____________道：____________________

④拓展读。

当年的伯牙也曾如你们今天一样，忘情叫道：（课件出示）“善哉，善哉，子之心与吾心同也！”

（4）小结提升

然而后来，这动人的琴声再没有响起，这世间再无伯牙之琴声，为什么呢？

四、活动三：叩问“绝弦”懂知音

1. 听故事，思考：弦为什么要绝？

2. 组内交流：弦一定要绝吗？弦真的绝了吗？

3. 展示交流

（1）伯牙为什么要绝弦？（板书：弦绝???）

诵读指导：“子期死，伯牙/谓/世/再无知音，乃/破琴/绝弦，终身/不复鼓。”

世：世上。他为什么认为世上再没有知音了呢？

他从宫廷里来，那里有他的知音吗？他走过了街市、越过了城廓，那里有他的知音吗？太多的冷眼与漠然，苍天之下难道就没有人能够懂他吗？有，他就是山林间的樵夫——子期。原来，知音可以不必在乎相识时间的长短，不必计较身份地位的悬殊。然而现在，他苦苦寻觅的知音子期呢？是呀，伯牙欲觅知音难上难！

感情诵读。

（2）那么这琴弦你认为一定要绝吗？如果是你，你会怎么办？（心中有，什么都有）

（3）这弦真的绝了吗？没有，它一直被历代传诵着。

一幅幅知音图从历史深处走来，越过几千年岁月定格在——《高山流水》，成为永恒的知音主题——伯牙绝弦；

一首首知音诗，反复吟唱的是一对真正的知音——伯牙与子期：伯牙善鼓琴，钟子期善听……

还有那一支支知音曲，一直被深情传唱，直至传向宇宙，传唱一种凄美的永恒——“子期死，伯牙谓世再无知音，乃破琴绝弦，终身不复鼓。”

(4) 诵读全文：古人的文章是竖着写的，你能读吗？

这是古文版原文（去掉标点符号繁体字读），你也能读吗？

小结：这知音之弦——板书：永不绝！

五、检测反馈：回望“绝弦”写知音

《伯牙绝弦》想要告诉后来人什么呢？围绕知音是什么，请用诗的语言写几句（组内请从不同的角度思考）：《知音曲》

知音，________________

____

同学们，那是一份可以穿越时空的理解，一份可以逾越身份地位的尊重，那是人类心灵深处对于生命永恒的相互珍爱，那是千古永不绝的——知音！

姜树华

Xinshengdai Yuwen Mingshi

新生代语文名师核心教学主张

Hexin Jiaoxuezhuzhang

如皋市白蒲小学校长，江苏省小学语文特级教师，中学高级教师，“雉水名师许友兰工作室”首批培养对象，南通市名师培养第一梯队成员（二期）。如皋市“名教师”“十佳杰出青年”。2008年5月，获南通市第二届小学语文教师技能大赛一等奖；2009年4月，获教育部基础教育课程发展中心“首届全国小学优秀课例评选”一等奖；2010年8月，在“全国中小学公开课电视展示活动”中获特等奖。《语文世界》《语文教学通讯》的封面人物或专栏人物。致力于“言意共生”语文教学的研究与实践，先后执教公开课（讲座）80余节，有两节课例全国展播发行。近年来，在地市级以上刊物发表论文90余篇。

四季沐歌

——记我的教育成长路

日月如梭，命在几间。相伴无常，昼夜不舍。

人生四季，踏拍欢歌。成就自我，何关宏蕤。

——题记

我不甚喜欢在这个年段就开始回忆录式的活儿，原因有二：一是在思想深处的确没有梳理历程的冲动，我才刚刚上路；二是真的没有什么惊天动地之事、令人瞩目之业，实在是一段平常路。权当闲聊，不足效仿，更担当不起范式推敲。我粗略地将自己已过往的 20 年从教经历及未来的教育路径预设分成了我的教育成长四季：

一、孕育的冬——十年磨一剑（1993—2003 十年村小蕴蓄）

1993 年的那个夏给了我冬的感觉。

深深烙刻着乡村小农意识的我结束了 3 年的师范生活，一心想回自己的老家任教。但命运却玩笑地多出一站，我被分配到邻乡——勇敢小学工作了。我独在异乡，开启了寂寞的航程——

（一）沉潜：蓄积学识

初踏讲台，信息闭塞，唯有读书，以见深广。偏远的勇敢小学，几乎是纯一色的老年教师，地地道道的勤苦教育人。大家习惯了经验教学，面朝黄土背朝天地耕作式教学。那情那景之下，阅读成了必然的选择，也成了我通向教育理想的唯一路径。

那段时日，《小学语文教师》《演讲与口才》《人民教育》等杂志成了我的案头常客。记得我曾在《小学语文教师》杂志上仿照了一份教案，在一次联谊学校来访中执教，效果奇好。

阅读不仅让我“讨巧”了教学，亦开阔了我的知识视野。我经常“贩运”我的阅读收获，比如，有一回我碰巧读到《被误读的古典诗词列举》，知道了“床前明月光，疑是地上霜”中的“床”不是“卧榻”之意，而是

“井栏”之意，床是“井上围栏”，古人把有井水处称之为故乡，故有“低头思故乡”；“落霞与孤鹜齐飞，秋水共长天一色”中的“落霞”不是云霜之意，而是指“零散的飞蛾”，属当地的麦蛾，“落”不是洒落，而是在句中与“孤”相对、相近，是“散落零散”之意。不管这些理解有无偏颇，倒也不失常理。于是，我经常抛出这些“见识”，结果学生、家长、同事、领导渐渐向我投来欣赏的目光。我常偷偷自乐，还把书藏着不借给同事看，因为我怕别人知道我的“三斧头”来源，惶恐的事呀！对我说来，读书原本确属无意：起初的读书，源于无奈，后来的阅读有炫耀意图，功利之心显见。

（二）闯荡：实践无常

人的成长过程是在与环境相互作用中不断刷新自己的过程。在赞同生活环境对人成长影响甚大的前提下，我认为还存在着个人内心环境的影响，并且认为这种影响是至关重要的，甚至具有决定性。每个生命个体对周遭物态的认识过程中都会存有取舍，所以与其说“人是人环境”，还不如说“自己即环境”，佛家有语“自家宝玉”，其意概于此。于是，在适应学校主流工作观念的同时，我还保持着一种职业警觉，我在不断积淀、审视，越来越感觉到教育教学“门道”之存在，我开始了我的教育“闯荡”之路。

1. 教科研的闯荡

随着积淀的逐渐丰厚，我对教育教学就有了一种自觉思考，对自己、对别人的教学常常闪烁着杂文眼光，如幼鼠磨牙一般，心里痒痒的，直想磨磨笔头。学写论文应是在工作6年之后的事了，第一篇论文题目是《思品课也应从生活中来，到生活中去》，文章表述简洁，题干加例举，就是一篇“骨感”论文，但也许是因为观念入时，结果获得了南通市一等奖。当时感觉真像中了体彩一般，时任如皋市教研室思品教研员的冯建卫对我大加赞赏、真诚勉励，将我约至教研室亲切面谈，了解我的学习状况，善意地提醒我，要想真正投身教研科研，要能静下心来看整本的书，由经典的教育书籍开始。我的首批整本阅读开始于《情境教学在小学语文教学中的运用》等语文教学相关的书籍，因为我认为这些书易于消化，看了就能用。随着阅读视野的开阔，我没有停留在语文教学类书籍的阅读上，而是逐步把阅读范围延伸至苏霍姆林斯基《学生的精神世界》等教育类书籍、《人间喜剧》《飞鸟集》等文学作品、《影视艺术基础》等艺术评论。风霜雨露都是营养，阅读不仅能给我带来直接的教学利用价值，更在于它的心理“药用”价值，让我真正感受到阅读是心灵的鸡汤，可以调剂心境：少了不少烦躁，多了一些心静；少了不少焦虑，多了一些心安；少了不少无知，多了一些豁然。2000年，我申报获批了南通市“十五”重点课题《农村小学生学习心理健康的指导与实践研究》，心理学类别的书籍也随之走进了我的视野。行进在教科研路上的我，读书实属我的实在需要，需要当属功利。

2. 课堂教学的闯荡

我痴迷于一点突破教学法，倾心于情境教育；我不仅关注学生的课堂得法，更留心于学生的课外阅读；我曾受许多名家风格影响，关门自我琢磨，造就自己的教学风格，把语文课堂刻意分割成读、说、写三流程，我曾用颇有诗意的文题《一半清醒一半醉》来阐述我理解的语文文本内容与意境的抵达方式。现在回头看看，真的窃笑自己当初的青涩：煞有介事地研究语文，甚至实践着自我理想化、有失偏颇的教学之路。我曾幼稚地想去除这段经历，可仔细琢磨，倘若我真让这段经历失忆，那怎么还能连接起后面的提足迈步呢？这是一段无意识、无规则的教学闯荡，来得这般漫长。“理想在你迈开脚步之际便开始靠近”，无意识的践行，恰恰种出了成功的果。

二、破土的春——当春乃发生（2003—2008 五年破土历练）

每个人生都会有冬天，当春真的来了，冬就化作了动情的泪水，轻柔地润湿着春的脚步。

（一）破土：一次赛课

我把春理解为一种人生机缘。我的教学研究之春怎么也不能绕开2003年11月份的如皋市青年教师优课评选活动。为了准备赛课，在那个时段里我把装订在家的近十年的《小学语文教师》《小学语文教学》杂志和看过的小学语文教学方面的书籍再次翻阅，那是我唯一的备课资料库，当会敝帚自珍。积淀在关键时刻显示“药力”。记得当时比赛的第一轮是说课，说课结束刚出门就被现在的师傅——许友兰校长叫住了，问我来自哪里，我知道许校长当时根本不认识我，因为送我来到赛场的是我阅读过的书籍和我所在的白蒲小学的教学团队，没有辅导老师。那次教学竞赛我获得了一等奖第一名。从此，我便被“逼”上了公开课教学、更多赛课的场子，阅读怎能停歇呢？我开始了更功利的阅读，学科类书籍、儿童文学、人文类作品、哲学类作品、教育类书籍……如今，无时不在的读书生活，已经成为我的一种习惯。阅读让我变得善于思考，养成了一种透过事物表象看本质的思维方式，使我感到充实愉悦。也许阅读之初是功利的，但当阅读真正成为自己生活的一部分时就是一种享受了。那段阅读是我人生春天的必要补给，是我教研生命中的春雨、春晖。

（二）伸展：两次研课

对语文教学的渐进把握，有这么两节课我不得不提。

执教《孔子游春》，让我渐进明晰了对语文文本内容的把握。2006 年 4 月，在如皋市教研室组织的教学观摩活动中我执教了《孔子游春》（苏教版小语教材第十二册）。这次教学得到如皋教研室刘国庆、陈兰老师的深入指导，他们陪我思考，伴我磨课。这次备课让我体会到了独特解读文本的魅力，培养了我备课的独特思维习惯，练就了我用知人论世的方式解读文本的思维能力。

执教《安塞腰鼓》，让我渐进明晰了对语文文本意图的把握。2007 年 9 月，在江苏省苏教版第十一次教材培训会上我执教了观摩课《安塞腰鼓》（苏教版小语教材第十一册）。南通教研室王爱华老师三次把脉这节课的教学，省教研室高万同、王向东老师也亲临指导。由鼓到人、由人到生活，帮助学生打通学习世界和生活世界、课程文本与生活文本之间的通路，实现学生言语经验的积淀、言语能力的成长和基础学力的提升。陕西后生热情奔放的个性、磅礴的能量、突围的精神随“安塞腰鼓”定格在我和学生的内心。一篇文章解读不能达到精神层面，就如旋律没有高潮、风景没有看点；一篇教材文本不能透过言语文字沐浴到精神洗礼、触摸到文本意图，就辜负了编者，罔顾了作者，忘却了语文教学的本意。

三、拔节的夏——高登而致远（2008—2011 三年团队提升）

春天的土地是温馨的，它让万物萌生；夏天的土地是热烈的，它让众生拔节。

（一）导师：助推引领

2008 年 7 月我进入了“雉水名师许友兰工作室”，2009 年 7 月我进入了南通名师第一梯队（预备），从此，便有了得到更多教育先辈垂青的机会。

1. 导师教诲

“心胸有多宽，学问有多深；人品有多高，成就有多大。”这是导师许友兰给我们上的第一课。坦率地说，我过去一直没有将教学与人品有意识地联系过，也许这是脑际中教育职业与教育事业的本质区别。自从进入工作室第一天起，我就被导师“做学问先要做人”“大爱有大德，大德才有大成”的教诲深深感染。我在教学追求的精神世界中常常比照自省、清除杂念、静心修炼。这将是我终身前行推力的本源。

2. 智者引领

让我倍感幸运的不仅仅是我们工作室成员能经常相聚，研讨分享教学新理念，更重要的是我们能经常饱享到市局领导、许多专家的智慧引领。工作室的每次“团聚”都有市教育局领导关心。张学凯科长、万国全主任等跟我们在读书交流会上一道分享读书的收获；刘国庆主任、陈兰老师与我们切磋打磨、给我们悉心指点；张俊副局长多次与我们一道探讨“活动单导学”课堂的本质；金海清局长先后五次参加我们的“活动单导学”系列沙龙活动，每次都是放下工作繁务，参与全程研讨。国家督学成尚荣先生、原南通教学学会副会长严清先生、南通教育科学研究所杨曙明主任都亲临我们团队，给我们带来一场场精神盛宴。

（二）磨课：实现提速

进入雉水名师工作室与南通名师梯队以来，有三节课不断实现了我的专业提速。

1. 一节送评课

2008 年 10 月份，南通市教研室推荐并为我录制古诗教学录像课，参评教育部课程改革中心举办的“全国小学优秀课例评选”，我执教《六月二十七日望湖楼醉书》一诗。那段时间，导师几乎也是夜不能寐，她从我的教学风格入手，打造课堂亮点，与南通小语教研员王爱华老师、本市教研员刘国庆主任、陈兰老师一道先后对我执教的这堂课进行了五轮打磨。终于，我的这节课例在教育部组织的外省特级教师严格的举荐评审中脱颖而出，获得了全国一等奖。

2. 一组异构课

2009 年 10～12 月，我同课异构执教《鞋匠的儿子》，采用传统教学与“活动单导学”教学模式参加省教育学会主办的“名师之路”大型教科研活动。同一时段，两种课型，得到了多方导师的指导。梯队导师唐铁生、施建平将我安排到通师二附、海门实小试教，并为我专题研讨两场。那个时段，恰逢师傅许友兰腰椎病痛发作厉害期，为了能到我校听我试教，师傅躺在车后排椅子上来到白蒲小学，在朱爱华校长的搀扶下坚持到四楼与刘国庆、陈兰两位指导老师一道为我磨课，这个情景让我终生难忘。难忘的还有这两堂课风格迥异的教学设计：两堂课教学目标一样，板块流程相似，但教与学的方式不同。同课异构课让我开始认真思考“怎么教”与“怎么学”的问题。在教学思想的纠结过程中，我认识到现代课堂教学的本质规定性是“学”不是“教”，学习的主人是学生，“教师式学生”和“学生式教师”应共同构成一个和谐的“学习共同体”。

3. 一场说课赛事

2010年8月，录像课《鞋匠的儿子》（“活动单导学”教学模式）在参加中国教育电视台主办的“全国中小学电视公开课展示比赛”中脱颖而出，获得一等奖，我取得现场说课决赛资格。师傅许友兰为我的说课定下基调：这是“活动单导学”课例第一次参加全国性比赛，一定要吃透“活动单导学”理念的精髓，让评委深刻理解。历经四轮研讨，我提出了“活动单导学”语文课堂的三重境界：晤，强调的是学习状态，学生活动的主要方式；焐，强调的是学习的规律，掌握知识的渐进过程；悟，强调的是学理，学生的自我建构。回望这项说课赛事，如何将文理、课理相匹配成为我这次说课研究的最大收获。

（三）专业：矫正航向

1. 正视

这是导师给我的第一个口令：“正视”——“人要学会沉潜，沉潜是为了更远的前行。要想成为名师，不光要能教好书，还要善于从实践中总结出理论，形成自己的教学思想与教学风格。教学主张，是一个教师的脊梁，请正视！”一语惊醒梦中人。我正酣畅于成功的教育梦，从来没有入耳过这样的声音。于是，我开始了教学思想的斟酌，如饥似渴地阅读起教育教学类著作，我钻进了不同名家的个性教学思想内壳，思考起我的语文教学专业方向。

2. 回首

在我初步形成“‘素实’语文”教学主张之际，导师又发出一个口令：“回首”——“无论说成教学风格还是教学思想，它只属于你，只属于你的课堂。近一段时间，我重新观看了你近五年的公开课录像，还对照剖解了你的教学设计，我发现你的语文课堂是有个性的。教学主张的提炼，不能老盯在别人入时的教学理念上，有时要跳出来回头看的，你的教学主张，它往往就在你的课堂丛中笑，请回首！”师傅的一番话语像一缕清风拂过我的脑际，我顿感舒心：原来，在我急切的愿望中夹杂了太多的奢望，情不自禁地跟随了别人的风向，却丢下了自己的初衷。

3. 抬头

于是我开始回首，重新打量自己，重新审视我的语文路。不久，一张“本真语文”的设计图摊现在导师面前。此刻，既是师傅又是南通市名师梯队导师团特聘导师的许校长给了我第三个口令：“抬头”——“教学主张，应是不断发展的，它没有现成的理论与实践，必须有前瞻性。”犹如醍醐灌顶，我茅塞顿开。“本真语文”专注于文本的“言”与“意”，才使得语文由“魂不附体”到“形神兼备”；专注于学生的起点与学路，才使得教者由“教书”转向了“教人”。我找到了专业的立足点——语文课堂中的“言”与“意”；我握准了专业的方向——关于“言”与“意”的深入研究。2010 年 3 月，“‘言意共生’：我的语文教学主张与追求”终于在导师们的反复论证中落定。

回首“‘言意共生’语文教学观”来时的路，峰回路转，风景独特，让我学会审视自己的教学思想，打量自己的教学风格，明悟专业方向的本源。三个口令，三次转身，细致品读，其实，又何止指向于教学主张的确立？静心修身、治学处世皆能受用。

四、高远的秋——染一江秋色（2011 夏起，终身追梦远行）

秋，总是默默的，以其高远的胸怀博得人们的敬重。用春的视角沐浴秋的意蕴，收获中便增添了憧憬。

（一）静思：多做自己

我常常静思，提醒自己，特级教师只是一个荣誉，抑或是组织对我前一阶段的总结与肯定，充其量只是自己教育教学成绩的过去式。戴上一顶荣誉帽子的我，还是我。简单地看自己，不能复杂了自己，否则就看歪了自己。在课堂教学中，我的简单体现在语文的归真归本，我的平实做法就是：每日的精品阅读与海量阅读；每日的“日积月累”与“课堂练笔”。也许离开了这些我的荣誉也就不复存在了，多做自己是对自己永远的负责。

（二）再出发：抬头望远

有哲人说，“用视平线去推开你的前途”。我当以特级教师为起点，更需着力于课堂教学风格的澄净与明晰；更需着力于“言意共生”理论的研究与深化；更需着力于“言意共生”教学策略的探索与实践；更需要关注“怎么学”，追求课堂生长度，关注学生语文学力与语文素养的共同提升；更需要关注语文的教学内容，在作者意图与读者理解之间走向作者立意为何与如何实现立意……

冬日的含蓄，那是一份渐进积聚的能量；春日的绚烂，那是一种拨云见日的亮相；夏日的升腾，那是一次锦上添花的蜕变；秋日的高远，那是一个整装再发的姿态。

人生四季，一路欢歌。回归，也是再出发。

今天，又是一个起跑点。

言意共生

——我的语文教学主张与追求

一、“言意共生”语文教学主张的提出

（一）语文教学失妥现状简述

审视当前语文教学，不少课堂重视了“全面”，忽略了“核心”。不少人误读语文新课标中的“拓展语文资源”“注重学科整合”，使得大量的非语文元素涌进课堂，语文课仿佛成了综合课；为了体现教学手段的现代化，课堂上用声像的欣赏代替语言文字的品读，以屏幕画面代替语言文字创设的意境；虽然语文课与德育、审美、科学或其他自然科学相关，但是，语文课绝不是品德课、审美课、科学课和其他自然学科的课，而是借助其他学科的相关内容对学生进行语文素养培养的课。语文不能“包打天下”，“语文是个筐，什么都往里装”的做法，不仅使语文课程负担过重，也失掉了语文独有的真味，可谓“正事没干好，闲事忙不了”，语文教学经常“肥人田”，而“荒己园”。

关于语文课程的功能定位，新课程标准明确指出，“语文课程应致力于学生语文素养的形成与发展”。学习语言文字是形成语文素养的抓手，“培养和提高学生正确理解和运用祖国语言文字的能力”自然成了语文教学的根本任务。但在阅读教学中，“得意忘言”“得意忘形”的现象比比皆是，语文教学要回归本体——学习语言上来。少一点知识的灌输，少一点理性的分析，把教学重点移到指导并帮助学生“感受、领悟、积累、运用”语言上来，提高听、说、读、写、思的能力。认定了“学习语言”这个大目标，语文教学

就变得简明多了。

我们还常常看到这样的语文课堂：动嘴多而动笔少。经常是教师领着学生热热闹闹地品读、议论、交流……极少看到当堂练笔。尤其是公开课教学，教师似乎生怕让学生动笔写了，课堂上一片静悄悄会“冷场”，所以一般不安排练笔。即使安排了练笔，往往也是把它作为万一课堂时间有余的备用环节，时间万一多出一两分钟，就匆匆拿来，虚晃一枪，后果练笔就成了课堂教学设计中的摆设。

（二）当下语文教学的主流观念

以上观点，均曾得到很多语文教育专家的批点，但这些似乎已成当前语文教学中的“顽症”，不可不正视。崔峦老师在全国小语会年会上这样总结：当前一个倾向性的问题是阅读教学往往“得意而忘言”，一味注重内容理解、人文感悟，而忽视语言的理解与运用，甚至以“得意”为唯一目标，忽视语言的学习，特别是忽视体会词句的表达效果，忽视揣摩作者是怎样用语言表达思想内容的，忽视从读学写，了解文章写法。静思之，崔峦老师在真诚地告诫语文界：教学语文首先要突出它的学科性，既要“得意”，更要“得言”；既要人文，更要语文。“言”“意”兼得应是我们每一个语文教师在实施阅读教学时的目标追求。天津师范大学田本娜教授在《对语文教学的一点思考》一文中曾写道：“阅读教学不仅要通过语言文字的载体理解内容，而且要关注语言文字载体本身的物质存在。”全国著名特级教师于永正也认为：“文章一旦被选进语文教材，成了‘课文’，它就具有双重意义，一是内容意义，二是形式意义。学生学习它，不但要了解写的是什么，而且要知道作者是怎样写的。”文字这个载体本身就是学习的对象，这是语文学科区别于其他学科的一个明显标志。钱正权、吴忠豪等专家都曾很有针对性地大声疾呼“不要把阅读课上成理解课”，切中阅读教学“得意忘言”之时弊。福建特级教师刘仁增提出的“言意兼得”的“语用型”教学主张、山东特级教师江洪春提出的“文意兼得”的语文教学主张都是对语文教学归真的呼唤。

二、“言意共生”语文教学主张的界定

何谓“言”?《说文解字》：“直言曰言，论难曰语。”《论语》：“一言以蔽之。”这里的“言”就是说话，说的话。刘勰《文心雕龙》：“情动而言形，理发而文见。”“言”与“文”相通，亦包含着体式、章法、结构在内，从词典义来看，“言”即辞、文、句、论、叙、告、体式、章法、结构等言语式

样的总称。简言之，“言”就是一个人学习、生活、交际的物质基础。它指向语文课程的“工具性”。

何谓“意”?《毛诗序》:“诗者，志之所之也，在心为志，发言为诗。情动于中而形于言，言之不足，故嗟叹之；嗟叹之不足，故咏歌之；咏歌之不足，不知手之舞之、足之蹈之也。”刘勰《文心雕龙》:“文采所以饰言，而辩丽本于情性。故情者文之经，辞者理之纬，经正而后纬成，理定而后辞畅：此立文之本源也。”可见，“意”是一个集大成式的概念，包罗了心意、意义、意象、寓意以及人的思维、情感、意志、个性等。通言之，“意”是一个大的集合性概念，朱熹曾在《诗集传序》中表明：由客观的物引起“感动”，感动引发“欲望”，欲望引发“思考”，思考表于“言语”，言语不能尽意而有余，“咨嗟咏叹”“余者”，便有了“音响节奏”的“诗”，可见“感”“欲”“思”都属“意”。“意”是人类对自身及周遭世界的意识，就是人类存在性的反映。它指向语文课程的“人文性”。

“共生”，《现代汉语词典》:“相依生存，彼此有利。”细揣之，有共存、共建、共荣、共赢之意。

“言意共生”不仅着眼于“言意兼得”“文意兼得”之意，更落点于“言”“意”的彼此交融、彼此支撑、彼此相长之实。

三、“言意共生”语文教学主张的价值实现

(一)“言意共生”是对传统“言意论”的新解读

在儒道言意观的差异中，我们汲取精华。以“辞达而已矣”为代表的孔子言意论、以“得意忘言”为代表的庄子言意论形成了中国古代言意论述的两个主流派别。儒家强调的“辞达”关键在于“辞”能“达”，也就是语文能够完整准确地表达思想意志，孔子的“辞达”思想是“言尽意”的另一种表达。本课题研究的是语文教学的主旨，从学科使命的高度认识语文教学，显然研究的落脚点与孔庄执政理念没有关联，但隐隐间也是对孔子“辞达”思想的认同与发扬，并落实于语文教学实践之中。

(二)“言意共生”是对“言意兼得”观的发展

概括目前研究状态，语文界的主流认知已归于“言”“意”落实层面，更多的是关注文本“言”“意”的获得，我们更关注于“言”“意”之间的相互支撑与相互萌生。言到意是理解，是言语输入；意到言是表达，是言语输出。“言意共生”的教学主张与实践在语文教学本真追求的道路上迈出的应

属“有质”步伐。

（三）“言意共生”是语文学习的基本规律体现

关于形式与内容的论述很多，德国语言学家洪堡特说：“内容作为说者的思想或情感，并不是赤裸裸的‘非形式’的东西，在用形式把它生成之前，无所谓内容，有的只是一种表达的‘意向’，这种表达只有受到意识的充分注意，言语主体把握了相关语词，才标志着形式和内容的一同诞生。”也就是说，内容不可能离开形式，也不可能先于形式而存在。王尚文先生更为精辟地道出“言语的界限就是语言的界限”。简言之，语言的形式就是情感和思想的形式，语言的实质也是情感和思想的实质。情感、思想、语言是平行一致的。“言”“意”的形成过程是一个融合共生过程。学习语文怎可能离开“言”与“意”，在“言”“意”之间此消彼长、“偏心袒护”呢？

（四）“言意共生”是语文教学的根本任务所然

语文教学的根本任务就是“理解和运用祖国的语言文字”。内容的理解可以建构学生的人文精神，形式的学习可以发展学生的语言表达能力，二者相互联系，相互融合，在学生言语能力形成的同时打好“精神的底子”。语文教学实际就是语言教学，而语言本身不仅仅是一种工具，还是人的一部分；它不是一种外在于人的客体，而是主体；不仅仅是器用，还是道体，它满含主体情感，充满人生体验。言语活动的优化，是全面达成教学目标的关键所在，言语能力是骨架，生长着“教育”“教养”。

（五）“言意共生”是发展语文能力的内在需要

由言到意的转换过程就是言语的理解过程，即听与读；反之，由意到言的转换过程就是言语的生成过程，即说与写。听、说、读、写语文能力的形成过程就是“言”“意”不断转换共生的过程。学生面对的各种文本，其实都是以一个最佳的表达形式呈现在每位读者面前的，文本是不可能离开形式而存在的。在西方接受美学思想中，更加强调的是文本的表达形式直接影响着文本在读者头脑中有效意义的形成。“言意共生”的语文课堂，必然是文本理解和表达方式理解的双重获得。

四、“言意共生”语文教学的实践路径

（一）立足于“文本细读”

有位教育家曾说：教材无非是一个例子。教师对教材的使用是对教材的二度开发，是一种创造性劳动，凝聚着教师的学识和智慧，需要教者在课前

深度解读文本，把握文本的重点，找到切入点，以此提升阅读教学的效度。沧海虽大，我只取一瓢饮。这个切入点，可以是一句话，也可以是一个词，一个字，甚至是一个标点。“我们应该选择兼具人文内涵和语言因素的价值内容来作为文章切入点。”（钱正权语）此外，还要关注学生的起点与需求、阅读思维深度等因素。特级教师林春曹曾指出：“教师的文本细读无论多么深刻都是允许的。因为只有‘居高’才能‘临下’。但是教师的深刻不等于学生的深刻，也不需要让学生拥有教师的深刻。教师应当准确把握儿童心理和思想实际，以适合孩子的方式传递适合孩子的思想。”

文本细读，首要是“细”，即静心细读，细细品读，尤其是那些精妙的细微之处；其次是“品”，即在联系、想象、体验之中品味语言文字的味道；最终达到“悟”，即在细读、品味的过程中悟到语言文字的内在含义和作者的用意。要关注文体，把握文体特点，不同的文体有不同的特点：叙事，我们要关注情节、结构、人物；写景，我们要关注画面、情感、顺序；诗歌，我们要关注意象、情感、韵律……要知人论世，了解作者的身世际遇、写作背景、个性特点等，这将有助于我们对文本的言语形式有独到的、深刻的发现，话中之意、言外之音皆入心际；要锁定言语，关注遣词造句、表达方式、布局谋篇的特点、作用、效果，不仅要体会到作者表达了怎样的情感，而且还要领悟作者“惜字如金”的用意。文本细读不仅能够使学生更深刻地感悟内容、体会情感，还能使学生获得一些表达上的知识、技巧，为习作提供储备。

多角度的文本研读，能让我们读到课文的深刻之处、独到之处，能让我们接近或走进作者的内心，能让我们品味到语言的滋味，感受到语文的魅力。

（二）立足于“读、品、述”的教学实践

“读书切戒在慌忙，涵泳功夫兴味长。”（宋·陆九渊）“言意共生”语文教学要从语言文字入手，引领学生对文本反复涵泳体味，给学生创造充分阅读的时间，让学生在琅琅书声中，用心灵去拥抱语言，和作者的心灵直接对话，在思维和情感的强烈震撼中领会文本蕴含的伟大人格、深邃思想和美好情操；让学生领会语言文字之美，领会作者的言外之意、意外之境，从而喷涌出不吐不快的言语表述。简言之，就是让学生在语文课堂中充分地穿行于听、读、品、述之间，这是“言意共生”语文教学实现的主要操手。

1. 读——察言会意

潜读文本。正确、流利、有感情地朗读课文，既是新课标规定的一项重要教学目标，又是获得“言意共生”的根本手段。“读”不但促进了理解，同时培养了语感，积累了语言，是培养学生综合性语文能力的客观要求和重要途径。忽视了“读”或“读”不到位，学生语感的培养便成了无源之水，无异于舍本逐末。“文章读之极熟，则与我为化，不知是人之文、我之文也。”（清·唐彪）可见，读熟了，课文的词语、句子、段落、篇章烂熟于心，教师虽不明示什么表达方法，学生也能自然地习得。读，包括吟哦、涵泳、有感情地诵读等，读的声音可大可小，形式可以不一。读的本质是对语言全方位的品味。中国的传统文化根本上是一种感悟文化，“文章千古事，得失寸心知”（唐·杜甫《偶题》），读沉其中，神游天外，所以，读是语文学习的上乘之法。从“言语论”的原理看，“读”是品言探意，精美的作品单单看是不够的，而必须熟读。通过熟读，潜入其中，光顾左右，才能知其所长，知其所短，才能识破庐山真面目，达到融会贯通。

内化文本。语文教育的目的是让学生获得言语的“聪”“明”，言语“聪”“明”属哲学命题，在语文教学中的目的性表达就是语文能力，而语文能力的内在核心是语感，所以，语文教学的根本任务就是培养学生的语感。语感是一种民族语言的通感，是一种综合性的理性的直觉。语感的获得不能像学理科那样靠分析理解、逻辑推理获得，而是要靠不断地言语感悟、酝酿和言语蓄存、积淀。背诵作为读的最高形式，既体现语文的本质特征，又遵循语文教学规律。消化、把握优秀言语作品的最佳方式是对言语作品全方位地品味吸收，而背诵就是以反复诵读的方式，对言语作品进行不断地、多层面地感悟、涵泳，最终对言语作品的言语形式和言语内容全盘吸收。从“工具性和人文性”的角度看，背诵是真正将语文工具性和人文性，即“言”与“意”达于完美统一的最高境界。

2. 品——明意赏言

母语教学，最重要的就是学习语言，领悟文本之“意”、事物之“象”是如何表达出来的，因此，教师应有意识地将文本的言语推至学生注意力的中心，引导学生从炼字的角度品味课文恰到好处的言语，体会作者运用语言之匠心。“一字未宜忽，语语悟其神”（叶圣陶语），指的就是教师要引导学生细细品味，借助文本中一个个鲜活生动的词语、一个个精妙的句子，架设起一座座桥梁，实现与文本的对话。在学生与文本对话的基础上，引导学生以各自的感官去“触摸”“品味”语言文字。品味点可以是文章中的精彩句段，可以是写法上的独特之处，可以是句式上的有心变化，可以是修辞上的别具一格，等等，品味一切凝聚着作者心智的言语，为从“意”到“言”的表达转换做好准备。由于学生主体的深层介入和情感投入，从“语表层”进入“内蕴层”，从而进入文本的“意境”。在共识的基础上共鸣，在共鸣的基础上一起心跳，这样才将语言文字赋予生动的灵性，从中“品”得语言内在的真意。彻言之，我们的目的不仅在于语文负载、传达的内容，更在于语文本身——“言语形式”，懂得这样运用语言之所以然，“使其言皆若出于吾之口”“使其意皆若出于吾之心”（宋·朱熹《读书之要》），充分地内化至品读主体的语感图式之中。

3. 述——言投意合

语文课堂应该是在教师的精心引领下，在富有情趣的氛围中，主要通过对典型“言语作品”的读与品，不断内化知识、思想、情感、精神等方面的收获，并较为成功地外化为“言语作品”，即“述”（说与写，口头与书面皆属“述”），逐步形成能够独立听、说、读、写的“言语能力”的过程。“胸中之言日益多，不能自制。”（宋·苏洵《上欧阳内翰第一书》）学生在据言知意的过程中，意开始酝酿，觉得有许多东西要表达，加上语言表达方法的介入，学生对怎么表达有了较为明确的感觉，容易进入一种言语倾吐的积极而活跃的状态之中，说出的话语、写出的文章就能“从心底里自动而自然地涌出”，可谓“言投意合”。让学生把内化于心中的“意”转化为“言”还需要经历两个层面的过程：一是将内化于心中的“意”转化为学生的“口头语言”，二是将“口头语言”转化为“书面语言”，也就是学生要以有形的文字把心中形成的“意”准确而又精细地表达出来。“述”是“读”与“品”结的果，反过来，又可提升“读”与“品”的质，三方涡旋深化，相得益彰。

（三）立足于语文素养的生长环境

1. 着眼于课外积累

见多识广、增加阅历是一个人与文本交流产生共鸣，言意得以充分共生的先决条件。“读万卷书，行万里路”为首选。“学问固贵专精，必须博涉以辅之。”（清·梁启超）冰心老人在《谈点读书写作的甘苦》这篇文章中也曾这样说过：“我常常模仿别人更好的句子。”没有大量的阅读体验，没有长期对范文的模仿、借鉴，学生只能在头脑里反复搜寻那仅有的干巴巴的几个名式、段式，是无论如何也达不到“胸藏万汇凭吞吐，笔有千钧任翕张”（郭沫若《赠北京中国画院》）的境界的。只有博观才能约取，唯有厚积才能薄发。大量看书是十分讲究的，看书一定要看好书，好书是全人类的营养品，从中可获得许多人生智慧。“多看书足以冶情，足以博新，足以长才。”（英·培根）看书主要是为了开阔眼界、提升修养、追求真善美、体验人生况味、铸造精神家园。

泛读世界。从“大语文观”讲，泛读世界是指语文与生活的关系，即语文的外延等于生活的外延，时时有语文，处处是语文。从“言意论”的原理来看，泛读世界更侧重于指向语文的“意”，语文的“言”所指甚少。生活是一本无字之书，更多的是赋予我们思想的升华和感情的丰富。“世事洞察皆学问，人情练达即文章。”世界之大，包罗万象，风霜雨雪、花草树木、人事情理都可成为语文沧海中之一粟。

2. 着眼于“让学”实践

教学的本质是“让学”，即教师“让”学生自己去学。它首先是教师主动、自觉的行为，是教师和学生在教学关系中发生的活动，“让学”的关键在于启发、引导学生去学。事实证明：教育只有转化为学生自我教育，才会真正有效。“让学”的前提是激发学生学习的兴趣，点燃学生学习的欲望，使之产生学习的内在动力，具有学习的主动性、自觉性、积极性。总之，就是要使学生学习的过程成为自身成长、发展的过程。教育大师王尚文细化了“让学”的两层含义：一是“让热爱”，即让学生爱上语文，“感情只对感情说话”（费尔巴哈），一个不爱语文的教师不可能教出爱语文的学生，只有教师对语文有爱，才能诱导学生爱上语文；二是“让实践”，也就是要让学生懂得如何去实践，从而了解学习的门径，知道该怎么去学，即所谓“授之以渔”。语文课让学生成为学习的主体，为“言意共生”提供必要的学习“先意识”，是我们语文教学的期许。

3. 着眼于教者魅力打造

教学的过程，是教师在学科中和他的学生相遇、相识的过程，当日后学生回忆这一过程时，能回忆起来的往往不是教师所讲的内容，而是教师这个人。因此，教师自身的语文魅力打造对学生来说，对语文课堂质量来说都有巨大的影响作用。语文教师本身就是汉语，就是文学。因为对于汉语和文学，他不仅有透彻的理解，更有深刻的感情，他是汉语、文学的“形象大使”。当然，我们并不是说教师必须是汉语学家和文学家，但让汉语学家和文学家们自叹不如的是，教师有把少年儿童领进汉语、文学大门的热情和本领。“为师不识语文味，教尽经典也枉然。”“站在讲台上，我就是语文。”作为语文教师，要善于发挥自身的作用，引领学生学习语文。一个自身语言都贫瘠干涸，安于就事论事，墨守成规、照本宣科的教师是无论如何也难把课堂变得有滋有味的。反之，如果一个教师在课堂上出口成章、辞藻丰富、旁征博引、妙语连珠、收放自如，那么，这样的课堂不管是预设也好，生成也罢，无疑都会是一个令人神往的语文课堂。

4. 着眼于编写意图

教材即课程，语文教材文本资源是确定教学内容的主要依据。充分利用教材资源最关键的是要把握好教材的编写意图，只有这样语文教学才不会停留在一般的阅读层面，才能深入到教材的教学层面。教材编写既要依据课程标准，又要立足文本特点，揣摩教材的编写意图可以让我们站在一个审视教材的角度，使预设的教学内容成为有效的教学内容。然而教材编写意图往往是隐蔽的，需要我们去发现。因此，我们首先要通读教材，领会全册教材的训练体系。教材编写有其很强的系统性，知识积累和训练都是由易到难、循序渐进、呈螺旋式上升的。这个系统在《语文课程标准》和参考用书上都可以找到相应的阐述。教师把握住了教材知识的系统性，就等于抓住了教材的根本。其次，要研读课例，准确把握课文序列的关系。教材通常由各个单元构成，而各单元之间又有着内在的训练序列和衔接关系。教师把握住了这种关系，在授课时就知道哪组课文应该讲哪个专项的读写知识，哪组课文又是哪个专项知识的延伸和巩固，在讲课文时就能做到有的放矢、重点出击，使教材为我所用、为学所用。再次，要钻研课后习题、单元练习，把握课文重点训练项目。每篇精读课文、每个单元后面都设置了精炼的训练习题，这些习题都隐藏了本文的教学重点或难点。通过钻研这些习题，就能发现编者选这篇课文所要其承担的训练项目和训练目的。总之，准确把握教材的编写意图，对我们提高课堂教学效益、优化课堂教学实在是利莫大焉。

从“言意共生”的角度紧紧抓住语文教学的缰绳，顺着语文教学本真的“来路”与“去路”，“得意”又“得文”，“生意”又“生文”，语文教学定会有更高的境界、更浓的本味儿，实属语文教学皈依的高尚之举。

教学语言：语文教师不该怠慢的“看家活儿”

——兼谈当下语文课堂中教学语言的隐退问题

一、孤帆远影：教学语言的无奈隐退

课文《天鹅的故事》（苏教版第八册）中有段描写老天鹅带领一群天鹅撞击冰面、寻找食物的场面，两位老师采用了不同的教学手段，使学态形成了鲜明的对比。

一位老师用多媒体 Flash 演示天鹅扑打冰面的画面，通过动画设计，把在老天鹅带领下，一群天鹅“渐渐领会”“置身度外”“断翅残血”的撞冰场景表现得淋漓尽致，学生观后感动不已，体会颇深。

另一位老师紧紧抓住老天鹅这一形象展开教学，以画外音的方式连问了“老天鹅”好几个问题，让学生在特定语境中接问作答——

“老天鹅呀老天鹅，凭你柔弱的躯体能撞开这厚厚的冰层吗？难道你就没有看到冰面上那片片白羽、斑斑血迹？”

“老天鹅呀老天鹅，你像石头似的扑打冰面，难道真是钢铁之躯？就不怕那钻心的疼痛吗？”

“老天鹅呀老天鹅，作为家族之长的你，完全可以发号施令，动员撞冰，何苦要拼着这条老命呢？”

至今，这两种不同的教学手段一直叩问着我。从画面理解的角度，也许前者更能让学生身临其境，但我感受更深的是，在前者的课堂中，学生似乎对文本的研读与亲近程度浅淡得多，学生似乎更眷恋那直白的媒体画面，更乐于沉浸在轰响的音效之中，随着音画的消失，学生脑海中已所剩无几。显然，这是一种由外到内的侵染，效果貌似斐然。后者的设计，教者从学生内心发问，画面由内心渐成，进行着灵魂拷问，在特定的心理画面前，让学生体验老天鹅的心声。在紧跟其后的文本画面的朗读表现中，学生们深深地沉浸在感动之中，无需技巧的展示，课堂中流淌着一曲漫漫壮歌。一个是画面的直观展现，一个是心灵深处的角色拷问，后者在学生脑海中树立的老天鹅形象远远比前者来得高洁神圣！

当下，现代教学手段充斥课堂，教者的“教学语言”正以迅雷不及掩耳之势甘于“退避三舍”，退者理由有二：一是认为以学生为主，把课堂更多的时空让给学生发展，省去教师的“教学语言”似乎是方便之门；二是认为媒体的音画效果远远比“教学语言”来得绚丽引人，“主人”爱看，故投其所好。语文教师“应致力于学生语文素养的形成与发展”，语文教学要让学生在扎扎实实的听、说、读、写的实践活动中丰富积累、培养语感、发展思维、深化表达。倘若语文课可以用音画媒体来替代，一幅画、一首歌、一个动画就可以让学生理解故事，那还需要文本吗？还需要语文教师吗？我们留恋李吉林老师《弯弯的月儿》中坐在“小小的船”“弯弯的镰刀”“摇晃的秋千”上的独白，留恋施建平老师《长征》中对“金沙水拍”“大渡桥横”“飞夺泸定”“雪山草地”的精彩描述，留恋于永正老师用亲切的言语激趣激情，营造出的宽松、和谐、乐学的教学氛围。时下，有不少语文课堂缺失了许多特有的“语文味儿的对话”“心灵的真切独白”，只留下了“泪眼问花花不语，乱红飞过秋千去”（欧阳修《蝶恋花》）的遗憾。

二、绿树常青：教学语言的应然存在

教学方式没有先进落后之分，只有合适不合适之别。教学语言之于语文课堂，是一个不倦的常客，是一棵常绿的生命树。

（一）语文课堂需要你

精练准确、抑扬顿挫的教学语言，脍炙人口、内涵深刻的经典警句，能调动学生的学习热情、拨动学生的心弦、培养学生学习语文的兴趣、提高语文课堂的教学效率。富有激情的语文教师，必然有优美的教学语言，他的课堂语言总是能够根据课堂教学的具体情况千变万化，又能生动流畅，产生巨大的磁力，紧紧把学生吸引住。当学生面露难色时，教师就要用富有鼓动性的语言激起学生解决问题的勇气和胆量；当学生苦苦思索仍不得要领时，教师就得用富有启发性的语言打开学生思维的闸门，让学生在思维的广阔空间自由翱翔，享受到“心有灵犀一点通”的快乐。这样的语文课堂就“把语言变成了一个最重要的创造工具”（苏霍姆林斯基语）。

（二）语文教师需要你

刘禹锡有诗“常恨言语浅，不如人意深”。有磁性的教学语言是滋润学生心灵的甘霖，是教师教学魅力的外化，更是学富五车、神圣高洁的教师形象的象征。著名特级教师于漪老师的教学语言独具魅力，在语文界享有很高的声誉，她认为："语言不是蜜"，但可以"粘"东西。她正是用自己优美、生动、富有魅力的语言去粘住学生的。在她的课堂上，学生往往听得如痴如醉，久久回味。成功的教师之成功的教学，教师和他所教的学科总是交融一体的，"不是外在于他的，而是内在于他的，是他自己心里流出来的，就是他自己。"（王尚文语）不少优秀的语文教师正是通过"信号之信号"——语言的魅力，一下子攫住学生的注意力，使得他们屏息静气、凝神倾听。那富有吸摄性、启迪性、磁性的教学语言，已经悄无声息地发挥着调整学生漠视语文、小觑语文之心态的功效，久而久之，学生便会情不自禁地喜爱上语文了！

（三）文本表现需要你

"文章不是无情物"，一篇篇名作之所以传诵千古，是因为作家文人的笔墨饱蘸着自己的激情，甚至凝聚着自己的心血和生命。语文文本丰富的人文气息，唯有通过教师生动而有表现力的语言形式才能完美地表现。苍白、贫乏、枯燥的语言表达对于一篇篇文质兼美的美文佳作、脍炙人口的名家名篇而言其实是一种玷污和损伤。一个优秀的语文教师，要善于把无声的文字变成有声有色的语言，生动地传达作者的情感神韵，用充满表现力的教学语言去撩拨学生的心弦，打动学生的心灵。美的地方，抒得学生心驰神往；丑的地方，揭得学生咬牙切齿；乐的地方，激得学生忍俊不禁；悲的地方，博得学生潸然落泪。

三、别有洞天：教学语言的多重境界

大凡有经验的语文老师，其课堂语言无不让学生喜闻乐听，无不让学生心驰神往。教学语言的真正魅力在于它能演绎出语文课堂中的多重美好境界。

（一）轻巧点拨——轻舟已过万重山

有人把语文教师比作为学生引路的向导。教学的真正艺术就是当好向导，善于在迷惘的旅程中，把沿途的风景名胜妙手拈来，不经意地指点给学生，使得语文的旅程变得赏心悦目、轻松愉快、不知不觉。著名特级教师窦桂梅在执教《秋天的怀念》一课时，为了让学生们体会文中母亲的良苦用心，轻巧地驾驶着教学语言之舟，穿行于课堂之上。

随机出示：

1. "……母亲就悄悄地躲出去，在我看不见的地方偷偷地听着我的动静。”

2. “……当一切恢复沉寂，她又悄悄地进来，眼边红红的，看着我。”

3. “……她比我还敏感。她又悄悄地出去了。”

师：把“悄悄地”去掉，再读读上面的三句话，任意选择一句谈谈你的看法。

生：“悄悄地”就是说母亲在儿子面前说话特敏感。

生：这个“悄悄地”体现了对儿子的歉意，觉得自己怎么那么粗心，说话不注意呢。

生：这“悄悄地”也体现了对儿子的关心。

师：还能把关心再具体一点吗？

生：母亲对自己的话很敏感，怕儿子伤心，她在儿子面前特别小心。

师：用个成语，那就是——

生：就是小心翼翼！

师：这是一位怎样的母亲啊，请你读读这句话，让我们跟着你体会母亲的“小心翼翼”。（生读。掌声）

生：我谈第二句。不用上“悄悄地”就体会不到母亲的苦心。

师：是啊，她的心比针尖还细啊。把你的感受送进去再读。（生读得较轻）

师：母亲的脚步还是稍重了一些，再轻一点儿。（生读得很好。掌声）

师：你们真会读书呀！由于你（握住该学生的手）的启发，引领着大家体会到母亲痛心中还要细心、耐心、小心——因此，这“忍”中透着的是看不见的爱。

三个“悄悄地”，充分体现了慈母的一片爱心，体现了母亲的良苦用心。窦老师的教学语言像轻轻的风儿吹过学生们广袤的心田，像淡淡的云彩掠过学生们心灵的天空。学生从“悄悄地”体会母亲的心，再把自己的体会“送回去”。这样有韵味的语文课堂，教者的教学语言功不可没！

（二）幽默含蓄——未成曲调先有情

“凡画山水，意在笔先。”（王维《山水论》）语文教学语言既不可高深莫测，又不可一览无余，必须在隐与显之中。优秀的语文教师无不具有含蓄幽默的语言风格。著名特级教师支玉恒执教《第一场雪》时是这样一步步引导学生们朗读的：

师：雪景很美，谁能把它美美地读出来？他读的时候，大家闭着眼来听，看他能不能把你带到那么美的雪景中去。

（生读）

师：你们听他读完这段，是不是感到走到雪野中去了？（生反映不一）

师：刚走到雪野的边上，（笑声）是不是？啊，没进去。谁能带着大家进去？（生再读，但读得不好）

师：进去了吗？

生：（齐）没有。（大笑）

师：啊，是没有。可能刚才那位同学领着咱们走到了雪野的边上，他又领着咱们出来了。（大笑）

师：老师来读一下，看看我能不能把大家领进去。（示范读、带读）往前走了几步没有？

生：走了。

师：谁接着领大家往前走？

生：（读文）“大街上的积雪……震落下来。”

（孩子们渐入佳境）

“幽默和风趣是智慧的闪现。”（莎士比亚语）支老师在慢条斯理的教学语言中不时泛出智慧的浪花儿，学生享受着教学语言的智慧，享受着学习活动的趣味，享受着语文大师的回春妙语。

（三）渐进熏染——润物细无声

“语言本身有它独特的魅力，有着润物细无声的作用。”（于漪语）试想，如果语文教师满腹经纶、才华横溢，课堂上宏论滔滔、妙语连珠，学生必定会是如沐春风、如饮甘醇。特级教师陈建先给我们留下深刻的印象，他的教学语言就弥漫着浓浓的文学熏染味儿。

《特殊的葬礼》（苏教版第八册）一课教学中，感受塞特凯达斯瀑布的奄奄一息境况的教学片段：

师：朗读课文第 5、6 自然段，要通过你们的感情朗读，感动同伴，感动老师，感动现场所有的人。

（学生感情朗读，大都读得情深意切）

师：听了你们的朗读，我的眼前仿佛真的出现了奄奄一息的塞特凯达斯瀑布。再次有感情地朗读一遍。

（一生再读，效果不理想，老师接着他的朗读动情地范读）

师：能感受到它的奄奄一息吗？（能）你是怎么理解的？

生：作者把它当人来写，一个生命垂危的人。

师：（动情地）对，就像是一位慈祥的老人，刚才还在亲切地与你讲着故事，与你在夜幕下数着星星，他沙哑的话语还在耳畔，他抚过的脊背还依然温暖，可突然，他的手一滑，闭上眼睛，远去了，再也见不到他了。让我们再读课文，回忆一下它的音容笑貌吧！

（生自由读后指名读，当读至“奄奄一息”时，许多同学热泪盈眶。读到最后，全班同学忍不住深情地齐读起来）

陈老师周身弥漫着浓郁的书卷气息，真可谓“轻拢慢捻皆成妙曲，信笔涂抹皆成妙文”。那段对塞特凯达斯瀑布进行的“慈祥老人”般的描述让在场的所有人刻骨铭心，他多彩的教学语言中透出的是丰厚的人文、绵绵的情思、深邃的哲理。长期在这样的语境中，学生耳濡目染，怎么可能提升不了素养呢?

（四）激情升华——风正一帆悬

“无限风光在顶峰”，一篇课文没有主题的升华就如坍塌在地的一堆文字的堆砌，永远没有高度！而单凭学生的感悟终究很难对文本完全地理解，往往总差一步之遥。此时，语文教师的教学语言就尤显重要。窦桂梅老师在执教《难忘的一天》（人教版第三册）一课接近尾声时——

师：（满怀深情地讲述）就是这样一位老人，说了这样的话，现在我们才像使用钢笔一样地使用电脑；就是这样一位老人，说了“教育要面向现代化”，我们的教育才走向素质化；就是这样一位老人，在深圳画了一个圈，那里就奇迹般地崛起一座座城，一座座金山；就是这样一位老人，提出“一国两制”的设想，香港、澳门才顺利回归；这是这样一位老人，提出“改革开放”，我们温岭才有这样快的发展。此时此刻，让我们平下心来，再看看邓爷爷，让我们来表达对邓爷爷的爱。（音乐《春天的故事》响起，投影出示图片）

生：想哭，因为邓爷爷带领我们国家走向富强。

师：想哭就哭吧！

生：感动，因为邓爷爷……

师：一句话，邓爷爷，我们爱您！所以，我们看第一段，再来读一读。（生读）

……

窦老师这一段深情的讲述，荡起了学生们心中的涟漪，邓小平爷爷的伟大形象得到丰满，倘若将本文停留在“计算机要从娃娃抓起”的层面，就略显逊色了！没有这段精彩的点睛独白，即便其后的乐曲再动人，也还是表面的感动。特级教师王崧舟教学《一夜的工作》时，吟诵诗人宋小明的一首诗《你就是这样的人》也有异曲同工之妙。激情升华，用在学生渴求之时，恰似甘露。

教学语言是语文教师的生命，我们要用教学语言“粘”住学生，让学生随着我们的教学语言展开激情的羽翼，在语文的蓝天上自由翱翔。语文教师的课堂语言应当波澜起伏，忽见耸入云际的巍峨高峰，忽窥深不可测的巨壑幽谷，忽闻惊雷震天，忽听春鸟和鸣。歌德曾对哥特教堂这样赞叹：“那么繁杂的缀饰，那么精致的雕琢，理应造成沉重累赘的效果，却让你感觉到它在半空中飞升起来了。”不必担心课堂语言被论为“繁杂的缀饰”“精致的雕琢”，因为它能让我们的课堂“飞升起来”！

需要说明的是，我无意伤害音画媒体对语文教学的贡献，只是从心底呼唤教学语言应该勇敢地回到语文教学的前台，语文教师对它怠慢不得！

参考文献：

1. 王尚文．走进语文教学之门［M］．上海：上海教育出版社，2007.5.

2. 赵江．“简”的辩证［J］．江苏教育，2006，(02)．

3. 张晓敏．略谈语文教师的语言美［DB/OL］．中学语文教学资源网，2005.10.

4. 刘然．走向理想课堂［M］．北京：高等教育出版社，2005.11.

构筑语文课堂的绿色生态园

——“活动单导学”教学模式下的语文课堂实践

课堂是学生和教师共同活动的最基本的生态环境。从生态学角度看，课堂绿色生态园中师生理应过着一种自觉、自愿、自然的生活形态。学生是语文学习的主体、自我发展的主体，是课堂教学生态的主体因素。“活动单导学”教学模式在自主学习、合作探究、展示交流、检测反馈等主要流程中，最大限度地给予学生亲历学习的时空，调动学生的学习积极性，挖掘学生的学习潜能，课堂已经不再一厢情愿地演绎为成人们认为的精彩，显现的是真正的学习主体——学生的真实学态。

一、充分自主中，学生的语文学力悄然生长

学习是无法由别人替代的。影响学习的最重要的因素是学生已经具备了什么，包括学生原有的知识状况、解构能力、学习方法等，综述为学习的能力，即学力。教学的本质正如海德格尔所提出的“让学”，即教师“让”学生自己去学，与所学的内容相比，“让学”的作用尤为重要。“活动单导学”教学模式中，教师遵循学生预习不充分的不开学、有一个学生会的不开口的原则，让学生充分自主地学习。通过学生自主性研究学习的实践过程，培养学生掌握一些语文学习的基本方法，拓宽学生的思维，养成良好的学习习惯；通过共同参与，培养协作互助的团队合作精神，提高他们发现、探究、解决问题的能力，开掘学生的个性潜能和创新意识，为学生今后继续学习、终身发展打好基础。一句话，学生充分自主地学习可以有效提高学生的语文学习能力。苏教版第十册《水》（下同）的教学中，初读课文环节一改传统做法，设计了这样的活动导学要求：

> 活动一：通读文本，扫除障碍
> 自主学习：自读课文，争取把课文读通读顺。
> 合作交流：组内从生字、词语、字音等方面提醒学伴读好难读的句子。
> 成果展示：随机抽号，按小节次序朗读课文。

让学生自主学习语文，最终的目的是让学生“学会学习”。该环节充分遵从学生现有的基础，针对学生独立学习中可能存在的问题进行教学，学生相互提醒、提携，走上了一条自学、自研、自新的学习之路。增长了知识，传递了智慧，课堂呈现出一派自主和融的生态情景，学生们的语文学力在悄然间生长。

二、有效合作中，学生的语文能力陡然攀升

课堂是学生激情燃烧的动感地带，是他们求知、创造、展示自我、体验成功的舞台。小组合作学习无疑是“活动单导学”教学模式下学生学习活动

的主题曲，学生的听、说、读、写、思等语文能力在有效合作中生根长叶。

"活动单导学"教学模式极其关注合作的必要性。小组合作学习一定是在该出场时才出场，一定是怀揣目的而来，手捧成果而去。热热闹闹、糊里糊涂的没有深度、效度的合作是徒然的。教学《水》这篇课文时，关于"水是不是很珍贵""作者家乡为什么缺水"等的问题就不值得小组合作学习。教学时的内容取舍其实与合作的有效性是紧密相依的。

"活动单导学"教学模式极其关注合作的有效性。合作学习的价值就在于取得 1＋1＞2 的效果，它不容许组员的不作为或淡作为。合作交流就是为了相互启发、互相说服、加深理解、递升素养。光听不说，是一种学习，不是合作，没有实现合作的初衷。合作交流的结果应是化学反应，而非物理叠加。

"活动单导学"教学模式极其关注合作的规范性。小组合作学习作为一种活动，理应有一套基本的要求与规则。尤其是小学阶段的学生自我管理能力不够，合作学习的意识又不强，我们更应在合作学习方式上加以辅导与规范。比如，合作交流时的次序可采取依次轮流、沙龙自荐、组长点将等方式；组内或组间交流时应形成同题补充、抒发己见、纠辩错误等习惯；要表现出倾听、取舍、商讨、质疑等学习素养；合作要有浓郁的团队意识、协调精神，顺利完成表演片段、诵读文本等活动……有了规范和基本要求，合作交流这一环节才不会出现我行我素、自由散漫的状况，才能从制度上保证小组合作交流的实效性。

三、激情展示中，学生的语文素养倏然拔节

学生与生俱来地拥有自我探求、自我展示、自我成功的表现欲，亮相展示便成了每个人的内在需求。"活动单导学"教学模式中的分组展示、个人即兴展示自然成了课堂教学中最生动、最富有创造性的环节。在学习活动单的引领下，每一个小组对本组所要展示的内容进行认真研讨和准备，指派一名或几名代表"汇报"抑或"表演"，同组的其他同学随机补充，其他组的同学也可以随机切磋、表达。在展示的整个过程中，学生个个是主角，教师则隐身于学生的"身后"，学生在教师的点拨、追问、总结、点评中感受到的是有质的引领和真诚的鼓励，教师在学生的激情表现中分享到的是智慧的燃烧与素养的提升。

课文《水》的学习活动单中，围绕“用最恰当的词语来表述作者写到的几个场景”进行小组讨论，而后写在各组的展板上全班展示。

活动二：略读文本，理清文脉

自主学习：快速默读课文，用词语概括出作者分别写出了哪几个场景。

（努力方向：准确、简洁、工整）

（　　）____（　　）____（　　）

合作交流：组内推敲，用最恰当的词语来表述几个场景。

成果展示：1. 各组将最佳表述写在小黑板上。

2. 纵观各组表述，进行点评。

这个教学环节，在不同的班级，面对不同的学生，每次都有异彩纷呈的成果展示，各组展示的小黑板上，同学们隽永的笔迹，流淌出内心真实的思维。在如皋市安定小学的课堂内出现了这样的一个场面：组 1、4：挑水——沐浴——纳凉；组 3、5、6：长途挑水——雨中淋浴——浇水纳凉；组 2：挑水的艰辛——沐雨的痛快——纳凉的舒服。当各小组都出示各自成果后，所有学生同时扫视、品味，第 1 小组的一位学生突然冲到小黑板下，将自己小组写的“沐浴”改为“沐雨”。教者抓住即时的教学资源，究其缘由。这位同学说：“在刚才对比品析的过程中，我发现我们小组的概括不够准确。文中讲的是村里人在雨中洗的痛快澡，我们小组概括的‘沐浴’一词可以在阳光下，也可以在家里，有些含糊不清，表述不及他们小组准确。”紧跟着不少学生纷纷表述感受，第 2 小组的概括不仅内容符合课文，而且表达了作者的体验，全班学生欣赏赞许之情溢于言表。整个展示品析过程中，学生个个身心投入、潜心推敲。这样的学习已不是你我见解的物理叠加，而是几何级数般的递升，我们几乎能听见每个学生语文素养的拔节声。

四、多元对话中，学生的解读心智顿然开悟

特级教师赵谦翔曾这么巧解“悟”字：左是心，右是我，首先是做到“思想的我”，然后，逐渐从右到左，要有“我的思想”。多元对话是开启学生心智、领悟文本的上佳途径。原中央教科所朱小蔓所长曾盛赞南通教育坚守的“和而不同”的教育哲学思想与我们提倡的对话教学实质内理相通。“活动单导学”教学模式尤为注重运用多元对话的手段来开启文本主题、语言形式品悟之心智。

“课文《水》的作者马朝虎在朴素的字里行间真正想流露的是什么”这一话题，激起了全班同学思想的交锋。“珍惜水资源”“生活艰苦”“眷恋故乡”“难忘童年”等观点一涌而出。教者提醒：感悟文本主题的角度很多，除了同学们之间的对话启发，还可以与书对话、与作者对话、与自己的生活经历对话……一时间，教室犹如寂静的村庄，暗流涌动，学生们沉浸于文本，游走于自身的积淀，思绪万千。

生1：我觉得作者不仅在告诉我们他小时候的艰辛生活，还在向我们表明小时候他生活虽苦，但他学会了在艰辛中寻找快乐。

生2：我读过作家马朝虎的介绍资料，他小时很苦，磨炼了意志，长大后很有成就。我想本文其实在告诉我们，艰苦环境下要有乐观的心态。

……

实质意义的对话，既不是听从附和，也不是断然拒绝，应是对话双方或多方的融合、互启、共深，“越是一场真正的对话，它就越不是按照谈话者的任何一方的意愿而进行”（德国哲学家伽达默尔语）。可见，真正的对话注定是课堂教学中开启心智、渐进感悟的有效手段，语文课堂尤甚。

“教，牧也。”我们教者的职业只不过要求我们将孩子们引领到最肥沃的草地上去尽情享受罢了。“活动单导学”教学模式是我们的应然牧场，我们正守望并构筑着语文课堂的绿色生态园。

晤·焐·悟

——例谈“活动单导学”语文课堂的三重境界

“晤，遇也”；“焐，‘煨’也”；“悟，觉也”。

——题解

本文着力以笔者在江苏省第四届“教育家论坛”活动上执教的《鞋匠的儿子》（苏教版第十一册第21课）一课为例，诠释“活动单导学”语文课堂的三重境界——晤·焐·悟。

一、案例一："品读演讲词，体会人物品格"教学片段

活动一：品读人物 1. 自由朗读林肯在参议院的演说，体会林肯是个怎样的人，在书旁写上恰当的词语。 2. 组内交流。 ①交流感受，将相关词语写在白板上。 ②组内选定一个词语（用浪线标出）进行研读，再结合演说内容品品、读读。 ③确定展示方式（如：谈感受、多形式朗读等），准备展示。 3. 各组展示。

（根据"活动一"的要求，学生自主学习、讨论交流，准备展示，教师巡视并适时参与）

师：我们先浏览一下各组的研读成果，然后交流。（生环视各组白板上的词语）

生：我们组用"不卑不亢"来形容林肯。（读）"我一定会永远记住……"他是一个鞋匠的儿子，没有感到自己身份的卑微。他身为总统，居然可以为别人做鞋子，大家可能会意想不到。

生：我们组还想起一句话："人必先自敬，然后其敬之。"意思是，人呢，必须要先尊重自己，才能让别人来尊重他。而林肯，他就是这样一个不卑不亢的人。

生：请大家看第一组的白板，我们组研究的是"尊重父亲的林肯"。"等到大家的笑声停下来……"大家都知道，鞋匠的工作是最卑微的，是社会底层的工作，而林肯却觉得他的父亲做鞋匠是一种艺术，这更能体现林肯对父亲的尊重。我从三个"永远"读出他对父亲的感情是特别深的。

师：我真想再听你读读怎么个深法？

（生朗读得一般）

生：他的朗读没有读出林肯那种悲伤的语气，因为他的父亲已经过世了，我想来试试。（生读）

生：我觉得他的朗读还没读出演讲风格，因为演讲和朗读毕竟是两码事，我再来试试。（生读）

师：这就叫不同的体会读出不同的精彩。来，我们一起来读读。

师：好，你们组接着讲。

生：艺术是一种令人享受的东西。林肯说他的父亲做鞋子是一种艺术，说明他认为做鞋子是种享受。（读文句）

生：他说得很好，但我觉得读得不够味。（生补读）

……

生：请大家看我们第四组的白板。我们用“善于表达”这个词来形容林肯，我们组来扮演林肯和参议员。（生角色演读）

生：请大家看林肯的第三段演说词（生读）“对参议院的任何人都一样……”这句话其实是林肯在宣告，他愿意为所有人服务。

生：我来补充，在这里，林肯身为总统竟然为别人补鞋子，平等待人，也说明他的宽容大度。

生：我也来补充，鞋匠、参议员和总统这三个不同层次的人物或许在别人眼中是有差异的，但是我想在林肯的心里，他认为任何事物都是平等的。

生：刚才同学们感受得都很好，但我觉得朗读还不够，我来读一读。（读）“如果你的鞋子不合脚……”

师：对了，谈感受的同时还要把它读好。

生：我还想说说，林肯是一个总统，但是他却不摆总统的架子，想和参议员成为一种朋友关系，由此可以看出林肯是追求平等的！我还想起《简爱》中的一句话：人与人是平等的，至少我们可以通过坟墓，平等地站到上帝面前。（全场掌声）

生：刚才几组讲的内容我觉得都可以用一个词来形容，那就是林肯“追求平等”的思想。

师：你在综合概括了！

课文主要抓住人物的语言来突现林肯的精神风貌和人格魅力。在教学中，师生们牢牢抓住林肯的演讲词进行研读和感悟，着力体会词句的精妙、语段的巧构，感受语言文字所蕴含的情感。学生们通过朗读在文本中进进出出，在充分自主的前提下组内共同研读某一感受，在组内试读、指点、再读，组间补充、提示、分享中对文本多处关键词句进行深度品读。学生品出了林肯对父亲由衷的崇敬，品出了演讲的表达艺术。交流、分享中既加深了学生对课文内涵的领悟，又达成了《语文课程标准》中要求的“体会课文中关键词句、重点段落在表情达意方面的作用”这一目标。

“活动单导学”的语文课堂在守正传统语文教学金矿基础上出现了，披沙拣金，赋予旧经验以新生命。与传统课堂相比，“活动单导学”在课堂教学结构及内蕴方面有着颠覆性变革。传统课堂中教者的牵引之语变成了学生的自发表达，教师成了一个大点儿的学伴，参与其间，乐得其所；教学的组织基本掌控在学生手中，在组内互动、组间互动的生生对话中推进着课堂。这种学习是生本的、自发的、有根的，是一种真正的以“学”为本的“生”动课堂。可见，“活动单导学”课堂教学的本质是“学”不是“教”，课堂的主体是“生”不是“师”，“教师式学生”和“学生式教师”构成“学习共同体”；课堂的主要环节是“活动”，课堂的效率取决于“活动”的效率，“活动”既是导学手段也是达成目标；课堂追求“导”的高质高效和个性化，追求“不需要教”的“导”的最高境界。

“活动单导学”课堂中的师生都成了学习个体，课堂成了学习个体间的相遇、会面、接触、面对的场域。“晤，遇也”，“活动单导学”课堂演绎着各种情境的相遇，直奔“晤”之本质。

二、案例二：“体验角色，情境演说”教学片段

活动二：情境演说 1. 组内推选林肯、参议员角色。 2. 尝试演说，组内点评。（注意演说时的语气、神情、手势……） 3. 全班展示。

师：多具魅力的演说啊！让我们来体验体验，走进“活动二”。我请第三组的二号同学来读一下活动要求。

（组内展开交流，很充分，组员间悉心指点）

师：哪组来试一试？（各组均跃跃欲试）那这样，我们请他们两个来试一试（师选一组）。其他人不用遗憾，我们可以把各组的想法在他们身上体现，对他们说说表演期待。

生：我认为参议员是个傲慢的人，所以他说话时那个傲慢的语气很重要。

生：林肯说“我永远是鞋匠的儿子”时应该要拍一下胸脯。（伴手势）

生：我认为林肯在演讲时提到父亲应该是很悲伤的。（生范读“我非常感激你使我想起……”）

生：我认为在说“他的手艺是无人能比的”时候，应该要竖一下大拇指，激励一下自己。

师：你试一试，让大家感受一下。（生演读）

生：我希望演讲的那位同学一定要把林肯的平易近人读出来。

生：我认为林肯要读出一种大气来。

生：我认为参议员要读出那种傲慢蔑视的语气。要这样读："林肯先生，我希望你记住，你……"

生：我觉得也要强调"你"，那位参议员不是称总统为"您"的。

师：你再试一试！（生读得特别投入，台下掌声）

生：我觉得参议员头应该抬一点，眼睛斜视。（示范）这样就更能体现那个参议员一开始的趾高气扬！

师：好了，林肯先生，您可以上台了，同学们给予了厚望啊！

（出示参议院演说的场面图，演讲席；"总统"在音乐声中缓缓入席；进行演讲）

师：演说得非常精彩。此时此刻，我想问刚才那位"参议员"，现在，你想对总统说点什么？

生（参议员）：林肯先生，您的大恩大德、宽宏大量感召了我们，我现在真想和您一样，做一名鞋匠的儿子。我非常愿意作为您的部下，为您效劳！

生（林肯）：刚刚那位先生提到愿意做我的部下。我觉得，在这个世上，人人都是平等的，没有高低贵贱，我们是共同为美联邦效劳的！（台下掌声热烈）

王荣生教授在谈到一堂成功的语文课的要诀时这样说："语文教学，一是引导学生体验被课文唤起的情感；二是指导学生将所体验到的情感表现为'抒情的句子'。"加入场景渲染，增进角色体验是本课的一个重要学习活动。活动分为两轮，第一轮"全员试水"，组内人人参与，角色互换，互为"导演"，学生感悟文本的能力和语言表达的能力得到快速提升。第二轮组间指引，分享各组演读收获。表演时，学生的语言绘声绘色，表演惟妙惟肖，因为他们深悟了语言文字，走进了人物的内心，形成了心灵共振。在情境表演中，一个宽容、谦逊、倡导平等的林肯形象熠熠生辉，深深镌刻在学生心中。值得称道的不是表演这一形式，而是学生表演的原生态，学生在自我体验、自我评价中发展言语。台下热烈的掌声不仅仅是对精彩演说的肯定，更是对学生高质味语言的赞赏。

教学是一种"慢"的艺术，来不得匆忙。从学生角度讲，在情境中学习知识，用经验来激活知识，用思维来建构知识，用情感来丰富知识，用心灵来感悟知识，是一个用生命来学习的过程，是给生命注入知识的过程。“每个人只能用自己的器官接受物质营养，每个学生也只能用自己的器官接受精神营养”，没有经过自己建构的教学是没有价值的。需要甄别的是课堂教学中常常出现“伪情境”，即看似音乐画面充斥课堂，但学生的心跳没有与之共振，思维没有与之链接，当然也就没有实质性的建构。建构需要与学习内容相符的情境、发酵的时段，需要一点一滴地“融合”，在不断否定、借鉴中充实完善。换言之，学习需要一个“慢助跑”的过程。

静待花开，在情境中让学生慢慢揣摩，等待开悟，是一种美好的教学等待。“焐，古同‘煨’”，用微火慢慢煮之本意。“活动单导学”课堂恰如一炉微火，追求慢悟的境界，演绎着“焐”的学程。

三、案例三：“了解功绩，升华人格”教学片段

活动三：了解功绩 1. 浏览第 6 自然段，结合课外资料，品读林肯的两句演说词。 2. 谈谈自己的感受，并读好两句演说词。

（生自学第 6 节，各组内交流学习课前搜集的关于“南北战争”的图文资料，进行朗读指导）

师：谁来说说学习收获？

生：我来，（读）“一个裂开的房子……”“我所希望的是……它应该成为一个完整的整体。”我通过阅读资料发现，林肯的人生是非常坎坷的，他一生经历了很多的磨难。他从这些磨难中感知了老百姓的辛苦，所以想用自己的行动去解救他们。

生：我来为他补充。这里“裂开的房子”指的是美国，为什么会裂开呢？由于美国当时爆发了南北战争，因为由奴隶主统治的南方有许多奴隶，奴隶过着穷苦不堪的生活。我曾在《林肯传记》一书中看到，奴隶们过的是水深火热的生活，他们被关押、贩卖，像牲口一样，奴隶主们还砍价。林肯是为了解救他们，才与奴隶主们发动战争的。

师：有个问题！到底是林肯发动战争还是奴隶主们发动战争？

生：我补充。应该是林肯为了解救奴隶，被迫无奈，发动战争！

生：我想起了一句话：“虽然心碎，但依然火热；虽然失败，但依然不失去信心。”

师：同学们说得太精彩了。我们一起来读一读这两句话。“一个裂开的房子……”“我所希望的是……它应该成为一个完整的整体。”

师：多伟大的总统啊！他胸怀祖国，情系百姓。难怪他会成为美国历史上（引读）——“最有作为的总统之一”。

林肯时代距离学生的生活比较遥远，大多数学生只是仅闻其名，对林肯的相关信息了解甚少。“广度决定深度”，教师在教学中推开语文课堂这扇窗，通过拓展阅读开阔学生视野，进行相关的语文实践，从而促使学生充分感受文本主题和言语魅力。与传统教学迥异的是，这样的课堂改变了教师单方呈现资料的方式，由学生在课前自主搜集相关资料，课堂共享。这种自主搜集、阅读、交流的过程本身就是一种学习行为，是一个自我顿悟的过程。因为亲历阅读，所以文本的感触深刻；因为交流充分，所以文本的理解更透。

案例中，学生们的这番即兴交流源起学习资源的充分把握，从而激起学生语言池面的涟漪。从对学习材料的占有，到对文本关键词句的品析；从对历史事件的认识，到对历史人物的人性赞赏，都源于学生自身的阅读实践，源于组内学伴的交流互助，源于宽松自主的学习活动环境。阅读让学生从知人论世的角度明了历史；观念交锋让学生领会作者的抒怀之意；自主反刍又让学生顿悟伟人人性之崇高。

“悟，觉也。”“活动单导学”课堂带来的是学生自身的明了、领会与觉醒，是学的过程，更是悟的经历。

与其说学习是一种对话，不如说学习是一种“会晤”；与其说教学是一种“慢”的艺术，不如说教学是一种“焐”的艺术；与其说学习是一种刷新的过程，不如说学习是一种悟彻的过程。晤，强调的是学习状态，学生活动的主要方式；焐，强调的是学习的规律，掌握知识的渐进过程；悟，强调的是学理，学生的自我建构。此三重境界为“活动单导学”课堂的三种常态，无厚此薄彼之意。只因与传统教学观念存在鲜明之别，故例谈此文。

文体、文本、文化：让寓言教学“言意共生”

——《伊索寓言》教学设计例谈

寓言是一种以教化为宗旨的文学体式。但将其放在语文课本之中，自然要当作语文来学，而非以道德教化为单一取向。课文《伊索寓言》（《狐狸和葡萄》《牧童和狼》《蝉和狐狸》）置放于五年级教材，又理应肩负小学高年级语文教学之任；揣测编者将其安排于五年级上册第三单元，属小学高年级的起始阶段，故而又要留意目标定位的中高段衔接。编者在本课后安置了补充阅读——《阅读〈伊索寓言集〉》，从作者文体、内容特点、寓意的价值等角度进行了阅读提示，这似乎也在明示寓言要如何学。顺其年段目标与编者意图，本教学从文体、文本、文化三个视角进行了目标设计：讲故事，初步感受伊索寓言的生动有趣、“故事＋道理”的结构等文体特点；读文本，品味伊索寓言言语精炼的表达特点；悟寓意，学习个性表达寓意的阅读方式。与之相随的教学设计及想法如下：

一、立足文体视角：讲故事——盘活文本语言

毋庸赘述，不同文体的文章各有特点，这决定了各种文体在阅读教学中的不可替代的一席之地。重视文体、依体而教，语文教学才更有语文味儿。寓言是“穿着外衣的真理”，寓言常常是借一个简短生动的故事说明一个深刻的道理，被称为“智慧的源泉”。优秀的寓言故事蕴含着深刻的人生哲理，语调轻松、幽默而带讽刺意味，需要学生去推想、领悟言外之意。任何学习都要遵守从感性到理性的规律，为了实现学生对文体特征的充分感受，教学中主要设计了“故事大讲坛”的学习活动。

教学设计一

“故事大讲坛” 提示：注意倾听。讲故事水平高的人，一定也是评价水平高的人！

讲故事是学生喜欢的一种语文学习方式，尤需强调的是讲故事本身就是寓言这种文体的教学要求，是言语积累到再运用的基本学习过程。教学中，

将一般的“讲故事”活动转化为“讲——评——接着讲——接着评——再讲——再评”循环递升的学习活动，让寓言语体知识的拾得来得更随意、更自然了。通过对三则寓言的整体感知，在感受寓言生动有趣的基础上，发现了本课中的三则寓言故事的共性——“骗”，有自我安慰的“骗”，有戏弄别人的“骗”，还有充满预谋的“骗”；有的“骗”自己，有的“骗”别人，有的“骗”同伴。寓言总在文中自觉不自觉地戳穿着自己，演绎荒诞效果，这也是这种文体的行文共性。本课教学抓住三则寓言所表现出来的“骗”，打通了三则寓言的气脉，提领而顿，百毛皆顺。

语文教学是要教会学生如何读不同文体的文章的。本环节在“讲讲”“评评”的过程中，让学生感受到了《伊索寓言》故事的简短、人物的有趣、行为的夸张、事情的生动、“故事＋道理”的结构等文体特点。学生在课堂中揭示和掌握了这些寓言规律性的知识，在以后的阅读中就能触类旁通，举一反三。

二、立足文本视角：品词句——投入语言实践

寓言通过故事的荒唐、逻辑的自我相悖构成寓言生动有趣的主元素，这种效果的达成主要源于精炼而自含矛盾的语言文字的表达。“能体会词句含义、感情色彩和表达效果”（《语文课程标准》）是高年段教学目标。教学中，通过走进文本，学生读出了三则寓言中主要人物的“欺骗”，体会到了寓言荒唐可笑的言语方式。

教学设计二

> 走进文本，寻找破绽
>
> 1. 各组选定一则寓言，先自主阅读，想想从哪些词句中能读出人物的“欺骗”。
>
> 2. 在组内读相关语句，补充彼此的发现，并相互指点朗读。
>
> 3. 全班交流。
>
> 小小提示：一个词语、一个标点……都可能在给你暗示哟！（圈圈、画画）

教学中，让学生在充分自主的基础上进行组内学习，再在全班展示学习成果的基础上有重点地引领，让学生走进字里行间，玩味寓言言语的智慧，揣摩一词一句一标点的效果。本课的三则寓言，言语表达效果可圈可点：《狐狸和葡萄》中狐狸的言不由衷、自欺欺人充溢在“成熟”“馋得直流口

水”“想尽了各种办法”“够葡萄”“只好转身离开”“边走边回过头来”等词句之中；《牧童和狼》中牧童两处“大叫”情感迥异，让三位学生对比读，其余学生对比点评，再作奖励性的朗读展示与欣赏式的评点，让所有学生体会到了牧童由声音到表情再到内心的变化；《蝉和狐狸》中狐狸的动听谎言在自己的行动中一览无遗，单单就是那几句话语的表述也是肉麻无比、虚伪至极的。让学生通过朗读关注句中的四个“您”字，体会到狐狸一贯的表达习惯——极度献媚。扣住言语特点揣悟自我相悖的寓言逻辑，旨在让学生掌握寓言的阅读技巧。

在教学中，除了强化学生对寓言言语特点、词句情感的体会与欣赏，还注意了学生的言语实践。课堂上，以“有位爱好写作的孩子嫌文中暗示得还不够具体，他补充了很多词句，我们来猜猜他会作怎样的补充”为话头，让学生自由练说：“葡萄架上，垂下几串成熟的葡萄。（　　）他想尽了各种办法去够葡萄，（　　）……但是白费劲。”很符合学生当时的学习兴致与言语基础，不少学生练说精彩。就在学生练说兴致盎然之际，再次出示原文，让学生体会到了原文的“干瘪无味”（学生语），在此基础上又让学生小组讨论“伊索为何没有这样叙说”这一难点问题，结果各组探究得颇为深刻——“伊索寓言追求语言精炼”“伊索寓言追求的是小故事大道理，所以不能太罗嗦”“当时伊索寓言是口头流传的，描写太具体讲起来不方便”“寓言没有必要慢慢兜圈，只要让人听懂故事，明白道理就行”。此教学环节的设计旨在一箭双雕：一方面让学生在进行言语练习的基础上突出感受《伊索寓言》追求语言精练之特点。另一方面，以“‘一天，曾经被狐狸骗过的乌鸦与蝉相遇，他们彼此知道了对方的故事后……’他们会说些什么”为话题进行同座角色练说，让学生在不知不觉中进入寓言情境，练说很有创造力，“口中言”与“心中意”相辅相成，相得益彰。

三、立足文化视角：悟寓意——实现个性表达

寓言原本大多为一种口耳相授式的文化现象，是传统文化中一笔不小的财富，借此对学生进行美德教育也无可厚非，关键是我们该以何种姿态和方式来继承这些文化，该如何树立起一种正确的阅读思维。《伊索寓言》大多取材于动物世界，故事情节简单易记，但常常蕴含深刻的哲理，给人以生活中触类旁通的训导。

教学设计三

结合文本，表述感想 1. 选一则自己最有感想的寓言，在文末写下你内心的表述。 2. 全班交流。

教学中，通过例举学生熟悉的寓言《狼和小羊》多种版本的寓意表达，来丰富学生的感悟路径和表达方式。表述一："对恶人做任何正当的辩解都是无效的。"表述二："弱者再有合理的理由，也阻止不了强者对自己的不利行为。"这两者虽然都是谈对恶人的认识，但言语表述方式却不同；表述三："坏人是不会跟你讲道理的，要远离坏人。"这一表述是谈如何对待恶人的，领悟角度不同。这样阅读寓言就有了打破原有"现成道理"的阅读可能。当然，寓意能否体会深刻，表述能否富有个性，与一个人的生活经验和言语能力是分不开的。教学中，学生静思默想，思维花开，不乏神来之笔，充分体验到了多角度感悟寓意、多方式表达感悟的阅读快乐。

一篇生动的寓言就像一个奇妙的故事一样，保留在学生的记忆里，随着学生年龄和生活阅历的增长，他们会把获得的印象与现实生活联系起来，重新认识学过的寓言的教育意义并恰当表述，此环节的设计目的就在于此。课末，引用《伊索寓言》译者贾瑜凯的话——"《伊索寓言》之所以能有如此的生命力，就在于它能使不同年龄、不同民族的读者，在阅读到每一个浅显易懂的故事的同时，能获得不同的启发和智慧"，旨在进一步提升学生对寓言的寓意生长性的认识与寓意表达能力的提升。

"语文课程是学生学习运用祖国语言文字的课程。"（《语文课程标准》）不同文体，有不同的表达实践的角度与需要，寓言文体也不例外。本课教学设计从文体、文本、文化视角落点于语言实践，守住了"运用"，也就守住了语文教育的正道。

《六月二十七日望湖楼醉书》教学设计

【教材简析】

本诗描述了夏日西湖的一场急雨。从写景角度看，诗中写了云、雨、风、水；从动静方面看，先是乌云翻滚，再是大雨骤降，接着是疾风吹过，最后重归于平静。初读这首诗，感觉诗人是围绕眼前之景来写的。但是在研读苏轼的曲折人生后，又感觉诗人似乎不仅仅在写眼前之景，更是在表明他内心的一种排解与独白。这点尚不合儿童的年龄认知特点，可以留白，不需甚解。

【教学要求】

1. 正确、流利地朗读古诗，反复品悟，读出诗味。

2. 通过听说、想象、推敲、温故、文本链接等语文方式，丰富文本，感受诗境，提升语感。

3. 紧扣诗眼，引导学生理解诗人“醉于酒”到“醉于景”再到“心胸豁然开朗”的过程，从而领悟“真醉”意蕴，逐层叠加对诗人“醉书”的理解高度。

【课时安排】

一课时

【教学过程】

一、解诗题，初知大意

1. 出示诗题，读诗题。

2. 读出诗题中的信息。时、地、事（板书：醉于酒）

二、读诗句，感知内容

1. 自由读诗，争取能读通顺。

2. 跟在老师后面把“遮”字写好。

3. 这一天，诗人饱览西湖风景之后，乘着酒兴，在望湖楼上一连醉书五首同题诗，这是其中一首（板书：其一）尝试给本诗加题目。（自读——交流，相机评价）

三、扣诗眼，品悟字句

1. 深入到诗的字里行间，读出这场雨的特点。（生自读、圈注）

2. 交流这场雨的特点。

（自主品读——想象表述——指导朗读）

（1）“黑云翻墨未遮山，白雨跳珠乱入船。”

“翻”字（想象描述）；“未”（雨来得急）

“白雨”“跳珠”（雨大）；“乱”（雨急、雨大）

(2)“卷地风来忽吹散，望湖楼下水如天。”

“卷地风”（描述情景）；“忽”（雨去得急）

想象说话：“水如天”的景象。（配乐）

(3) 补充苏轼的词（出示）

水风清，晚霞明。一朵芙蕖（fú qú），开过尚盈盈。 ——苏轼《江城子　凤凰山下雨初晴》

自读交流：苏轼描绘出的美景

指导读词——诗词组合诵读

3. 再次理解诗人“醉”意。（板书：醉于景）

四、诵诗句，想象画面

1. 范读评议：老师是怎么读好这首诗的。

2. 构想诗句画面——概括画面——配乐吟诵。

五、晓背景，领悟诗境

1. 出示苏轼50岁再来杭州时的诗作：“还来一醉西湖雨，不见跳珠十五年。”

自读交流：苏轼想表达的内容

2. 诗人怎么写出这脍炙人口的诗句的？这眼前的自然景象又给了诗人怎样的感悟？长大以后，再来读读他的生平事迹，或者结合我们自己的人生历程，我们的感受会更深的！（齐背全诗）

【教学反思】

这堂课终于在专家指导和自我认识冲突整合中拍录成功了。课已结束，但我的思索仍在延续：

1. 关于诗眼：应以学生的阅读视角为起点

古诗教学，首先要解决的问题就是“诗眼”的确定。在对诗人创作的背景、意图及相关诗词深入的研读之后，我发现，这首诗从情感、内容两方面都可以找到诗眼——诗人的“醉”与西湖雨的“急”。两个“诗眼”，似乎不合常规。西湖雨的“急”其实也是诗人的“醉”意之一，终可以归并为一个诗眼——“醉”。但我以为，在教学中应该以学生的阅读视角为起点，遵循学生的认知经历，让学生在充分感知西湖雨的“急”之后再归并到“醉”，这样更便于学生对诗境的渐进品悟。课尾留白“诗人怎么写出这首脍炙人口的诗的”激起了学生继续走进诗人内心的欲望，将学生们的阅读视角引向了对诗人生平事迹的探究与将来自身阅历的体验！

2. 关于诗境：应以学生的自主感知为途径

让学生进行“淘宝式”感悟，实现学习的自主是我备课时的主要理念。“从哪儿读出这场雨的特点了?”一石激起千层浪，五分钟的静思、感悟、批注，学生们纷纷走进了自己眼中、耳中、脑中的那场西湖雨。围绕“跳珠”一词，有的学生似乎看见了一群雨娃娃欢快嬉戏的情景；有的学生想起了滂沱大雨、大雨如注等词语；有的学生似乎听见了“笃笃……笃笃笃……”雨珠跳动的声音；还有学生品味到了“白雨跳珠”与“黑云翻墨”之间的内在联系，体会到了作者用词之妙……这顿阅读盛宴是学生深入到诗的字里行间，自主“淘宝”而达到的教学效果。

3. 关于容量：应以课堂的语文活动量为基准

从教案设计之初，关于本堂课的容量就一直是个关键话题。有的老师推崇一首带几首的主题教学式，有的老师推崇一首带一首的组块教学式，而对本堂课只有一首诗的教学量很多老师颇有疑虑。何为容量？是指文本的长短吗？否也。是指篇次的多少吗？否也。在无数次的追问中，我厘清了概念，坚定认为：一节语文课堂的容量主要要看学生的语文活动是否足量。坦率地说，我在课堂中补充的苏轼词作《江城子　凤凰山下雨初晴》和诗句“还来一醉西湖雨，不见跳珠十五年”不是为了迎合容量的问题，而是在以词解诗、以诗点诗，把这些当作助推学生提升诗境体验的“催化剂”。且当一家之言，我以为，学生在课堂中一直处于语文活动状态之下，就不应该在容量问题上再作理论磨蹭了。

【点评】

本课例为一节古诗教学课，教者引导学生整体把握诗境，在充分诵读的基础上体悟诗人的思想感情，既重视古诗的朗读，更注重古诗的品读。课堂中充满智慧、充满灵性、充满韵味，令人回味无穷。

1. 关注学生，立足语文之法

本课教学流程简约，学生自主活动充分，语文味儿特浓。教者充分利用语文学科自身的特点和魅力，从学生角度出发，通过听说、想象、推敲、温故、文本链接等语文方式，丰富文本，感受诗境，提升语感。让学生从诗题中“读出信息”；让学生再拟诗题，学会从整体上把握古诗所写内容及基本意境。“从哪儿读出这场雨的特点了”统领课堂中的学生自读自悟主环节，给足了学生独立思考、发挥想象、自由表达的时空。

2. 丰富意象，想象古诗之景

教者紧紧扣住“这场雨的特点”，抓住“诗象”这一中介，引导学生在诵读与想象中理解诗意、感悟意象，使“白雨”“跳珠”“乱入船”“黑云翻墨”“忽吹散”“水如天”等这些平面的词眼儿通过学生的想象生成为一幅幅鲜活的画面。学生投身其中，感诗人所感，醉诗人所醉，于是，诗句背后的情味和意蕴在“象”的召唤和引领下喷涌而出，一泻千里。

3. 引领诵读，感受音律之美

教者的朗读指导不只从技巧上着眼末叶，而是让学生从理解诗的内容和体会感情入手，自主品读。在学生读出诗的节奏、品悟出诗情的基础上，教者进行了整首诗的诵读示范，引导学生感受读诗的技巧，潜移默化地让学生感悟到读古诗要讲究音律美，还要根据字词的具体意思采取节奏重轻的变化。

4. 链接文本，凸显拓展之妙

教者避开古诗教学中整诗拓展的惯有做法，而是进行了有机无痕的相容性拓展——以词解诗、以诗点诗。在感悟“水如天”这一西湖雨后初晴的美景时，引入苏轼的词《江城子　凤凰山下雨初晴》，创设出一种画外有画、言外有意的意境，并将词置于诗后让男女生连读，从而使学生与诗人产生共鸣，共醉于景。学完诗，教者呈现诗句“还来一醉西湖雨，不见跳珠十五年”，学生再次深切感受诗人对那场雨的怀念之情，可见诗人的爱之切，醉之深。

5. 锁定诗眼，领悟诗韵之远

教者对诗眼的理解很独特，情感线上抓住诗人的“醉”字，内容线上则抓住雨的“急”字。两个“诗眼”，似乎不合常规，而恰恰是在这两个字眼的交织中，让学生更深刻地领悟到了自然之景与心中之景的交相辉映。面对这场令他陶醉的雨景，“诗人怎么写出这首脍炙人口的诗的”这随机一疑，激起学生继续走进诗人内心世界的欲望，这是课的结束曲，又是走近诗人的开篇序曲。这样的探究能让学生随着自身阅历的丰富而对本诗“记忆”永久。源远流长的诗韵早已溢出了课堂的时空局限！

（如皋市教研室副主任、小语教研员　刘国庆）

《鞋匠的儿子》教学设计

【教学分析】

苏教版国标本第十一册《鞋匠的儿子》一文，主要写了美国总统林肯刚上任，在第一次参议院演讲时，遭到参议员们的恶意羞辱，但林肯总统用坦诚的演讲化解了参议员的恶意羞辱；充分显现了林肯总统难能可贵的宽容、睿智、平等的人格魅力。因文本内容离学生已知时空甚远，林肯总统在种族歧视时代背景下持守“人人平等”思想的文本主题需着重体会。这是一篇经典的阅读教材，教学内容丰富，可涉及伟人魅力、演说情景、表达方式、文理脉络、叙述空白，等等。

【教学目标】

1. 体味文字。品读林肯的演说词，感悟林肯伟大的人格。

2. 真情表达。体验角色，情境演说；书写赞叹林肯的话语。

【教学过程】

一、走近林肯

1. 初读课题。

2. 概括事例。

二、品味演讲

（一）研究人物，开展“活动一”

活动一：品读人物 1. 自由朗读林肯在参议院的演说，体会林肯是个怎样的人，在书旁写上恰当的词语。 2. 组内交流。 ①交流感受，将相关词语写在小黑板上。 ②选定组内研读的一个词语（用浪线标出），再结合演说内容品品、读读。 ③确定展示方式（如：谈感受、多形式朗读等），准备展示。 3. 各组展示。

小组展示：

1. 快速浏览一下各组展示的词语。

2. 各组展示。

感受演讲艺术　三个“永远”

感受“平等”“如果你的鞋子不合脚……”“对参议院里的任何人都一样……”

3. 整体朗读。

（二）体验角色，开展“活动二”

活动二：体验角色
1. 组内推选林肯、参议员角色。
2. 尝试演说，组内点评。（注意演说时的语气、神情、手势……）
3. 全班展示。

展示：（大家配合展示1组）

1. 推荐展示。（建议——情境营造）

2. 情境表演。

3. 采访参议员。

三、体味功绩

活动三：了解功绩
1. 浏览第6自然段，结合课外资料，品读林肯的两句演说词。
2. 谈谈自己的感受，并读好两句演说词。

展示：（出示）“一个裂开……塌下去”，“我所希望……整体”。（指说——指导读）

四、抒怀林肯

1. 检测反馈：在书中插图旁写上一两句话来赞赞林肯。（练写——品读——评价）

2. 补充画外音：美国现任总统奥巴马在林肯诞辰200周年纪念大会上的赞扬：（课件）

3. 再读课题。

【点评】

把握学科本质　焕发课堂活力

——评姜树华老师执教的苏教版第十一册《鞋匠的儿子》

在月白枫红、微寒侵衣的初冬，江苏省教育学会与南通市教育局在南通北翼新城联合举行第五届“名师之路”大型教育科研活动，展示名师风采，诠释新课堂理念的执行力与操作路径，这对一线老师具有很重要的引领价值。

我不由想起之前在南京举行的、由全国小学语文教学学术交流中心主办的“二十年回眸——记忆中的精彩课堂”教学观摩活动。那次的活动很特别，请来的都是全国的特级教师和青年教学大赛的大奖获得者们。课前，播放当年他们大赛时的录像，20年后的今天，他们再次执教当年的课文，共同回顾小学语文走过的这20年。然后将这20年前后的课堂进行对比，分别说说改变的是什么，不变的是什么。大家都有一个共同的感觉，变化的是由重教师的教，讲究精致、精美，行云流水，严谨有序，转变到重学生的学，讲究自学、自悟，以学定教，以生为本；不变的依旧是那语文味儿。今天姜树华老师的课在很多方面就体现了小学语文的学科本质。

1. 潜心会文，感悟语言文字

语文课教什么？这一问题看似简单，却弯路重重。过去过分强调教思想、教情感，可谓“得意而忘言”，其实语文就要学语习文。姜老师在教学中，紧紧抓住林肯的演讲词进行研读和感悟，着力引导学生感受语言文字所蕴含的情感。

在教学3～5自然段时，教者让学生自由地朗读、默默地品悟、圈画、批注，这是学生与文本之间对话的过程。“不动笔墨不读书”，对小学高年级的学生来说，课堂上的沉思默想尤为重要。姜老师给学生留下了充分阅读、思考、体悟的时间。

在教学第一段演说词时，引导学生扣住三个“永远”，跟进式地比较朗读，体会三个“永远”的含义。有人说，课堂上最美的声音是学生自己说自己的思想。教学中姜老师没有停留在内容理解的层面，而是继续引导学生从演说的角度去品味三个“永远”，感受语言文字的精妙、词句运用的精妙，为学生后面的表演作了很好的铺垫；品读“忠告”一词，牵动多处文本，引导学生体会那位参议员的傲慢与嘲弄、当时社会扭曲的人性，感受林肯的宽容、机智、大局意识、平等观念等令人钦佩的人格魅力。对第二段演说词中“艺术”一词的品读，教者巧用通感手法，引导学生明白父亲不仅传授了林肯做鞋的技术，更是教给了林肯做事的道理与做人的“艺术”，于不惊处现波澜，凸显出林肯对父亲的崇敬与林肯的职业平等观、事业成就观等。学生对文章这些关键词句的深度品读，加深了他们对课文内涵的领悟，达成了

《语文课程标准》中要求的“体会课文中关键的词句、重点段落在表情达意方面的作用”这一目标。正如叶圣陶先生所强调的“甚解岂难致？潜心会本文”“一字未宜忽，语语悟其神”。

培养学生的朗读能力是小学语文课的一大任务。姜老师不仅注重学生品词析句，更着重引导学生通过朗读在文本中进进出出，读的形式多样，读的落脚点也不同，但每一次朗读都有每一次朗读的功效。学生读出了参议员内心的先后变化，读出了林肯对父亲由衷的崇敬，读出了演讲艺术表达的技巧，受到了情感的熏陶，获得了思想的启迪。

2. 角色体验，形成心灵共振

注重场景渲染，进行角色体验是本课的一个亮点。王荣生教授在谈到一堂成功的课的要诀时这样说：“语文教学，一是引导学生体验被课文唤起的情感；二是指导学生将所体验到的情感表现为‘抒情的句子’。”姜老师在课堂上很重视学生对文本语言的真实体验。

姜老师在学生学完三段演说内容后，创设参议院议会大厅的演说情境，并随机请两名学生分别扮演林肯和傲慢的参议员，其余同学当众参议员。值得称道的不是表演这一形式，而是学生表演的原生态，学生在自我体验、自我评价中发展。当“林肯”演讲结束后，让“众参议员”现场独白，当然也包括那位傲慢的“参议员”，大家畅所欲言——有的表达懊悔：自己羞辱林肯，林肯却宽容待人；有的表示折服：林肯真是一个宽容大度的人呀！有的表示诚服，拥护总统！学生感悟文本的能力和语言表达的能力得到提升。这相对于不少课堂中预设的成熟的表演来说，在观念上是一大进步，它不是教学过程的修饰，而是学生在教师引导下的体验所进行的一种建构性的实践活动，它真正使学习主体化、活动化。二次表演时，同样的场景，同样的背景音乐，同样的角色，学生的语言绘声绘色、表演惟妙惟肖，因为他们很好的感悟了此情此境，走进了人物的内心，形成了心灵共振。在情境表演中，一个宽容、刚毅、谦逊、倡导平等的林肯形象也因此熠熠生辉，深深镌刻在学生心中。语文的文化熏染力量在此得到升华。

3. 链接资源，升华儿童情感

“广度决定深度”，这节课，姜老师充分引导学生挖掘教学资源，在学生感受文本主题和言语魅力的基础上，推开语文课这扇窗，通过拓展阅读开阔学生的视野，并进行相关的语文实践，提升学生对人物、主题的认知，升华学生的情感。

因为林肯距离学生的生活比较遥远，对林肯的身世、阅历、对美国的贡献等情况了解甚少。预习时，教师引导学生自学社会书中关于林肯的章节，通过上网等路径了解林肯；课堂上，教者引导学生对文本加以链接延伸，多角度、多层面、多元化地解读林肯：林肯还是一位出色的演讲家、有关“南北战争”的背景、奴隶们非人的生活、对美国43位总统的民意调查、奥巴马在林肯雕像前的演说等，将林肯置于等级歧视的时代社会中去看，从而使得林肯这一人物形象在学生心目中更加丰满。学生由林肯的“一场演讲”体会他的“崇高人格”，由林肯的“历史功绩”体味他的“伟大人生”；由一个议员的羞辱感受一个时代的悲哀，由一段野蛮的历史感受整个社会的人性扭曲，平等观念得以升华。

语文的“产出”与“吸纳”，即阅读后的表达与理解，是语文教学的“呼”与“吸”。在拓展延伸相关资料后，教者引导学生写一两句赞叹林肯的话。这一环节的成功不仅仅在于教者运用了书面表达的手段，更在于教者能要求学生赞叹之语句句有实，言之有理，而这一言语实践，不仅仅是运用语言、活化语言，更是整堂课的价值归宿。

（江苏省首届名教师、省特级教师、南通市名师导师团导师　许友兰）

《窃读记》教学设计

【学习目标】

1. 通读课文，学会概括课文内容，恰当表述文题。

2. 品读词句，感受窃读的复杂滋味，体会动作、心理描写，并能有感情朗读。

3. 情节猜写，走进原文片段，产生阅读原文的兴趣。

【教学课时】

第一课时

【活动方案】

一、初读课文，感知窃读滋味

1. 简介作者。

2. 让我们走进课文，先看“活动一”：

> 活动一：
> 1. 大声朗读课文，读准下列词语。(不会读的词，组内请教)
> 屋檐　贪婪　惧怕　唾沫　腋下　支撑
> 踮起脚尖　皱起眉头　饥肠辘辘
> 2. 小组讨论，试着给本文拟个恰当的题目。(写在黑色硬纸上)
> 3. 全班交流，对各组拟定的文题发表看法。

3. 交流课题。

4. 文中有一句话直接道出作者窃读时的滋味，画出来读读。

二、学习1～4自然段，亲历窃读过程

1. 出示“活动二”：

> 活动二：
> 1. 自由读读1～4自然段，体会作者窃读的复杂滋味。(画画、品品、读读)
> 2. 在组内读读所画的句子，并说说感受。
> 3. 全班交流，读读、说说感受深的语句。

2. 重点交流：

“啊!”的惊奇（指导朗读）

“跨、踮、钻、挤”体会动作描写（指导朗读）

体会读书的“贪婪”

3. 回读作者窃读的过程。(师生对读)

三、学习5～7自然段，概述更多窃读情景

1. 多么执着的小林海音啊，让我们走进更多的窃读情景去感受感受。

> 活动三：
> 1. 默读5～7自然段，概述更多窃读情景。
> 当她感到当时的环境已不适宜再读下去的时候，她会__________；为了隐藏自己的时候，她会__________；在最令她开心的下雨天的时候，她会__________。
> 2. 同座间互相练着说说，准备向全班展示。

2. 同座练说——概述三个场景。

3. 小林海音为何如此费尽周折地隐藏自己呢？出示《窃读记》原文中的

一段话。

四、情节猜写，走进原文

情节猜写： “……但在这次屈辱之后，我的小心灵的确受了创伤……” 1. 认真读读这段原文，猜猜作者遭遇到一回怎样的屈辱呢。 2. 情节猜写：那次，______________________________

1. 交流猜写内容。

2. 出示原文中的情节片段。

3. 总结提升。下课。

【点评】

构建“学的课堂”　教师主动“让学”

——评姜树华老师执教的《窃读记》

在一个草长莺飞、姹紫嫣红的季节，我们随南通教育代表团到四川广汉一所新型的、有着特殊意义的学校支教。当时的姜树华老师是新评的特级教师，而他所执教的这篇《窃读记》，不仅洋溢着浓郁语文味，工具性与人文性交辉，而且还有一个明显的特点：“构建‘学的课堂’，引领学生独立行走”。这主要体现在以下三个方面。

1. 借助“活动单”，迈开“让学”之步

“教学之本质在于‘学’”是一哲学命题，而学的核心是“自主”。课堂中教师的着力点应在于心甘情愿、想方设法地“让学”，让学生自主地学；教师的“教”为学生更好地自主“学”而服务。姜树华老师来自“长寿之乡”江苏如皋，教学采用的是如皋典型的“活动单导学”模式。《人民教育》《江苏教育》等教育主流报刊近几年来都用较长的篇幅介绍了如皋“活动单导学”教学模式。“活动单导学”教学模式的外显特点是将教学过程设计成“三活动＋一检测”，将要学习的内容分层设计成一个个的活动，每一个活动中有三个基本相似的环节：自主、合作、展示，即个体独立自主学习、组内合作互助、组际补充完善。

姜老师这次设计的是“三个活动＋一个猜写”的教学板块，“猜写”是“活动单”模式中“检测反馈”的变式。在课堂上，“教师式学生”和“学生式教师”构成一个和谐的“学习共同体”，教师最大限度地给予学生亲历学习的时空，充分调动学生的学习积极性，发掘学生的学习潜能。“自主学习”时，学生静心读写、潜心会文；“小组交流”时，学生紧扣难点、各抒己见；

"成果展示"时，学生求同存异、补充提升。值得一提的是姜老师的"活动教学"没有止于"体动"，而是指向"心动"，学生在充分自主学习活动的基础上围绕难点组内或商讨、或研读、或质疑、或补充；"板块教学"没有落入"割裂"，而是精于"递进"，教学随着流程渐次推进，移步换景，走向深入。本堂课几乎所有的目标达成都源于学生自读、自悟、自赏，教师不断助推、引领、提升。

这是一节体现"活动单"核心理念的课堂，教师"让学"退位，学生主体位置得到真正的凸显。在这节课上，我们很少听到教师精彩的讲说，听到的是学生激情的畅谈；很少看到教师演讲时的娴熟技巧，也不多见"师问生答"的热闹，看到的是学生的自问自答，打破了班级授课制长期以来在课堂上对学生的灌输与束缚。"热"而不"浮"，"动"而不"乱"，学生学得主动、学得入境、悟得深刻、读得入情，学生的个性得以张扬，充分展现了"活动单导学"教学模式的魅力。

2. 立足文本，践行"让学"之实

缺乏语文知识支撑的教学目标是不能发挥语文教学功效的。姜老师在教学中，着力凸显文本的语文核心价值，力求把课真正上成语文课。教学中，围绕课文中生词的读写、主要内容的提炼、细腻文笔的揣摩、情节过程的概述、结合语境对文中词语的体会、用笔尖对作者遭遇的体验、把学生视线向原文转移等内容无一不是语文之核心要素。教学时教师巧妙地将文题隐去，让学生们通读课文后再拟文题，这一环节极大地调动了学生的兴趣，激活了学生的思维，看今天课堂上各组学生思想的交汇："'偷偷读书的快乐'题中'偷偷'一词不如作者文题中'窃'字来得精炼。""我认为'窃读'只是一个现象，没能反映作者小时候窃读这一过程，加上'记'更恰当!""'窃读的滋味'不能概括课文中多个窃读的场景。"……学生在自主的比较鉴赏中，把握了课文的主要内容，厘清了文路。"窃读记"的"记"透视了文体特征，叙述了事情的经过，暗合了作品的体裁之"道"。

更可贵的是，姜老师在教学中不仅落实了语文的普遍性，还较明晰地展现了他的"言意共生"的语文教学主张。文本虽没有什么大起大落的情节冲突，但作者的内心却因"窃读"而波澜起伏。姜老师引导学生从平白的词句中揣摩作者的心理，从细腻的动作中揣测人物的情感变化。在体会"跨——踮——钻——挤"等动作的准确时，引导学生评价表演，从生活的原点来体会作者用词的准确。传神的表演、情景的体验、场景中的朗读指导，不仅突破了“让学生明白人物动作与内心的链接通道”这一教学难点，更让学生体会到了作者遣词造句的准确、鲜明、生动。此外，“啊！它在这里”“像一匹饿狼”“贪婪”“边走边想”等词句的揣摩，让学生入情入境地体味出作者与书相逢的惊喜、急切找书的投入、“久旱逢甘霖”、如饥似渴、无我窃读的快乐。课中练笔是姜老师一以贯之的语文教学做法。他巧妙结合原文，让学生在拓展的情节中练写，打开学生思维，活用文本语言，与作者同脉跳动。片段猜写中，学生们笔下“老板的吼骂”“对作者家境贫穷的讥讽”……包括心理描写，虽与作者表达水准有差距，但片段构思却与作者有异曲同工之妙。在学生进行练写之后，姜老师又巧妙引用原文语段有效提升学生的练写能力，充分增进学生对作者的遭遇体验，大大激起学生阅读原文的冲动。

3. 适时引领，凸显“让学”之智

“活动单导学”教学模式把课堂的空间最大限度地给了学生，教师则需要最大限度地“隐身”——智慧地存在，姜老师在努力地践行这一点。

首先，学生活动时的有效参与。姜老师在学生小组活动时，深入每一小组，投入地倾听，有效地串联，以小组一员的身份参与和提醒，助推学生学力的增长。

其次，学生品读时的有效引领。姜老师语言清新、儒雅，与林海音的文本语言和谐融合。在教学过程中，姜老师家常谈话式的“伙伴语言”颇富吸引力，他引领着学生在不知不觉中关注了词语读写，把握了文本内容，走进了文本情境；关注学生语言现象，让学生学“语”习“文”；引导学生在欣赏、品悟课文语言的基础上，揣摩作者表达动作的准确性，体会作者心理描写的细腻传神……这些都充分体现了中年级阶段语文的目标要点，“不缺位也不越位”。

再次，学生展示时的有效提升。姜老师在体会四个动作表达时的强化，在体会“贪婪”一词时的补充，都不露痕迹地给学生腾出了更大时空，更加实效地提升了学生的品词能力与语感能力；在学生片段练写之后，对部分学生进行了范例点评，为了全体学生写作能力有所提升，引入原文，以示范例，加上背景音乐与教师的配读，这一切不仅深深地打动了学生的内心、丰实了学生的书面语库，更是对学生书面语言的规约与提升。这种“代言”的设计有效而且智慧。

（江苏省首届名教师、省特级教师、南通市名师导师团导师　许友兰）

《水》教学设计

【学习目标】

1. 品读“洗澡”“冲凉”画面，在字里行间感受并学习作者精妙的表现手法。

2. 揣悟文本，读懂“苦”中见“乐”，感悟作者乐观的生活态度。

【教学过程】

一、回顾文章脉络，感受文路之精巧

1. 三幅画面

作者用回忆的口吻描述了三个画面——（挑水、洗澡、冲凉）

2. 三个角度

如果说挑水图只因那“一担水”（板书：一担水）的话，那么洗澡图、冲凉图呢？（板书：一场雨　一勺水）

3. 三种感受

如果说，那一担水传达的是缺水的“艰苦”的话（板书：苦），那么，那一场雨、一勺水呢？集中一个意思指向一个字。（板书：乐　乐）

小结：文章就这样“构造”起来了。

二、精读“洗澡”“冲凉”画面，体会表达之精妙

（一）走进“一场雨”

> 走进“一场雨”，感受“洗澡”之乐
>
> 1. 大声读读第 2 自然段，品读人们雨中洗澡的快乐。
>
> 2. 组内读读相关语句，补充感受，指点朗读。
>
> 3. 小组汇报。
>
> 一个字、一个词、一句话……都可能传达着人们的痛快！（画画、圈圈、读读）

师：就让我们先走进那场令人痛快的雨。谁来读——

展示交流：

1. 感受孩子们的痛快。

光溜溜　大呼小叫　仰起头　张大嘴巴　吃来自天空中的水（充分体验，指导朗读）

2. 想象大人们的场面。

> 情景练写
>
> 然后大人们也加入到了洗澡的行列里来，也在雨中________________________________……

生写——指读（师生点评）

思考：可作者为什么就偷了这个“懒”呢？（理解作者用词“只是”及详略等写法）

3. 整体朗读。

回顾读这段话，用总分的朗读方式。

（二）走进“一勺水”

只是一场雨就给村里人带来这么多快乐！但这样美好的日子实在太少，更多的是干燥和炎热，更多时候是我们盼望母亲打开水窖那一刻的到来，那一勺水实在太有诱惑了！

> 走进“一勺水”，感受“冲凉”之乐
>
> 1. 默读第5自然段，区区“一勺水”却让四兄弟无比快乐，看看作者是怎样表达的。
>
> 2. 朗读，并说说最欣赏的词句。
>
> 自学提示：重点留意作者出人意料地用的一些词！

1. 自主学习。

师行间巡视，提示。

2. 交流展示：

①“滑过了……滑过了……滑过了……”（快乐原来可以放慢脚步）练读——请生读——生评

②“倾注而下”“一条小溪流”（快乐原来可以如此放大）

③“我听得到……我感觉得到……”（快乐流进了内心）

④“润湿”与“湿润”（一点一点的，很充分的）

3. 整体朗读。

生练——指读（配乐）

三、回读“洗澡”“冲凉”画面，品味饿水之乐观

1. 绵绵的苦。

难怪母亲会笑着对我们说——（齐读）“你们真的饿坏了。”

再次浏览课文，一定能找出很多写“饿”的句子，同座选一句作为开头，练着说说。

（出示）村里人真的“饿”坏了，____________________。

我们真的“饿”坏了，____________________。

“我”真的“饿”坏了，____________________。

（生浏览准备——全班交流）

2. 以乐衬苦。

看得出，全文都在反映着“苦”，可作者却偏偏花这么多篇幅写“快乐”。小组讨论。（讨论——指说）

3. 痛苦风度。

（出示：“每一个时代的人都有每一个时代的痛苦，少年时，就有一种对痛苦的风度，长大后才可能是一个强者。——曹文轩”）（听，齐读）

（结合板书）面对艰苦，快乐生活。不要忘了那——（一担水）（一场雨）（一勺水），永远不要忘了带给我们生活风度的课文——（《水》）。

下课。

【教学反思】

坐实“言语运用”　实现“言意共生”

——例谈《水》（苏教版第十册）的教学与思考

透过言语现象把握言语表达的规律与艺术，恰当取舍教学内容是语文教师专业素质的首要体现，也是坐实“学习语言文字运用”（《语文课程标准》要求）的实现之道，更是语文教学的魅力所在。《水》相关解读甚多，较为共识的是作者马朝虎以回忆的口吻“叙述”儿时缺水的生活经历，细腻而生动地描述了“缺水”境遇中的独特感受，以“乐”衬“苦”，情感真挚。本教学设计尝试以“言语运用”为着眼点，直抵文本的“言语秘密”，领会并学习作者细腻的语言表达方式；以对水的极度渴望和有水后的痛快感受为再起点，形成面对艰苦乐观生活的人生顿悟。以此获得言语智慧的滋养，实现“言意共生”。教学及思考如下：

1. 在斟字酌词中明晰文路之精巧

“在阅读中揣摩文章的表达顺序，体会作者的思想感情，初步领悟文章基本的表达方法”是第三学段阅读教学的目标之一。教学中，用概括画面、具化意象的言语方式，让学生明白文章的基本构架；用斟字酌词的方式，让学生明白文路的内在精巧。

（1）概括画面。教学中，首先让学生回顾第一课时作者给我们呈现的三幅画面：挑水图、洗澡图、冲凉图。在此基础上尝试着让学生用较精炼的词概括出三个画面的具体指向——“一担水”“一场雨”“一勺水”。继而，在学生有了精炼概括的感觉基础上更进一层，“如果说，那一担水传达的是没水的‘艰辛’的话，那么那一场雨传达的则是——（痛快、满足）”“一勺水呢？——（舒服、舒爽、幸福）”，让学生继续沉浸在斟字酌词的言语情境之中。看似无意，实则有心。学生经历了一个有效学习、斟字酌词、概括句段的过程，既学习了语言运用方法，又能在此过程中加深对作者笔下三幅画面的理解，在实现“学习语言文字运用”的过程中“生言”又“生意”的同时，又加深了对文章内容和情感的深入理解、体验和感悟。

（2）具化意象。历经斟字酌词的“言语痛苦”到“言语快乐”过程之后，让学生齐读三个短语“一担水”“一场雨”“一勺水”，感受三个短语的工整与顺口，欣赏短语“形之美”“读之畅”。三个画面，三个意象，看似是对画面指向的明晰，实质是将学生的目光引向了意象层面。在意象确立的基础上，再让学生透视意象的“神”，即“苦”“乐”“乐”，为本课教学定下基调，也为课末“苦”“乐”之辩预设伏笔。以言立象，以象传神，文路的内容线与情感线一一展开，点点明悟。

2. 在言语试水中揣悟表达之精妙

引导学生“学习语言文字运用”，首先应引领学生通过阅读理解，领悟和挖掘出语言表达的方法，然后进行方法迁移运用，从而逐步学会表达（口头和书面）。“辨别词语的感情色彩，体会其表达效果”也是第三学段的阅读要求。教学中，用“品词析句”“情景练写”等言语试水的方式，让学生体会文本表达的精妙，并尝试运用，有效地提升了学生的言语运用的能力。

（1）揣摩言语意图。读者可以通过比较、对照的方法去体会言语的表达效果，感受语言的情感。

（2）品词析句。语言有温度，字词知冷暖。任何一篇精美文章人文情感的流露，都是借助一定的语言形式来展现的。教学中，为了体会雨中洗澡的痛快，聚焦到“光溜溜”“奔跑跳跃”“大呼小叫”“张大嘴巴”“吃来自天空的水”等词句，感受出孩子们兴奋至极的状态。“冲凉图”中的

“从头顶倾注而下的水滑过了我们的脸，像一条小溪流，顺着脖子缓缓地滑过了我们的胸和背，然后又滑过了我们的大腿和膝盖”这句话特别抓人眼球，让学生感受“滑过了……滑过了……滑过了……”慢镜头般的享受，作者旨在让快乐的脚步慢些；“倾注而下”“一条小溪流”等夸张说法旨在让快乐的感受放大……原来，平常词不同寻常地呈现便有了不同寻常的感觉效果，艰苦生活环境中的“乐”只要用心就能感觉得到。抓住夸张而细腻的写法，抓住三处“滑过了”这一变式句，语言形式和文本意图也就获得双赢了。“润湿”与“湿润”之别，落点于“润”，那种极度缺水生活环境下的艰辛写满了一个“润”字。高超、负责任的作者总是这样惜墨如金，正所谓“言有尽而意无穷”。

（3）情景练写。学会创造性地使用语言，是学习语言运用的终极目标。教学中，用“补空法”巧妙地理解了作者笔下“然后大人们也加入到了洗澡的行列里来，只是他们远没有我们这样的无遮无挡”这句中“只是”这个平白而有内涵的词。教者抓住“雨中大人们洗澡”的场景，让学生闭上眼睛，调动所有的感官来感受（播音效：轻音乐、雨声、欢笑声），师旁白提示：“终于迎来一场久旱难逢的雨！先是孩子们冲进雨帘，噢，大人们加入到了洗澡的行列里来，也在雨中____________________……”作者细腻生动的言语风格与学生平日的言语积淀为学生描写“雨中洗澡”场面提供了思维的机会和补充的余地。在这样的“言语试水”中，学生的文笔会越来越接近作者，表达的情感会越来越融入文本。设计效果还不仅于此，教学中，让学生补空写出大人们雨中快乐的情形，在实现言语运用的基础上，话锋一转，“作者为什么偷这个‘懒’？”学生再读原文，明白“只是”一词的言外之意，顿悟作者“略同突异”“详略有别”等写作技法。

3. 在揣摩整合中推升立意之高度

对于《水》这篇散文体小说，让学生在文中人物“苦”与“乐”的相衬中而止步显然是欠缺高度的。教学中，不妨从各个句段中体会出作品“意”的多维，在体会作者表现手法的精妙中领悟写作用意，启迪学生对文中人物生活态度的探索，其实也是对自己生活态度的再思索。

（1）揣摩语句关系。理清句与句之间的关系，不单单是为了落实第三学段“了解文章的表达顺序”的要求，更重要的是要正确理解作者所要表达的目的。教学中，教者出示了“也只有在下雨的日子里，大家才可以痛痛快快地洗上一回澡。先是像我们这样的孩子……然后大人们也加入了……男人们穿着短裤，女人们穿着长衣长裤”。当对第 2 句孩子们雨中的快乐与第 3 句大人们的穿着感受之后，又对三句话的朗读做了一些处理：第 1 句齐读，第 2 句一生读，第 3 句一生读。让学生揣度此举的目的，生顿悟第 1 句与 2、3 句之间的总分关系，总句中的“痛痛快快”一词格外醒目，奠定了这段的情感基调——“乐”。

(2) 整合全文信息。文本的“言”与“意”同构共生必须立足文本的整体意境去体会，否则只有精彩的点难以形成意境的面。只有站在整体的高度，才可做足“言意共生”的精彩。教学中，借助“‘饿’这个说法真的很少见，但在文中又处处能见”的提示，让学生再次浏览课文，找出相关的语句，选用这样的开头说说：

(出示) 村里人真的“饿”坏了，________________。

我们真的“饿”坏了，________________。

“我”真的“饿”坏了，________________。

学生借助这一语言形式，经过搜集、整理、提炼的语言组织过程，不仅整体把握了文中的主要内容，而且从“乐水”的句段中读出了“苦水”的感觉，继而对作者这一写法产生质疑。经过讨论，学生终于明白作者不仅仅是以“乐”衬“苦”，更多的则是在表明一种生活态度：生活虽苦，但却以苦为乐。可谓一举两得：既能在运用中逐步内化文质兼美的文本语言，又能在讨论中抵达“意”的高度。

凭借语言引领学生读出苦与乐，“乐”为主，“苦”为辅，揣度“艰辛”，是为了更好地凸显“乐观”。“一个人一生的行囊中，最重要的那一只也许装的就是童年的记忆，无论这种记忆是灰暗的，还是光明的，我们都背负了一生。”（苏童《河流的秘密》）对于一堂语文课来说，这个“童年的记忆”怎能不坐实“言语运用”，实现“言”与“意”双向新生；对于《水》这一篇课文来说，“童年的记忆”就是面对艰苦乐观生活，因为我们不能改变生活，但可以改变对生活的态度。

《假如没有灰尘》教学设计

【学习目标】

1. 练习默读，快速搜集文中的“假设”结果，读好“假设”语句。

2. 对比阅读，明白“事实＋假设”的说明方式。

3. 写法迁移，领会作者意图，感受灰尘的存在价值。

【教学过程】

一、练习默读，感知“假设”的结果

1. 揭示文题

2. 搜集“假设”结果（现场发课文；自主学习——组内交流）

> 默读全文，搜集“假设”结果
>
> 1. 默读课文两分钟，快速搜集文中的假设——“假如没有灰尘”的结果。
>
> （用“～～～”标出）
>
> 2. 组内交流各自快速搜集的方法与成果。
>
> 3. 全班汇报：组内学习的收获。

3. 班级汇报

强调快速搜集信息的方法。

4. 读好假设

（出示）“假如大气中没有灰尘……大自然将多么单调啊！”

①读出“假设”感觉　②读懂设问句　③读懂中心句

二、练习品读，揣摩“假设”的写法

1. 研读事实

文中 4～6 自然段除写了“假设”，还写了什么？以第 4 自然段为例学习。

（学习提示：自主读读第 4 自然段，品品：除了“假设”部分，还写了什么？）

2. 明白写法

（学习提示：组内讨论为何用“事实＋假设”的说明方法。）

（小组讨论——班级汇报——对比朗读）

3. 学习迁移

同座配合读5、6自然段中的“事实”与“假设”。（同座读）

4. 整体练说

尝试着用这样的句式练着说说。

> 尝试练说：
> “假如没有灰尘，________________”
> “假如没有灰尘，________________”
> ……

三、练习仿写，领悟“假设”的意图

1. 灰尘危害

搜集、朗读出文中描写灰尘危害的语句。

2. 拓展语段

（出示：“灰尘不但把新鲜空气弄脏……引起肺炎等传染病。”——高士其《灰尘的旅行》）

3. 练习仿写

> 尝试练写
> 用“事实＋假设”的说明方式，选择作家高士基《灰尘的旅行》片段中的一个内容，试着仿写。（注意书写工整，养成修改习惯）

（生写——汇报、展示、点评）

4. 体会作者意图

讨论作者在本文开头部分为什么没有进行“假设”式描写。（生自读——讨论——汇报）

5. 全课总结

（结合板书）所有的“假设”，都在强调着灰尘的“事实”。

【点评】

让说明文教学守望自己的家园

——评特级教师姜树华教学《假如没有灰尘》

怎样抓住说明文的独特个性，明确说明文在提高学生语文素养上的独特功用，瞄准说明文教学的准确定位，让说明文教学真正找到属于自己的家园？姜树华老师用课例《假如没有灰尘》（人教版第九册）进行了积极而深入的探索。

1. 鼓励速读，注重捕捉信息能力的培养

现代社会信息量大，知识层出不穷，要求社会成员具备快速、高效的阅读能力，学会搜集、处理、运用、传递信息。为此，《语文课程标准》在第三学段阅读教学目标中明确要求："默读有一定速度，默读一般读物每分钟不少于300字。学习浏览，扩大知识面，根据需要搜集信息。"姜老师认为，说明文教学对于培养学生上述素养优势明显，责无旁贷。因为就教学形态而言，说明文的教学属于"应用性阅读教学"，即"把文本当作'有用'的对象阅读，以解决问题、做出决策和得出结论"。

根据说明文层次清楚、结构明晰的特点，姜老师教学《假如没有灰尘》时，要求学生通过快速、准确、高效的阅读迅速抓住要点，在获取相关知识、发展思维的同时，提高阅读速度，提高捕捉信息的能力。《假如没有灰尘》全文660个字，姜老师现场发放教材，明确规定用两分钟的默读时间完成"假如没有灰尘"这一假设结果的搜集，目的就是要学生在没有事先接触教材的情况下通过有效速读搜集信息。

2. 引导品读，注重揣摩文本独特的表达方式

阅读教学不但要引导学生读懂课文的内容，注意文本写了什么，更应该通过对课文语言文字的品读，揣摩文本独特的表达方式和言语风格，研究文本是怎么写的、为什么要这样写，在对文本表达方式和言说风格的揣摩中实现言意共生，承担语文教学的"独当之任"。说明文教学也不例外。

相较于其他文体，说明文讲究内容的科学、语言的精准、结构的明晰，常常运用打比方、列数据、举例子、作比较等说明方法。在普遍适用的"这一类"说明特点基础上，每一篇说明文都有着区别于"他篇"的说明方法与特点，《假如没有灰尘》一文以"假设式的表达"最为特别。"假如没有灰尘"这一设问从课题开始反复出现了6次，"假如没有灰尘"的后果一一罗列，这种罗列让读者有些应接不暇，读起来让人越来越紧迫。当然，作者并没有单独进行假设，4～6自然段结构相似，都是先介绍灰尘的特点，然后再具体说明灰尘的作用，结尾都运用"假如没有灰尘"这样的句式，对灰尘的重要作用加以进一步强调和总结。"假设式的表达"在本文运用到了极致的地步，超越了文中如列数字、作比较等其他说明方式的功效。因为假设，把灰尘与人类的重要关系表述得不仅清楚明白，而且生动形象。

针对文本这一特点，姜老师引导学生通过朗读和对比品味揣摩。在学生搜集出所有“假设”结果的基础上，他要求学生琢磨着读出“假设”的感觉。读出设问句、中心句，自问自答，一人问、多人通过朗读回答，在不断朗读中，学生渐渐感觉到“假设”的不可思议的程度越来越深，灰尘与人类生息关联越来越大，“假如……将……”的句式也渐渐从句段中凸显出来，在“得意”的过程中，他们深入“得言”，渐进明白了全文架构与说明的顺序，明白了设问、总分等行文方式。

为了让学生明白本文特有的“假设”式描写的功效，在学生以为文本已经读懂弄透的时候，姜老师抛出一个问题，引导学生进一步揣摩，向思维和研读的深度进军：“既然前面已对灰尘有了这么清楚的事实描写，那为何还要加上最后的‘假设’呢?”在静思默想和小组热烈讨论之后，学生各抒己见：“正写反写结合更清楚”“对比着写更明白”“‘假设’是在‘事实’基础上的进一步强调，让人印象更加深刻”……应该说，学生对“事实＋假设”这种说明方式的领悟非常到位，他们不仅收获了“假设式”表达的“言”，也收获了作者这样所要实现的“意”，更收获了作者“事实＋真相”表达的“法”。

3. 指导仿写，注重通过言语实践迁移、深悟课文写法

语文课程是学习语言文字运用的综合性、实践性课程。说明文科学简洁、精准透彻，是学生学习、实践语言和感受言说风格不可或缺的文体。教学《假如没有灰尘》，在学生充分阅读 4～6 自然段后，姜老师让学生尝试练说“假如没有灰尘，______________________”，意在让学生通过言语组织实现对灰尘作用的进一步理解，在练说的“言”中实现对文本内容的“意”的掌握，实现整体的把握。教学中，姜老师还让学生搜集出作者描写灰尘危害的语句，接着出示作家高士其《灰尘的旅行》一文中对灰尘危害的直接描写，随后让学生尝试学着用本文的“事实＋假设”的方式，结合“灰尘危害”，试着改写。这一教学举措非常精妙，不仅点击了学生主动学习的兴奋点——作家的文字也可以换一种写法，调动了练习热情，而且读写衔接自然无痕，由读到写，顺利迁移。

教学至此，姜老师并不满足，他引导学生进一步向“意”的高度进发——领悟作者意图。课堂教学在学生们很满意自己的改写时突然转身：“既然本文作者很善于用假设笔法来写，可本文开头怎么没有假设着写呢?”课堂顿时进入激烈的组内讨论，于是才有了“人们对灰尘危害认识太深，所

以不需要假设”“作者想说的是灰尘的‘功劳’，不需强调危害”等深刻认识。此时，学生们也许会恍然大悟：说明方法的运用也是由作者意图决定的。相信这时学生对说明方法的理解已不单单是方法本身了。

4. 强调策略，注重学习方法的渗透

注重学习者的学习经历和学习经验，引导学生在学习中掌握学习方法，从而让学生学会学习，切实提高语文能力，这是《语文课程标准》设计“过程和方法”这一维度目标的用意所在。这一点谁都知道，但很难做到，很多时候，“学会学习”只是教师的“口头禅”，课堂教学中很少有落实的环节。姜老师对此却是真抓实干，在学生快速搜集文中“假如没有灰尘”的结果之后，他要求学生以小组为单位交流各自搜集的方法与成果，把阅读策略的掌握与知识的获得、结果的呈现有机结合，并提到同等重要的位置。学生搜集信息的方法多种多样，有快速浏览的，有专找假设结果的，有抓关键词和过渡句的，有紧扣课题的，姜老师都大力表扬、热情鼓励，让小组探讨、全班交流的环节成为学生通过合作学习解决阅读中的问题、实现搜集信息方法分享与完善的过程，真正做到了让学生在学习中获得策略，掌握方法，学会学习。

清醒的文体意识，高远的教学立意，准确的目标定位，扎实的教学举措，姜老师教学《假如没有灰尘》力求言意共生，凸显说明文的学科特征和教学功用，的确匠心独具，给人启发。

（江苏省如皋高等师范学校教授、初等教育研究所所长　胡海舟）

黄年忠

Xinshengdai Yuwen Mingshi

新生代语文名师核心教学主张

Hexin Jiaoxuezhuzhang

安定小学副校长，中学高级教师，“雉水名师许友兰工作室”首批培养对象，南通市学科带头人。曾获江苏省“红杉树”优秀园丁奖，如皋市首届十佳青年教师，数次开设省、南通、如皋市级公开课，多篇文章在《小学语文教师》《小学语文教学》《小学语文研究》《江苏教育研究》《小学教学研究》等刊物发表。

成长，我一直在努力着

——我的成长之路

我对自己说：既然选择了做一名小学教师，课堂就是我的生命，儿童就是我的寄托。

——题记

（一）

回望自己20多年的教师生涯，我敢肯定地说，我是一个忠实的教育工作者，而且我从没有停止过追逐自己的梦想。我曾经像一个朝圣者一样去模仿一个又一个特级教师，但每次总是一段热情之后归于虚无；我曾经像一只蜜蜂一样去阅读众多书籍，但总因为自己的各种借口而没有提升为自己的思想；我曾经在教学中进行过好多次实践，但总因为自己的惰性而没能将自己的实践与思考变成文字的积淀。还好，5年前，我非常幸运地成为许友兰工作室首批成员，才让这种茫然的、现在想想甚至有些可怕的追梦成为过去时。在这里，每次与导师许友兰的对话，对我来说，都是一种莫大的鞭策；每次完成导师的作业，对我来说，都是一种业务能力的提升；每次工作室活动，对我来说，都是一种成长的积淀。

原来，我也喜欢读书，然而读的都是一些散淡的、不着教育教学边际的书籍。因此，我对教学的思考也就没有多少深度，只能是写一些记述性的教学文章，而无法从理论的高度进行剖析、提升。进了工作室后，在专家的引领下，在师傅的要求下，我开始读一些系统的专业书籍。这几年，我先后读了苏霍姆林斯基的《给教师的建议》《关于人的思考》、布鲁姆的《教学论》、加涅的《教学设计原理》、朱光潜的《谈美书简》《诗论》、潘庆玉的《语文教育哲学导论》等教育教学专著，也阅读了不少儿童文学作品，特别是曹文轩的《青铜葵花》《根鸟》等作品，还有金波先生的《和树谈心》，以及一些名家的随笔散文。这些书籍，让我知道了教学之所以然，为自己的课堂教学找到了支撑；带我走进了真善美的儿童世界，找到了儿童的气息、文学的神采、文化的韵味。

进入工作室虽才几年，但我敢说我的收获超过了之前的十几年。至少在我的理想的设定方面，在此之前，我总想着能成为某某大师一样的人；而现在，我总想成为有自己独特教学风格的我自己。

（二）

师傅许友兰曾对我说过这样一句话："成功的秘诀就是与众不同。"要想拥有一片属于自己的教育天空，必须拥有属于自己的教育教学思想。

记得我参加江苏省小学语文课堂教学评比时，我执教的是《望月》。我的同行们纷纷帮助我，有的找来名师课堂实录，有的从网上下载了教案。我非常感谢他们的好意，但接过资料我却悄悄收存起来。师傅的那句"成功的秘诀就是与众不同"我一直铭记于心，我对自己说，一定要找到一条属于自己、适合自己的教学新思路。

到底该怎样做才能让自己的语文课与众不同、独具风采呢？

在与师傅讨论备课的一个午后，师傅突然兴奋地说道："年忠啊，古人云'吟哦讽诵而后得之'，像《望月》这样的美文，不妨将突破点放在读上，放声读，读得正确、流畅，沉浸其中，读出文章的味道来。"我心头为之一亮，对啊，这法那法，读透课文才能找到最好的教法。于是我静下心来，大声地朗读起课文。拿不准的字音就向《新华字典》请教，难读的语句反复揣摩、练读。不知读了多少遍，就连走路、吃饭、睡觉都要在心里一遍一遍地念着课文，几乎是进入了"不知是人之文、我之文也""文若出自我口，情若出自我心"的境地，我的整个心灵完全融入赵丽宏老师所描写的情境里了。那些抽象的文字在我心头"活"了起来，油然地化作月光下江面幽美神奇的夜景、小外甥和"我"赛诗的场面、奇特的月亮童话。

在反反复复的阅读中，我惊喜地发现，课文中四处地方所运用的省略号实在是"神来之笔"。细细品味这四处省略号，奇妙无穷：第一处省略号可以理解为作者无法一一描写出的月光下的景物，也可以理解为作者完全被江面的景色陶醉了，回味不已；第二处表现了中国诗歌文化的丰厚，似乎有着背不完的月亮诗句；第三处则刻画出小外甥善于幻想，仿佛心里蕴藏着说不完的童话故事；第四处本来可以用上一个句号，但作者用上省略号，给予读者无限的想象空间，令人情不自禁地伴随着那轮明月轻轻展开了幻想的翅膀。这四处省略号，就像一根无形的银线，将文章串联起来，每一处都是言已尽而意无穷啊！于是，一条教学的主线便如月亮一样清晰、明亮起来——扣住省略号，体验月之美，感受月之诗，走进月之境。

最终，这堂课得到了领导、专家的好评，在省级比赛中获得了一等奖，现在回想起来，记忆犹新。师傅的点拨，让我洗去了课堂表面的浮华，在备课的迷惘中找到前行的航向。是啊，一堂课要想与众不同、获得成功，首先要在备课上下功夫，而备课的关键就是读，通过读产生出属于自己的思想。思想成熟了，透亮了，与众不同的教学设计也就如期而至了。

（三）

我曾对自己说：既然自己选择了做一名教师，那么课堂就是我的生命，儿童就是我的寄托。我加入工作室以后，既认真做好了我分管的学校工作，又一直坚持在课堂一线。这几年来，我任教的班级语文成绩都很优异。让我更加欣喜的是，随着教学灵感的不断眷顾、教学思考的不断流淌，我的课堂教学艺术也得到了不断地提炼和提升，而我也更加深刻地体会到要上好一堂课相当不易。记得 2010 年 6 月份校长“活动单”赛课中，我执教的《爱如茉莉》一课在镇级选拔时获得了平均分 96 分。但上完课，我没有陶醉，而是细细回想、梳理，觉得还是有很多需要改进的地方，于是我不断向师傅和教研室的刘国庆主任请教，一个环节一个环节、一个细节一个细节地推敲修改“活动单”，有一天竟然试上了三次。5 月 26 号，在如师附小的观摩展示活动中，我执教的《爱如茉莉》一课获得了大家的一致好评：情感细腻、灵动扎实。

7 月份，学校放假了，酷热炎炎，全国著名的尝试教学法创始人邱学华先生和华中师大陈佑清教授来如皋调研、考察“活动单导学”情况，专家们想实地考察一下“活动单导学”的课堂到底是怎样的，想听一节小学语文课。学校把这一任务交给了我，时间紧、压力大。又是师傅出场，鼓励我大胆上、好好发挥。我决定执教《水》一课，师傅不顾腰椎增生的疼痛，斜躺在沙发上与我一起推敲、完善教案，预设课堂可能出现的各种情况。最终，我出色地完成了任务，让专家们看到了一个真实而充满魅力的“活动单导学”的语文课堂。邱老师听完课，激动地说：“活动单导学体现了以儿童为主体的教学思想，学生真正地在自主学习。整堂课清简而又细腻、灵动而又扎实，充满了语文味。这是我听到的最好的语文课之一。”邱老师的点评，不正是我所追求的语文教学境界吗?

有人说，时间就像一张网，你撒在哪里，你的收获就在哪里。走进工作室的几年来，我最大的收获在课堂。我找到了一点点课感，而这份美好的课感完全来自对课堂教学艺术的不断打磨和不懈追求。从课堂而来的教学灵感，幸福着我和我的学生；从课堂而来的文字不断流淌于笔端，见诸于《江苏教育研究》《小学语文教学》等刊物。

坚守课堂，踏踏实实去思考、去研究，作为一名普通教师会在成长的历程中收获成功的快乐和幸福。

至简·让学·拓展

——我的语文教学风格追求

我从 1989 年师范毕业走上教育岗位，任教语文至今，屈指算来 24 年了。

回想 24 年的语文教学历程，我由初涉语文教学约 5 年的懵懂跟学，到后来逐渐学会思考，再到近 5 年来的自觉追求，深感岁月弥久，语文教学的博大精深、异彩纷呈、百家争鸣……愈令我沉醉不已。

其间，我孜孜不倦地找寻着语文教学的一处桃花源——与学生一道，心无旁骛，自由、快乐地漫步在语文教学的林中，读读《史记》故事，念念《三字经》《千字文》，背背唐诗、宋词、元曲，练练中华汉字，玩玩文字游戏，亲近冰心、安徒生，浸润童歌、民谣……

然而很多的时候，面对现实，考试唯课本论、分数论使得我和我的同行们不得不将更多的注意力集中于课本、囿于教室，让学生反复背着、写着、练着经年不变的、生硬无趣的知识点和辅导题，一百个不放心地“面对全体学生”反反复复、喋喋不休地讲着，就为了应付考试。语文教学太繁琐了、太谨慎了、太短视了。

自从 2008 年 7 月加入“雉水名师许友兰工作室”之后，一直以来钟情于语文教学的我开始回眸自己的语文教学历程，不断诘问自己：教育是为人的终身可持续发展服务的，小学是为儿童的主动发展、幸福人生奠基的。繁琐、谨慎、短视，怎能保证、促进儿童的发展？怎么能让儿童从学习中获得幸福的人生指数呢？因此，我们需要解放我们的教育思想，更新我们的教育理念，改良我们的教学行为。当然，在过去的教学中，我也是认真地教学的，也是对学生发展负责的，也想提升学生的语文素养。但实事求是地说，我可能更多的是“为教语文而教语文”“自以为是地辛苦教学生学语文”，而忽视了对学生兴趣、情感等非智力因素的培养，忽视了对学生学力的开发。

回眸过去，修正现在。我知道我无法通达语文教学大家的高度，结晶出闪亮的特色语文，也很难形成自己的小学语文教学风格。可近5年来，无论是公开课还是常态课，我在研读教材、找寻教法、设计学法时，心里总忘不了这样的三个关键词：至简、让学、拓展。也许，这就是我当下的潜意识里的小学语文教学的追求吧！也许，这种追求不懈，终会形成自己的教学风格吧！

小学语文教学为何需要“至简”？何以“至简”？“让学”的真正目的是什么？怎么保证“让学”？如何找准一个富有力度的生发点“拓展”，勾连课内课外，既做到适度拓展又能充分发挥教材张力？现在，每执教一课，我都在这样致力思考、追求！

一、至简：摒弃繁琐，固本求源

简单是一种理念，更是一种境界。在追求简单的语文教学的过程中，我大致经历了三个阶段。

初教语文，因对所教文章读不出感觉，更以自身作参照度量学生，因此，我常常不知道自己要教什么、学生需要学什么，粗粗略略地便结束了一篇课文的教学，教与不教没有很大的区别，类似走马观花，这是我所谓的简单教学的第一个阶段。

经过这样痛苦的历程，我最渴望的便是能像身边的老教师那样口若悬河、滔滔不绝。于是，我下定决心深入研究教材。在反复诵读中，我对文章中的每一句话、每一个词语都慢慢地读出了感觉，做到深知其味；在备课中，我从文章的第一句话开始设问，每个词、每个句子，凡是我读到的，都要通过问题的形式促使学生也能理解。曾经有一节语文课，我一气呵成，提出了三四十个问题，如连环套般将学生牢牢套住，“逼”入问题的准确答案。问题之多，问题之繁，让学生应接不暇。这一问一答的课堂看起来是热热闹闹、高潮不断。这是我语文教学过程的第二个阶段——由简单到复杂。在这个过程中，我的教学逐渐得到了同事的认可，但我却为不能在有效时间内完成教学任务而烦恼：一篇课文常常用了两到三个课时依然是意犹未尽。面面俱到带来的仅仅是拖堂的问题吗？面面俱到的同时，是否又面面不到？问题的关键出在哪里？是教材篇幅过长，还是我对教材解析过多？或是还有其他因素？如果要删减，哪里该删？哪里该减？删减的依据是什么？

大道至简。此时，我发现从简到繁不易，而从繁到简更为艰难。于是，我又迈入了追求简单教学的第三个阶段——绚烂之极归于平淡。

我喜欢国画中的大写意画，寥寥几笔却尽显其意，其中的留白既不着墨，也不设色，但与画面相映成趣，意境更为深幽。国画中这种留白的艺术启发着我的语文教学，也赋予简单以深刻的内涵。

语文是文化的载体，而“文化”又是一个内涵丰富、外延宽广的多维概念，因而语文教学也仿佛可以同时具有无限宽广、丰富的内涵，也因此，近年来人们对语文教学任务的理解有趋于泛化的倾向，当然我也不例外。泛化理解的结果便是语文课上得既拖沓又浮躁，该略过的地方费时不少，该深入思考的地方却又走了捷径。眉毛胡子一把抓，结果是什么都没有得到，或是得之甚少。

反思自己的教学，我深切地体会到，要让我们的语文课重点突出、疏密有致、眉目清楚，就要做到有所为有所不为。于是，我将整个小学段的语文教学烂熟于胸，对全册教材、对每组文章、对每篇课文都了如指掌，然后根据学生的学习能力，对它们所承载的教学任务有针对性地进行取舍。比如，五年级下册教材安排了相邻的三篇文言文：《伯牙绝弦》《学弈》和《两小儿辩日》。这三篇文章都有一个共同的教学任务，就是依据注释和工具书读懂文章意思。但根据学生的年龄特点以及课文内容的不同，我又提出了不同的理解要求。《伯牙绝弦》中，“知音”是文章所要表达和赞美的交友的至高境界，但是我并没有确立对知音深层探究的教学目标。因为以学生的阅历可以理解友情，但对于知音的至高境界恐怕是难以理解的，因而也就难以对伯牙破琴绝弦的义举产生共鸣。既然不能产生共鸣，便易产生歧义。所以我对“伯牙所念，钟子期必得之”“子期死，伯牙谓世再无知音，乃破琴绝弦，终身不复鼓”几句话中蕴含的“知音”的至高境界没有作深入的探究，而只是和学生们一起查找并背诵关于知音的名言，将知音作为一种美好的意象留存在心间。《学弈》一课的中心是告诫学生学习要专心致志，不可一心二用，这是学生们可以理解，也可以体会和感受的。因此，我便将“虽与之俱学，弗若之矣”的探究作为学习的重要任务，让学生结合课文和自己的实际情况，对“专心致志”一词从正反两个方面加深认识，受到启发。《两小儿辩日》是紧随其后的一篇文言文，学生依据释义和日常的积累可以比较轻松地读明白课文，对其中的句子意思无需作深究。但是，非常难得的是这篇文章所隐含的辩证法思想：看事物的角度不同，结果也未必一样。这不是本课学习的重点，但却是难点。我觉得这是学生学习认识问题的绝好机会，因而，由课文内容拓展开来，启发学生从人际交往、解决问题、欣赏事物等多个方面找到例证，并以《换个角度看问题》为题进行作文，让学生受到朴素的辩证法思想的启迪，而对于其中包含的科学知识，只作为课外阅读的材料，不作为课内研究和探讨的内容。

二、让学：以生为本，着眼发展

人本主义教育强调人的价值，强调人都有发展的潜能，外部条件的作用在于创设有利条件使潜能得以充分发挥。但在现实中，本末倒置的事情却时有发生。以评讲试卷为例，习惯的教学方式是老师从头讲到尾，一节课下来，常常是老师累得满头大汗，而学生却无动于衷。究其原因，是我们忘记了学生是试卷的责任主体，他们需要对自己的答卷负责任；同时我们也忽略了学生的感受和学习潜能，他们可以自行安排适合自己的学习情境，确定自己的学习进程。因此，在教学中，我评讲试卷的第一个程序是学生自主改错，在自己深入思考之后，再进行小组合作解决。小组合作未解决的问题便以纸条的形式提给老师。老师的作用便是筛选、过滤出有探讨价值的问题进行集体研究。如此，学生成为自己的责任主体、思考问题的主体，也因此他们才能保持着积极的参与热情，沉浸在学习的气氛之中。苏联教育家赞科夫曾说过：要以知识本身吸引学生学习，使学生感到认识新事物的乐趣，体验克服学习中困难的喜悦。如果我们越俎代庖，以劳代逸，便极有可能剥夺了学生学习的乐趣，也抑制了学生学习能力的发展。因此，教师要“让学”，让学生学会学习，让学生自主学习。

在教学中，我总结出老师的“三不讲解”：学生一学就会的，老师不讲；学生能够深入思考明白的，老师不讲；学生能够相互研究弄懂的，老师不讲。我积极倡导学生进行有准备的学习。每篇课文开始前，我都会安排一节准备学习时间，在这段时间里，学生依据预习要求读课文、解字词、思考课后题，进行认认真真的自主学习。从字词的认读、理解，到初步读懂课文的意思，再到对重点语句进行推敲，最后掩书思考形成自己的初步感想，学生带着自己的理解、疑问，带着自己的思考走进课堂，使课堂对话有了更实在的基础和深入的前提。复习期间，我也把更多的时间让给学生，学生依据复习体例，进行独立思考和学习，使查漏补缺和深入研究更有了针对性。学生的自主学习成为更有实质意义的个性化学习过程。

“让学”强调以生为本，让学生主动学习，但并不是说教师就可以撒手不管，让学生自由学习，“让学”更加强调的是教师在学生建构知识过程中的引导作用。教师要扮演好“导师”的作用。

解读文本，我喜欢深入和深刻。自己读书要求这样，对学生也要求如此。但自己读进去容易，带领学生读进去便不容易了。和盘托出、倾囊以赠，只怕学生眼花缭乱、不知所云；浮光掠影、走马观花给学生留下的更是思维的空白。因此，教学中我重点做好三个方面的工作。

1. 提出有价值的话题

在自己与文本深入对话的基础上，选择合适的话题作为师、生与文本间对话的媒介。这里说话题而不是问题，是基于三者之间的平等关系而言的。因为无论对于教师还是文本，学生都无需要仰视；平等对话方有真知灼见，平等对话才会有所谓的个性化解读。师生或读或说，各抒己见，将认识渐次推向深入。而对话题的要求，我觉得一是要能够提携全篇；二是要有思维的广度和深度；三是能够调动学生思维的积极性。比如，《中彩那天》一文，文章是在矛盾的情景中展示了父亲的诚实品质，所以话题的选择便着力将这种矛盾推向一个高度。我设计的话题有两个：一是如果父亲要留下这辆车，能否为他找个理由？二是父亲是否有过要把汽车据为己有的念头？请说明根据。随着这两个话题的展开，似乎为父亲留下这辆车做足了铺垫，但事情的结果却是大相径庭——父亲请库伯把车开走！情理之中却意料之外，从而突出了父亲在道德的两难选择中的伟大形象。有的时候全篇文章话题常常只有一个，比如，《凡卡》一文，我仅设计了一个话题：凡卡不想再过学徒生活了，为他找到离开的理由吧。这个话题的探讨涵盖了课文中实实在在的学徒生活描写、爷爷那里美好乡村生活的描写，以及凡卡写信时的神情描写，而这也正是课文的主要内容。学生在研究这个话题的过程中，既能够理清作者的思路、课文的脉络，又能够深入研读到字里行间，做到精读、细读。如此开合有度、大处着眼细处着手，不失为学习语文的好方法。

2. 推进思考

话题的探讨过程中，教师的重要作用便是推进思考，这是我们寻求深刻的催化剂。它可以是“等闲平地起波澜”，让学生获得思路顿开的快感；也可以在学生尚未觉察之时，思维悄然“滑”向深入。比如前面说的《凡卡》一文，学生们为凡卡离开学徒生活找足了理由：学徒生活太痛苦，乡村生活很美好，爷爷很爱凡卡。看到同学们对讨论的话题已没有疑义，我将思路突然一转：乡村生活真的很美好吗？爷爷是否知道学徒生活痛苦？如果知道，为什么明知山有虎，偏要送儿入虎山呢？问题一出，教室里顿时一片静寂，真的是此时无声胜有声！它将学生带入了思维的“山穷水尽”之地，也期待学生的思维的“触底反弹”。学生逆流而上，再读课文，发现在凡卡眼里美好的乡村生活只是如此而已。而如此穷苦的乡村生活竟成为凡卡日思夜想之地，这学徒生活是何其痛苦？至此，学生真的感受到了思维的痛快淋漓，体验到了思维的快乐。

课堂上，当学生激情涌动、思路敞开之时，教师的作用依然是不容忽视的。如同美国作家塞林格在《麦田守望者》中所描述的：“我的职务是在那儿守望，要是有哪个孩子往悬崖边奔来，我就把他捉住——我是说孩子们都在狂奔，也不知道自己是在往哪儿跑，我得从什么地方出来，把他们捉住。”课堂教学也是一样，在学生畅所欲言时，对于学生回答中存在的偏差，教师不仅要善于捕捉，而且要能够及时用我们的问题促成学生进一步反思自己的思考，从而帮助学生理清自己正在思考的内容，促进他们深入思考。记得讲读《圆明园的毁灭》一课，讲到三天三夜的大火毁灭了整个园子时，我无限痛惜地说：“在这场大火中，金碧辉煌的殿堂没有了，玲珑剔透的亭台楼阁没有了，安澜园没有了，狮子林没有了，平湖秋月没有了，雷峰夕照没有了，蓬莱瑶台没有了，数不尽的名人书画、奇珍异宝也没有了。圆明园什么也没有了！——面对浓烟散去的满园荒凉，同学们，你想到了什么？”今昔对比，唤起了学生们内心强烈的情感，有的想到了清政府的腐败，有的想到了列强的残暴与野蛮，有的总结出落后就要挨打的道理。此时一位小女孩站起来，满脸怒气地说：“如果我到了英国，我也要在他们的国家浇上汽油，再点上火。”女孩稚气的脸上显露出真诚的愤怒，我知道这种感情虽真实，但是需要理性来引导。沉思了几秒钟，我问道：“同学们，如果时间可以还原，而我们真的那样做了，想一想，是否能阻止八国联军对我们的伤害？中国人民的痛苦是否会因此而减少？”刚才还在表示赞同的学生恍然大悟：是啊，我们受到无情践踏的原因是国家的落后；要摆脱任人欺凌的命运，只有努力建设一个强大的国家；点火的做法只能逞一时之能，却于事无补。听着他们激情而富有理性的回答，我想起一位教育家所说的话：帮助学生完善思维就是赐予他们成长的力量。我相信，学生们的理解力在这个意外生成的过程中获得了提高。

3. 等待思考

我们提出问题之后，期待学生生成高质量的回答，便需要耐心地等待他们思考。这个时候，不论我们以何种形式暗示、催促或是鼓励学生，都是一种干扰，要知道，当我们缺失了耐心，换来的常常是不负责任的低质量回答。高质量的问题换来低质量的回答，这会让我们备课的努力付之东流。因此我们应当尊重并珍惜学生的沉默、思考的权利和时间，我们要确保不因我们的讲话而搅乱了学生的思考，那样我们将有意想不到的收获。印象尤为深刻的是讲读《卖火柴的小女孩》一文，文章的最后一句话是这样写的："她曾经多么幸福，跟着她奶奶一起走向新年的幸福中去。"学生们带着美好的感情体会着这句话。他们单纯地认为小女孩从此以后便不再有饥饿、寒冷和痛苦，她真的幸福了。对学生们的回答，我没有发表意见，只是看似无意地提出了一个问题："同学们，你们如何看待死亡?"他们纷纷发言："死亡是可怕的事情，是世界上最可怕的事情。""那么你们又是如何看待小女孩的死亡的呢?"看似不经意的问题，却将学生们的思维引向了更为宽广也更为深刻之地："是啊，死亡是可怕的，可是我们却觉得小女孩从此获得了幸福，为什么?"长时间的等待之后，学生们给了我富于哲理的高质量的回答："死亡是最可怕的事情，但是对处于饥饿、寒冷、痛苦折磨之中的小女孩来说，活着比死更可怕，她是生不如死，从中我们可以体会到小女孩的生活是极度悲惨的!"听着他们头头是道的分析，我享受到的是静听花开的幸福!

三、拓展：学以致用，拓开新篇

教师要带学生到深海处游泳，仅仅凭借教材是远远不够的，还需要在学生原有知识点的基础上进行富有力度的"拓展"，才能真正达到学以致用的目的。这与"源不深而望流之远，根不固而求木之长"（魏征《谏太宗十思疏》）是相同的道理。简单教学的理念为学生的语文学习赢得了更广阔的发展空间，也使营根固本成为可能。

在简单、高效教学理念的指导下，我仅用一半的时间就完成教材的学习进度，从而拥有了大量博览群书的时间。为提高课内阅读的实效，我尝试用三分之二的时间统一内容阅读，三分之一的时间用于学生自由阅读。上个学期开始，我依据教材单元组的主题为学生编写配套读物，使课内进行的课外阅读总量一学期便大概有 40 多万字，超过了新课标规定的标准。课外阅读重在积累，我只要求学生能够借助字、词典读通顺课文，并能够说出自己的理解，教师只作简单的点拨和引领。实践中，我把几篇课文作为一个整体，为学生印发导学提纲，学生依据导学提纲以圈点、批注的方式自主学习，从而在积累的同时学会学习。以此为圆心，我继续向外拓展，与教材有关的背景资料、与教材有关的名家名作，以及适合学生阅读的其他畅销作品都成了学生们的阅读材料。学生们如同春天的秧苗，尽情吮吸着书籍的甘露，体验着阅读带来的快乐。

博览群书的同时，我还有重点地引领学生熟读背诵。正如英国思想家培根所说："有些书可供一尝，有些书可以吞下，有不多的几部书则应当咀嚼消化。"熟读的目的不仅在"书读百遍，其义自见"，更重要的是让学生受到文化的熏陶、学习语言的精华。我要求学生对教材中，甚至是课外读物中的名句名段要背诵；文质兼美的文章，全篇都要背诵。学生们把这些精彩的句段、文章一气呵成诵读下来，不仅积累了丰富的语言，而且深入把握了作者思想发展的脉络、行文的特点，对自己的写作都有良好的启示。

简单教学的理念，同样赋予了习作更丰富的内涵。学生写作文重要的不是写，而是认识。因为写作文的过程、本身就是一个认识的过程，思考的过程。在这个过程中，学生逐渐学会认识世界，思考自我，而后方能达到如古人所说的"当其取于心而注于手也，汩汩然来矣"。因而我时常把身边发生的事情以及学生有能力认识的社会话题引入到语文课堂上来，引领学生思考和认识。比如，我针对某些老师私下里把我们班称作"差班"，与学生们进行过深入的探讨。通过探讨，让学生们认识到"差"不是恒定的，而是时刻处于发展变化之中的；由"差"变好需要具备许多条件，但不是空立志。最后又客观地分析为什么会被老师称为"差"，让学生们有勇气面对真实自我。当学生们以《当老师说我们是差之后》为题写出了洋洋千言、入情入理的作文时，我不禁为学生们无穷的潜力而惊叹。日常的每一篇作文我都要求学生们达到"有感觉"，即观察过，感悟过，思考过，或者能够促成他们的思考和感悟再开始写作，比如《汶川地震留给我们的……》《考试留给我的思考》《竞选给我的启示》《想说给凡卡的话》等，因为只有经过思考、认识，才能有感而发，"汩汩然来矣"。如此引导他们将写作当成内心的一种诉求，而不是完成一次作业，让写作成为一件幸福的事情。

苏霍姆林斯基曾说："在学生的脑力劳动中，摆在第一位的并不是背书，不是记住别人的思想，而是让学生本人去思考。"在语文教学中，我所有的努力或许都缘于此。学生们在思考中爱上了读书，爱上了写作，也爱上了语文，而我也在探索与思考中体会到了作为语文老师的莫大的快乐和幸福！

“只有当教师给学生带来思考，在思考中表现自己，用思考来指挥学生，用思考来使学生折服和钦佩的时候，他才能成为年轻的心灵的征服者、教育者和指导者。”（苏霍姆林斯基《给教师的建议》）这是我所追求的作为一名教师的至高境界。我知道自己距离这一境界还有很长的路要走，甚至倾我一生的心血也未必能够达到；也因此我明白语文教学探索的道路上一刻也不能停留，一丝也不应满足。因为唯有进取、唯有创新与学习，生命之树才会常青，语文教学之路才会宽广无垠！

默读，不该“默默无闻”

2009 年 9 月 4 日上午，温家宝在北京市三十五中学听了 5 堂课，并对这 5 堂课一一作了点评。点评语文课时，他讲了这样一段话：“老师让学生用 4 分钟的时间把 3300 字的文章默读完，我觉得这是对学生速读的训练，是对学生能力的锻炼。它不仅要求学生专心，而且要求学生具有一定的阅读能力。我们常讲人要多读一点书，有些书是要精读的，也就是说不止读一遍，而要两遍、三遍、四遍、五遍地经常读。但有些书是可以快速翻阅的。默读是我听语文课第一次见到的一种教学方法，而且是有时间要求的。我发现学生们大多数都读完了，或许他们事先有预习，或许他们真有这个能力。”

从这段点评中我们可以认识到以下几点：首先，默读是一种很重要的阅读能力，需要训练；其次，默读训练能培养学生精读、专心阅读的良好学习品质；再次，默读在课堂教学中很“鲜见”，有可能被忽视了。

于是，我对这一问题重新予以了关注。从 50 节语文随堂课和 10 节公开课的教学中我发现，每节课学生默读的平均时量仅为 2 分钟左右，有的整堂课没有一次默读。指名读、齐读、分角色读、范读、自由读等有声朗读则较为教师所青睐，较多运用。

苏霍姆林斯基在《给教师的建议》第 60 条中指出：“在小学各年级，我们每一个教师都密切注意，使学生迅速阅读的能力得到改善。在少年期，默读能力具有头等重要的意义。”叶圣陶先生曾说过：“阅读总得‘读’，出声念诵固然是读，不出声默诵也是读，乃至口腔喉舌绝不运动，只用眼睛在纸上巡行，如古人所谓‘目治’，也是读。”《语文课程标准》也分别对各年级段的默读提出了简明的要求。

然而，在实际的语文教学，特别是课堂中，默读为什么会被冷落？默读到底有何意义？如何进行默读的训练？我想结合自己的教学实践，谈一点粗浅的看法和做法。

默读和朗读作为一种阅读的方法，无所谓优劣。朗读，尤其是有声有色的表情朗读，感染力强，有利于活跃课堂气氛，调动学生学习的情绪，而默默无声的阅读不会有这样的效果，于是教学时，教师往往就放松或放弃默读训练了。

其实，正因为默读无需出声，就不用过多地顾及语调、重音、停顿和速度等问题；由于没有发音器官的活动，省去了听觉活动的过程，这就可以充分发挥言语视觉分析器的作用，有利于集中精力思考，加快阅读速度，增强理解和记忆。加强默读训练，有利于培养学生独立思考的能力和习惯。在日常生活中，默读活动比朗读活动多得多，学生具备良好的默读习惯和掌握熟练的默读能力，不仅有助于今天的学习，而且有助于明天的工作。所以，从一定意义上说，培养阅读能力主要是指培养默读能力。

默读训练要在学生具有一定朗读能力的基础上进行。默读活动就是建立言语视觉与其他分析器之间的联系，把看到的文字符号直接译成意义。小学低年级的儿童由于内部语言没有充分地发展，仍需借助于出声的语言运动来实现这种联系，所以在默读的初级阶段，常常口中念念有词，默读中常常夹有朗读的模式。从另一方面说，不管是朗读还是默读，都有共同的质量标准，这就是正确、理解、流畅、熟练。在读对、读懂的基础上逐步做到读快、读好。朗读由于发出了声音，便于了解情况，便于进行指导。在教师指导下学生具备了一定的朗读能力，再进一步训练默读能力就有了基础。

朗读、默读应根据课文的特点交替使用。不同体裁的课文应采用不同的阅读方式。一般来说，文学作品宜于以声传情，可多用朗读；介绍文、议论文、应用文可多用默读，以利思考和记忆。在阅读教学中，朗读和默读总是有机配合、交叉进行的。例如，要指导学生有感情地朗读，应先让学生默读理解，然后朗读才能自然地传情、传神；为了了解默读质量，也可以用朗读来检验默读效果。但是，不管哪种形式的阅读，教师都要作具体指导，对于默读，读前要有要求，读中要有辅导，读后要有检查，使默读真正成为理解和记忆课文的有效手段，而不使其流于形式。

默读训练必须有计划、有步骤地进行。小学一年级的学生由于刚刚开始识字，读书往往不是逐句而是逐字进行，人为地将一句话读得一字一顿，断断续续，不可能准确迅速地进行大单位的阅读。所以，对一年级儿童一般只宜进行朗读训练。经过一年的学习，学生单从课本上就学会了八百多个字，进行了二十多次看图学词学句，阅读过五十多篇课文，加之课外阅读实践，初步具备了朗读技能，于是从二年级起，可以让学生练习默读课文。不过，由于低年级学生注意力不稳定，不宜进行长时间的默读，只能在短时期内默读课文的一些语句或片段。从三年级起，可指导学生按照要求默读课文，要求应该逐年提高，开始多做“是什么”的提问，逐步增加“怎么样”“为什么”的提问，不断加大默读的思维负担，三年级一般可就课文内容提出要求，四年级可就中心思想或者段落大意提出要求，到高年级在默读技巧、默读速度、默读习惯等方面应进一步严格要求，使学生真正形成默读技能，养成默读习惯。

要经常地、细致地进行默读习惯的培养。默读习惯体现在以下几方面：第一，不发出声音、不启动嘴唇、不用手指字的习惯。带音、动嘴、指字是开始练习默读时常常出现的不良习惯，它妨碍阅读速度，影响读书质量，所以从开始训练默读就要严格要求，注意纠正和克服这种现象。第二，心记默想的习惯。默读由于默默无闻，因而有可能在阅读时“心猿意马”、不求甚解，因此有必要认真引导学生带着问题默读，边默读，边思考，做到眼到心到。第三，勤于做笔记的习惯。要教学生带笔默读，默读时要根据要求对课文有关内容或做记号、或加注释、或写批语、或作摘录，以增强阅读的意识性。第四，默记默背的习惯。学生学习语文，如果只求理解，忽视背诵，就会造成知识贫乏，影响读写能力的提高。所以，必须重视理解之后的必要的记忆。对课文中应当熟记的部分，必须自觉地默记、默背，不断充实自己的语言仓库。

以上这些习惯的培养要在多次默读实践中进行，教师要注意激发学生的读书兴趣，结合课内阅读有计划地指导学生课外阅读，适当开展书籍宣传、书籍评论活动，组织读书汇报会，使学生满怀兴趣地进行认真广泛的阅读。经过持久的训练，学生就能学会默读的方法，并取得良好的效果。

默读，古已有之，但也许是因为我们的语文教学过于注重有声、有形的热闹和好看，而令默读“鲜见”了。教学同样需要辩证，需要动静协和、虚实相生、无声胜有声。默读，不应该再“默默无闻”了。语文教学需要重视默读的训练，课堂上需要看到默读的身影、绽放的精彩。

几组教学细节的比较

最近，我有幸担任一所学校青年教师优秀课评比的评委工作。学校组织者介绍说，这次赛课，参赛者提前两天领取教材，同年级、同课文、开放式备课，但不得试教，提倡原生态课堂教学。因此，我们看到了较多的语文常态课。其中，有几例对相同教学内容运用不同方法处理的细节给我留下了比较深刻的印象。比较、品评、甄别这些细微的教学环节，无疑有益于提升我们的教学理念，促进我们的教学预设趋向完美。

一、“课件”与“小手”

教学内容：《航天飞机》（苏教版三年级上册）第1自然段

一架飞机在天空自由自在地飞着。他一会儿俯冲，一会儿爬升，一会儿翻筋斗，觉得很得意。

1. 教者甲

师：飞机在天空是怎样自由自在地飞翔的，你们想看看吗？

生：（齐声）想！

（师点击笔记本电脑，打开课件）

（生好奇，发出轻轻的“哇——”的声音，兴致勃勃地观看飞机时而俯冲，时而爬升，时而翻筋斗的动画）

师：飞机得意吗？

生：（一致大声地）得意！

师：你能读出他的得意吗？

（生齐读）

2. 教者乙

师：蓝蓝的天空，一架飞机在自由自在飞着。同学们读读课文，能不能用自己的小手表现出飞机是怎么飞的？

（生边读边用手模拟，个个兴趣盎然）

师：请两位同学到讲台前来，一个人“读”，一个人“表演”。哪些同学愿意？

（生“表演”生动、形象）

师：两位同学配合得真好！谁能一个人来边“解说”边“表演”呢？

（生很自如地边朗读着课文边表演）

师：在朗读和表演的时候，我们该表现得怎样呢？

生：得意一点！

师：同学们能不能不看书，“边背边演”，表现出飞机的得意呢？

3. 感悟

教者甲运用了课件，课堂看似很现代化。其实，学生端坐着欣赏动画，对于飞机的“得意”飞行只能是“作壁上观”，并不能真正地投入到学习中，根本体会不出飞机自由自在、得意飞行的“心理”，对课文语言文字的感悟也就很浅表了。教者乙让每个学生伸出自己的小手，模拟飞机飞行的不同姿态，利用了小学生好动的特点，一下子调动了学生的积极性。要模拟得像，就需要去阅读课文；要表现出得意，自然就要更投入点。而且，教者乙不只是停留在表演的层面图热闹，而是有机地将表演与阅读、理解课文结合起来，以演促读，以读助演，加深了学生对语言文字的感悟。从教学的经济效益来讲，后者比前者少用了成本，却获得了更大的效益。

由此想到：原生态的教学，其中之一就是巧用身边的自然“资源”，充分调动学生的学习积极性，用最“顺当”的教学方法、“最经济的教学成本”取得最好的教学效益。

二、“扶”与“放”

教学内容：《航天飞机》（苏教版三年级上册）

这篇课文后面安排了这样的训练：根据课文内容，为航天飞机写一段自我介绍。

1. 教者甲

学完课文第 2、3 自然段后，进行了这样的“写”的训练——

师：同学们曾写过《我的自画像》，大家介绍了自己的外貌和特点，写得很不错。假如现在你就是航天飞机，能学着把自己介绍给别人吗？

然后，教者给每一个学生发了一张纸片。纸片上有这样的内容：（左上角有一架航天飞机的小图）嘿！大家好！我叫____________，我长得可帅啦！瞧！________________，________________，____________________。我飞得既________又________。我的本领可大了！能__________________，还能在太空中____________________。

2. 教者乙

在学完全文后，老师拿出一张航天飞机的剪影图片——

师：航天飞机本领这样大，可好多人对他还不是十分了解呢！请同学们以“我”的口气来为航天飞机做张名片，好吗？（出示图片，可以在上面写字的）

生：（积极性被调动起来了）好！

师：那你准备介绍“自己”的哪些方面呢？

生：外形（样子）、本领、飞得高、飞得快、怎么飞的，等等。

师：介绍的时候，请同学们注意按照一定的顺序，还可以补充从课外书上了解到的航天飞机的知识。比一比，看谁写得最像航天飞机哟！

写完交流，发现学生各自成文，没有一篇雷同，不少同学还补充了课文以外的内容。

3. 感悟

两位教者都按照课文后面的训练要求，让学生为航天飞机写“自我介绍”。教者甲担心学生写不出，就采用了一种“填空式”的方法让学生介绍航天飞机。这样做，反而限制了学生创造的空间，写出的“自我介绍”好似同一个脸谱，根本没有个性。教者乙让学生为航天飞机做张名片，稍作提示后，就放手让学生“自我介绍”。学生的思维被激活起来，对课文内容进行再创作，写出的“自我介绍”各具特色也就不足为奇了。

教学中，教师过多地不相信学生，“扶着不放”，学生的思维能力、创造能力是难以得到提高的。

三、“授之以鱼”与“授之以渔”

教学内容：《司马迁发愤写〈史记〉》（苏教版五年级下册）

两位教者都先让学生齐读课题，再找出课题中的关键词“发愤”。然后——

1. 教者甲

师：那么，司马迁为什么发愤写《史记》？他又是怎样发愤写《史记》

的呢？

板书：为什么？怎样？

师：请同学们打开课本，带着这两个问题阅读全文，边读边圈注。

2. 教者乙

师：扣住“发愤”这个词，我们可以提出好些问题。但我请同学们认真地思考一下，最值得提出来研究的问题该是什么呢？

（生静静地思考后，纷纷举手，提出了两个与课文联系紧密的问题：司马迁为什么要写《史记》？司马迁怎样发愤写《史记》的？）

师：（边板书边评价）同学们真会读书，这两个问题正是课文所要重点叙述的。下面就让我们一起围绕这两个问题来学习、理解课文吧！

3. 感悟

这两个教学环节看似一样——都是破题后揭示教学目标，但揭示目标的过程，却反映出两位老师不同的教学理念。教者甲是自己揭示教学目标，把问题捧给学生；教者乙是让学生先思考质疑，再筛选出与课文紧密联系的最具价值的问题。教者甲是“授之以鱼”，而教者乙是“授之以渔”。显然，教者乙这样的教学方法，培养了学生质疑问难的习惯和能力，学会了一种读书的方法，使学生能够朝着“不用教”的自能读书境界前行。

四、“形式想象”与“唤醒想象”

教学内容：《司马迁发愤写〈史记〉》（苏教版五年级下册）

课本中有一幅插画，表现的是司马迁正在油灯下专注地写着《史记》。两位教者都引导学生看插画，并引发学生展开想象——

1. 教者甲

师：司马迁怎样写《史记》的呢？请同学们发挥自己的想象。（接着，师挂出小黑板：司马迁忍辱负重，发愤写《史记》。疼痛难忍时，他____________；酷暑难耐时，他____________；寒冷难挡时，他____________。）

生：疼痛难忍时，他咬着牙；酷暑难耐时，他不顾炎热；寒冷难挡时，他跺跺脚、烤烤火。

生：疼痛难忍时，他忍着疼痛，一声不吭；酷暑难耐时，他不顾炎热，不顾蚊子叮咬；寒冷难挡时，他加件衣服，搓搓手，呵呵热气。

（两名学生发言后，就很少有人举手了）

2. 教者乙

师：同学们，这幅图是司马迁发愤写《史记》的一个缩影。图上画了些什么呢？

生：一盏油灯、一堆堆竹简。

生：还有司马迁正在油灯下专心致志地写着《史记》。

生：司马迁坐在蒲草上写《史记》，条件很艰苦。

师：（动情地）13年啊，多么漫长的岁月！可以想象，司马迁忍着多大的痛苦，克服了多少困难，矢志不渝地发愤写着《史记》。同学们先闭上眼睛，静静地想一想，你仿佛看到了什么呢？再用笔写下来。

（学生闭上眼睛，教室里寂静无声，教者轻轻打开了录音机，一段哀而不伤的古琴曲响起）

生：夏夜炎炎，没有一丝的风，人们都出去乘凉了，可司马迁顾不得炎热，一个人在油灯下忘情地写着《史记》。

生：妻子为司马迁送来了热茶，劝丈夫歇会儿，可司马迁常常忘了。他总是对妻子说："过去我虚度了许多时光，我不能再浪费时间了，我要和时间赛跑，把一日当作两日用。"说着，又埋头在竹简上写下了一行行隶字。

生：夜深了，瞌睡虫来了。司马迁伸个腰，揉揉眼，赶走了瞌睡虫，又伏案疾书。

生：酷刑让司马迁的身体受到了极大的摧残，坐久了脚疼痛无比，有时疼得头上冒出豆大的汗珠，可司马迁咬紧牙，一言不发，示意妻子给他揉一揉，疼痛稍小，又拿起笔写起来。

……

师：（接着学生的发言，动情地）就这样，司马迁写啊写啊，从中年写到老年，从黑发写到白发，殚精竭虑，发愤写作。（出示最后一自然段）轻轻读一读，哪些词语震撼着你的心灵？

3. 感悟

两位老师不谋而合，都找到了课文的同一个拓展点让学生想象，用以丰满司马迁"忍辱负重写《史记》，追求崇高生命价值"的感人形象。但教者甲是为想象而想象，看上去好似在引导学生想象，而实际教学显示，这种"引导"限制了学生的想象空间，学生很难投入到课文的情境中，只是概念式地完成填空而已。教者乙充分地利用这一拓展点，运用动情的语言和音乐，拨动了学生心里的琴弦，唤醒了学生的情感，激活了学生的思维。学生自由地想象，眼前浮现出司马迁写《史记》的动人情景，笔下自然地流淌出感人的话语。教者乙的处理，达到了语文教学“工具性”和“人文性”的完美结合。

语文课堂拒绝“矫情”

全国课改实验区苏教版小学语文实验教科书第二届课堂教学大赛于2008年11月10日至12日在南京举行。全国各省市课改实验区的41位选手参加了现场赛课。41位选手乃层层选拔，有备而来。因此，课堂教学精彩纷呈，令人回味不已。

“没有最好，只有更好。”鼓掌过后，细细揣摩，却又为不少课堂教学中出现的一种现象而感到深深的忧虑，那就是：矫情。矫情者，违反常情是也。综观这些课堂，“矫情”主要表现为以下几种情形：

一、为“导入”而导入

实录：《美丽的丹顶鹤》

（第一步）师：小朋友们，在《西游记》里，王母娘娘举办盛大的蟠桃会，各路神仙都兴高采烈赶来参加。其中有一位太乙真人，大家知道他是怎么来的吗？——他呀，是骑着仙鹤来的。传说仙鹤可是神仙的旅伴呢。

（第二步）师：仙鹤还有另一个名字，叫什么呢？（点击课件，出示仙鹤图）它叫丹顶鹤。（板书：丹顶鹤）

（第三步）师：丹顶鹤给你留下了什么印象呢？

生：丹顶鹤的颜色好看。

生：它很美丽。

师：你真聪明！（然后，在“丹顶鹤”前板书：美丽的）

（生齐读课题）

俗话说：良好的开端是成功的一半。上课伊始，如果教师能迅速把学生带进一个与教学任务和教学内容相适应的理想境界，创设出一种与教学情调相融洽的课堂氛围，那么教师对这堂课的导入就是成功的。以上教学实录中的教师在上课伊始，为了引出课题，为了突出课题中“美丽的”这一中心词，导入设计可谓环环相扣，有板有眼。然而，听课教师非但没有被这严密的逻辑导入所吸引，反而觉得教者在牵着学生兜圈子，白白地浪费了五六分钟。与其如此，还不如直接切入本课教学主题，在学生齐读课题后，或者教师直接设问，或者学生质疑——为什么叫它丹顶鹤？它到底美在哪儿呢？简明快捷地指向本课学习任务。把有限的时间充分留给学生去潜心会文，不是更好吗？

二、为“挖掘”而挖掘

实录：《云房子》

（课件：云房子消失后的天空图）

师：没有云房子的天空是不是就不美了呢？

生：不美。

生：一点不好看。

生：天空什么也没有了，一点不美。

师：不一定啊。天空像洗过一样，蓝蓝的，美不美呢？

生：美。

师：是呀，天空也是很美的。让我们一起美美地读一读第 5 自然段。

（生齐读）

师：小朋友们读得真好。这些美丽的景色需要我们去发现，也需要我们去维护。让我们从小就做“大自然的维护者”吧！

（接着，点击课件：环境被污染的动画。主要播放了好多工厂烟囱林立，正在向天空排放着滚滚黑烟）

师：面对这样的情况，小朋友们，我们该怎样做呢？

生：快跑。

生：跑到美国去。

生：我们要抗议，不许工厂排黑烟。

生：我们要把工厂炸掉。

师：是啊，我们要保护环境，还天空美丽。

环境教育是个重要的话题，可这位教师把它安排在这里，真的令人费解。《云房子》一文，本来是一篇小小的童话故事，主要是让学生在轻松活泼的语言学习中感受大自然的生动、奇妙、美好。这位教师苦心孤诣地与环保教育挂上钩，意图升华学生的思想认识，结果衍生出这样一段教学。这，真如洁白的哈达突然被甩上了一块黑泥巴。其实，教师在教学时，还是要尊重文本的初衷，无需为了挖掘深度、挖掘新意，而主观、恣意地挖掘、开采文本，做出有违常情之举。

三、为“多元”而多元

实录：《卧薪尝胆》

师：如果你是夫差，你会如何折磨勾践？

生：我会叫他给我驾车，侮辱他。

生：我会用皮鞭狠狠地抽他，直到皮开肉绽，然后用盐水洒在他伤口上。

生：我会叫他喝辣椒水。

……

学生绞尽脑汁，想出了各种各样折磨人的狠毒之法。也许，这些办法学生是从媒体了解到的。但听着听着，大家都不禁毛骨悚然。这位教师为了帮助学生感受勾践忍辱负重的形象，设置这样一个问题，想以此来引导学生解读文本。尽管学生的思维被激发起来了，但这样的引导解读对学生的身心健康又有什么帮助呢？由此，我还回忆起听一位教师执教《掩耳盗铃》一文，也有类似的多元思维激发：掩耳盗铃是很愚蠢的，请你们仔细想想，那个人应该怎样盗铃才不会被人发觉呢？

新课标里提出“培养学生高尚的道德情操和健康的审美情趣，形成正确的价值观和积极的人生态度，是语文教学的重要内容”。上述两个课例中，学生思维的闸门是被充分打开了，呈现出一种多元化的思维景象，但却无利于学生思想认识的提高和情感意志的陶冶。可以说，这与语文教学所提倡的人文性是背道而驰的。这种为了“多元”而多元的教学，只会适得其反。

四、为“创新”而猎奇

实录：《在大海中永生》

师：课文第三节用四个“也许”的排比句，描写浪花把邓小平爷爷的骨灰送到祖国和世界各地。现在，我们把这一小节变成一行一行诗句。你们看（课件打出“诗句”）——

也许

奔腾不息的浪花
会把他的骨灰
送往祖国的万里海疆
也许
奔腾不息的浪花
会把他的骨灰
送往澳门、香港
……

曾几何时，在语文教学中时兴起“诗意语文”“诗意课堂”的追求。有些教师不明就里，形而上学，也赶起时髦，追求“诗意的课堂”。像这位教师将课文这一节改换成“诗”的形式，表面看来是一种创新，实质是对课文文脉的肢解。原来课文用四个“也许”而成的排比句，读来气势恢弘，回肠荡气，很好地抒发了人们目送邓小平爷爷离去的悲痛和不舍心情。可被教者“创新”成为一行一行的诗句后，显得零零碎碎，原来文句的表达气势荡然无存，从而严重影响了情感的抒发。

诚然，创新才能让语文教学拥有发展的不竭动力，才能让语文教学与时俱进。但，老子云：“人法地，地法天，天法道，道法自然。”那种不切实际，只图课堂教学“出新”而故弄玄虚、玩弄花样的教学之法，绝不足取，且肯定会弄巧成拙。

在课堂中，还有不少这样的“矫情”现象。例如，为“褒扬”而褒扬，对一些太离谱甚至明显谬误的答案，有的教师竟作一番褒赏；为“深沉”而深沉，一些东西本来很明了，却弄得学生云里雾里；为“启发”而启发，本可直接问的问题不问，非要来一个“曲问”，等等。

“矫情”是语文课堂教学中极不和谐的一个音符。其实，在这种种“矫情”的背后我们可以发现，有的语文教师一味地将自己的想法和做法强加给学生，而置学生的感受和思想于不顾，最终导致了教与学的脱节，或者貌合神离。语文学习本质上更是一个精神自由空间的开拓，学生与教师的创造潜力都在教学过程中得到激活与发挥，达到共同的精神愉悦与自由，这才是教育的真正魅力之所在。语文课必须远离“矫情”，才能进入“精神愉悦与自由”的境界。

远离“矫情”，就是远离“失真”。我们常要求语文教师上课要满怀激情，这里的“情”应是真情流露。真情贵在自然。而“矫情”恰恰背离了

“真”和“自然”，失真即虚假，不自然即矫饰，这样的语文课怎能打动学生的心呢？于漪老师曾说过：“课堂不是教师演讲的地方，而是学生学习的地方……教师有真才实学就能点拨，就能点在点子上，点在要害处，否则就是乱点，一直在打外围战，学生忙得要死，攻都攻不进去。”“课堂教学的魅力应该是真”，自然的导入、巧妙的点拨、恰如其分的激励、极具智慧的创意，这些才是语文课吸引学生、感动学生的资本。

远离“矫情”就是远离“浮躁”。可以这么说，语文课中的“矫情”也是“浮躁”的一种外现。语文教学呼唤创新，也鼓励创新。但有的语文老师却把“创新”当作一种“标签”随意张贴，似乎这样做了，就很先进、很时髦，就是一面“旗帜”。“浮躁的心态，浮躁的操作，必然导致以表面的灿烂来掩饰内心的苍白。”语文课堂教学不是门面装潢，不是花拳绣腿，切不可搞形式主义。语文教师应该“眼看着蓝天，脚踩着大地”，理念是先进的，教学是踏实的，效果是显著的。特级教师钱梦龙说过：“字要端端正正地写，词语要一个一个地积累，句子要一句一句地理解，课文要响亮流畅地朗读，话要正确连贯地说，作文要通通顺顺地写，该背诵的文章要老老实实地背诵……所有这些事，都要按部就班地训练，来不得半点虚浮。”此话可谓中肯之至。

让语文课远离“矫情”，让语文课回归本色。其实，只要我们的语文教师真正地把精力放在指导学生的“学”上，真正从提升学生的语文素质的层面去操作，我们的语文课必将赢得学生的共鸣，必将在真切而富有诗意、实在而极具创新的氛围里“轻舞飞扬”。

见景·生情·品文·抒写

——写景文常规教学路向探索

写景文，顾名思义，就是以描写风光景致为主的一类文章。无论哪种版本的小语教材，都选编了不少写景文，以苏教版为例，仅四至六年级就有20多篇。这些写景文，大多是名家名篇，如《泉城》《记金华的双龙洞》《草原》《望月》《梅雨潭》等。阅读这些文质兼美的写景文，不但令人徜徉在美的“旅途”，更让人品味、感受到精致、典雅的语言的魅力。阅读教学中，注重写景文的教学研究，和学生一起走向“风景”，欣赏“景中之美丽”，体悟“景中之情味”，不单单是一种美的熏陶，更是一种审美的教育；与此同行，不单单是对美文的零距离触摸，更可以引导学生留心观察、善于观察生活中的风景，并拿起笔，“借景”表达自己的审美意趣、思想情感。

但是，仔细观察写景文的教学课堂，大多不是十分理想。有的，觉得写景文没有故事情节，学生不感兴趣，只求会读会写生字词，会背诵课文后要求背诵的片段，考试时能正确完成课文填空就行；有的，觉得“美只可意会不可言传”，教师在教学中无所作为，一味让学生读悟；有的，过于依赖直观教学，过度使用现代媒介声光电，学生没有想象的空间，失却了语言文字的应有之意；有的，过于注重分析、理解，将一幅幅美丽、灵动的画卷“撕碎”鉴赏，变得索然无味。

如何步出写景文教学的误区，让写景文发挥最佳的教学效益？我将结合自身的实践和一些名师的精彩课例，来谈谈写景文的常规教学路向。

一、见景：凝神观照，走进风景

画家用色彩表现风景，作家用文字描绘风景。色彩更多地诉诸视觉，而文字更多地诉诸于思维和想象。学生只有循着抽象的文字符号，去进行思维的转换，把文字变成一幅幅呈现于脑海的画面，才能见到美丽的风景。

朱光潜先生在《谈美书简》中指出：“美感经验是一种凝神观照，在美感经验中，心所以接物者只是直觉，物所以呈现于心者只是形象。审美者的心中既不起意志和欲念，也没有概念和思考，只是聚精会神地观照一个孤立绝缘的意象，而不问它和其他事物的关系。”我们大可不必急于教学生字词，分析段落大意、修辞手法，而应该在教学的初始阶段，放弃一些“功利”的教学行为，放手让学生自主地、整体地阅读文本，自由地循着文字“凝神观照”，放飞想象，让风景在学生的脑海里由远而近明晰起来、生动起来，走进风景。可以运用以下的简单之法：

1. 摄像法

所谓摄像法，就是抓住儿童喜欢摄影摄像的兴趣，引导他们根据文本提供的思路模拟“摄景”，从而走进风景。

以《黄山奇松》为例。这是一篇典型的写景文。作者由远及近，先着笔整个黄山松姿态的优美独特，然后聚焦三大名松——迎客松、陪客松、送客松，用生动的文字、形象化的语言，栩栩如生地展示了三大名松的情态，充溢着情趣和情感之美。

如何调动学生学习的兴趣，让学生尽快“见到”风景？在学生初读了课文后，我采用了“摄像法”。

师：现在，我们每一位同学都是摄影师了。我们架着摄像机去黄山，按照课文这个“剧本”拍摄一部风景片——《黄山奇松》，好吗？

生：（兴趣骤起，纷纷举手）好！

师：你看到了哪些景物？准备怎么拍呢？好好想一想哟！

（生静静准备3～5分钟，朗读、默读、讨论兼而有之）

生：我先从远处或者高空拍摄整个黄山，如果有“天下第一奇山”的题字就更要拍下来了。然后，分别扫描、拍摄一下黄山“四绝”，最后把镜头集中到松树上。我这样拍的想法是：因为课文中首先写黄山被誉为“天下第一奇山”，所以首先要展现整个黄山的美，这时候我会用远镜头；拍“四绝”，我会用中等距离的镜头；最后我会用近镜头，用较长的时间拍摄黄山的松树，因为课文写的是黄山奇松。

生：来到黄山，我首先看到的是整个黄山。黄山峰峦叠翠、云雾缭绕、怪石嶙峋、奇松林立。特别是三棵名松，会让我心生亲切之感。我会按照观赏的顺序，由远及近、由整体到局部去拍摄，把主要的镜头留给迎客松、陪客松、送客松。

……

师：其实，写景就如同摄影，按照一定的顺序，选择最吸引人眼球的景物来写。

好多教师教学写景文时，总喜欢用大量的图片来阐释文字，丰富表象，这未尝不可。但过于依赖图片，反而影响学生阅读文本的兴致。我采用“摄像法”这一情境教学场，让学生按照文本的景观顺序去构思拍摄顺序，在“摄”的过程中找寻、想象景物，然后创生语境，引导学生表达“看到了什么景物、怎么拍摄的”。如此，景物犹在眼前了。

2. 绘本法

所谓绘本法，就是学生通过自主地阅读文本之后，尝试用画笔将文本所描述的风景描绘出来。苏霍姆林斯基曾说过：“根据在小学里对儿童进行教育的经验，我看到图画是发展创造性思维和想象力的手段之一。我坚定地相信，儿童的图画是通往逻辑认识的道路上必不可少的阶梯，至于图画有助于发展对世界的审美观点，那就更是不言而喻了。”“我觉得，离开了绘画，地理课、历史课、文学课、自然课就很难上。”

北宋诗人梅圣俞说诗须“状难写之景，如在目前；含不尽之意，见于言外”，就是讲写景不宜隐，隐易流于晦；写情不宜显，显易流于浅。写景文的作者深谙此理，他们总是力求以各种笔触形象地描写风景，让读者产生联想，使得文中之景历历如画地展现在读者眼前。因此，让学生绘画文中之景不但可行，而且能促使学生更好地阅读、感悟文本，激发他们丰富的联想，而“联想愈丰富，景的境界愈美备”（朱光潜《诗论》）。更何况儿童天生就喜欢涂鸦！

教学中，教师无需去条分缕析，只要让学生静静地品读品读，然后拿起简易的水彩笔或者蜡笔涂抹、绘画，一幅幅多彩多姿的“绘本画”便应运而生了，足以举办一个小小画展。“眼前有景”，在这样的氛围里，学生学习怎能不倾情投入呢？

3. 漫步法

“慢慢走，欣赏啊！”朱光潜先生的这句审美名言可谓众所周知。但现在的课堂阅读，更多的像在赶路，40 分钟匆匆忙忙地从文章的这头赶往那头，甚至连作者的面还没见着，就在诸如对文本进行思想内容和写作特点的分析中草草收场。阅读教学，需要走慢些！特别是写景文的教学，尤其需要放慢脚步，让学生在安静中凝神文字、漫步中见到风景。

漫步法，最好的感觉就是读读、想想、说说、读读，悠然穿行于文章的字里行间。

窦桂梅老师教学《丑小鸭》一课，就有这样的片段：

出示“乡下美景”：乡下真是非常美丽。那时正是夏天，小麦是黄澄澄的，燕麦是绿油油的。干草在绿色的牧场上堆成垛，鹳鸟迈着又长又红的腿在散着步，喋喋不休地讲着埃及话……

师：孩子们，带上你们的想象，有滋有味地读读这段话，就如同来到了乡下，漫步在这美景里。

（学生各自朗读，静下来）

师：你读出了什么味道？

生：一个亮堂堂的世界。

生：鹳鸟非常幽默，像绅士。

生：鸭妈妈非常有责任心，选择一个优美的环境生自己的孩子，她也很浪漫的。

生：我读出了乡下的自由和无拘无束。

生：我读到了一种悠闲、优美的感觉，特有意境。

师：意境一词用得好啊！这意境，是一种什么味道？

生：就是诗的味道啊。这里的环境很美，很舒服，一幅一幅的画组合在一起，很和谐。

师：安徒生就是童话诗人，写出的语言都是诗。然而，这浓浓的诗意并不刻意追求格式，而是如同呼吸一样，看似平铺直叙，但却自然而然地弥漫在字里行间，充满了一种情调。让我们带着感受再读读这一段。（课件以诗的形式再现这段文字。配乐齐诵）

试想，如果窦老师以讲解分析取代匠心独运的读，以细细研究文本"'黄澄澄'是什么颜色""'堆成垛'是怎样的""'喋喋不休'什么意思"等取代学生的阅读感受，那么，学生和文本初步对话所获得的难以名状的美感将逐渐丧失。正是在这样一种漫步般的阅读对话中，学生轻松地见到了风景，进而体验到独特的美。

二、生情：物我两忘，生发情感

瑞士思想家阿米尔说："一片自然风景就是一种心情。"国学大师王国维在《人间词话》里早就指出："一切景语皆情语。"如何让学生感悟、体验到景中之情，达到"文如出自吾口，情若发自吾心"的"物我两忘"境界呢？

除了让学生自读自悟文本中蕴含的情思之外，教师可以发挥主导作用，在教学中不妨采用以下做法：

1. 听读

所谓听读，即学生听教师范读或者听录音朗读，旨在以情动情。根据教学需要，听读有这样几个时机："先声夺人"。如王崧舟老师执教《长相思》，课伊始，就以声情并茂、回肠荡气的朗读——"山一程，水一程，身向榆关那畔行，夜深千帐灯。风一更，雪一更，聒碎乡心梦不成，故园无此声"，紧紧抓住了学生的心，拨动了学生的情感之弦，走进了跋山涉水、顶风冒雪的苍茫征途；"相机示范"，就是在学生不能领悟之处，教师有感情地示范朗读，以声传情、达意。下面是于永正老师执教《望月》的一个镜头——

（学生尝试读过几遍之后）

师：听我读一遍行吗？——请听好。看看哪些地方你认为读得好，值得你学习，哪些地方读得不好，你认为不可取。

（老师把课文范读了一遍，读得绘声绘色，把学生带入了一个如诗如画的境界。读完，掌声雷动）

自评：我范读都是选择在学生“尝试”过之后。美文要美读。我体会到，老师读好了，就会使自己的语文教学富有生气，不但使教学有成效，而且省力气。

师：我备课时，至少读了五六遍，但我今天读得还不太好，有两个地方读得不连贯。大家为我鼓掌是鼓励我。同学们，课文读好了，真是一种享受。大家再读读看。（学生的兴致十分高涨了）

自评：……我范读过之后，学生的读书热情总是很高涨的。声情并茂的范读有激情、激趣的作用，有使学生顿悟的作用。

2. 诵读

古人云：“讽诵吟哦而后得之。”诵读不但可得文本之言，更可获文本之意；诵读可以还原画面，更可以赋予文字生命。特级教师周莲清曾说：“问出来的答案是干涩的，读出来的感悟是滋润的。”写景文尤其需要诵读。于永正老师在教学《鼎湖山听泉》过程中，采用丰富的诵读形式，通过诸如“把你的品味读给大家听听好吗”“美文就应该美读”“听了你的朗读，连泉水都不想流走了。你读得比写得还好”“谁愿意跟她比”“每人把第四节再练读一遍”等语言，不断表扬、激励、引导学生吟哦体味，入情入境。

3. 渲染

我们先欣赏于永正老师教学《夕阳真美》时的一个细节：

师：能允许我朗读一下吗？

生：能！

生：我们最爱听于老师朗读课文了。

（于老师配乐朗读全文——全部是背下来的。诵毕，学生报以长时间的掌声）

自评：配乐朗读会取得意想不到的效果。音乐也是一种语言，它对课文感情的烘托、渲染有着神奇的作用。

正如于老师所说，音乐对课文感情的烘托、渲染有着神奇的作用。教学中，配乐朗读为好多教师所青睐。但在具体运用中，我觉得有以下几个细节值得注意：一是选配的音乐一定要与文章的意境相符；二是朗读之前，一定要让学生稍微熟悉所选的音乐，否则很难“合拍”；三是要发挥学生的主观能动性，让他们自己思考一下该选择什么样的音乐，比如音乐的旋律、音乐的情调、听起来的感觉，等等，这实际上是促使学生研读文本。在执教《望月》一课时，我就考虑了这些方面，取得了非常理想的效果：

师：是啊，月光下的江面很美！（打开课件）你们看，这么美的画面，这么美的文字，如果配上一段音乐来朗读一定更美。选什么样的音乐好呢？大家发表发表意见！

生：我觉得选的音乐要有点神奇的感觉。“江两岸，芦荡、树林和山峰的黑色剪影，在江天交界处隐隐约约地伸展着，起伏着。”我感觉很神秘、很神奇。

生：音乐要安静、优美点。因为文中写道：“月亮出来了，安详地吐洒着它的清辉。”

生：安静中带点跳荡、活泼的音乐。让人感觉到“有千点万点晶莹闪烁的光斑在跳动”。

师：同学们真不简单！老师选了一段音乐，请大家静静欣赏，看合不合适！（点击课件。慢慢地，神奇、空灵、悠扬的音乐弥漫在整个教室）

师：谁愿意随着音乐读一读呢？注意读出省略号的韵味。

（生读）

师：让我们一起读！

渲染的手段不只音乐，还可以运用图片、录像或者“图片＋录像＋音乐＋解说”的综合的现代化教学媒介，如教学《黄果树瀑布》《烟台的海》，运用媒介渲染，让学生看着飞流而下的瀑布和势不可挡的海浪，听着“轰”然而下的巨响和“虎啸狮吼”的狂怒，仿佛身临其境，心灵一定会震撼不已。渲染还可以围绕文本，通过拓宽学生阅读的期待视野达到。以往的常用做法多是课后补充阅读，殊不知学生在阅读文本之前，头脑并非一片空白，一种“前理解”已然存在。为了很好地抓住学生的“心”，渲染、绵延“景中之情”，教师应该灵活地采取课前预备阅读、课中插补阅读、课外拓展阅读。如教学《望月》一课，我在课前补充了三个系列的阅读：“月之诗”“月之歌”和散文“故乡明月”。

总之，教师在教学中可以通过各种手段来渲染，力求让学生在阅读文字的时候，与“风景”对话，达到“物我两忘”的境界，让他们的心灵得到洗礼，孕育美好的情感。

三、品文：咬文嚼字，感悟语言

语文教育家刘国正先生说过："'咬文嚼字'一语，一般认为是贬义的，但是，就语文教学来说，却是应该奉为圭臬、大大提倡的。"写景文有其自身的语言文字特点。在学生欣赏了景、领悟了情之后，细细品味语言和文字的曼妙，既是对文章的深度领悟，又是"扎实"语文的需要。一般来讲，我们可以从以下四个方面去品味、感悟语言文字：

1. 音韵的和谐

汉语语言，特别讲究音韵和谐。平仄押韵，朗朗上口；排比复沓，回肠荡气；铿锵有声，余音环绕。写景文中这样的例子俯拾皆是，如：

从北边的天际前赴后继、锲而不舍地扑向堤岸，溅起数丈高的浪花，发出雷鸣般的轰响，有时竟把岸边数百斤重的石凳掀到十几米远的马路中央。(《烟台的海》)

"溅起数丈高的浪花，发出雷鸣般的轰响"，一个写"形"，一个写"声"，相同的句式，读来气势逼人。更值得点一点的是"中央"一词，本来也可以用"中间"或者"中心"，可作者用"央"，显然是考虑到与"岸""响"的押韵，以"ang"结音，读起来响亮。

雪峰插云，古木参天，平湖飞瀑，异兽珍禽……九寨沟真是个充满诗情画意的人间仙境啊！(《九寨沟》)

月光下的西湖，又是一番景象。夜幕初垂，明月东升，轻风徐来，湖水荡漾。岸边的华灯倒映在湖中，宛如无数的银蛇在游动。(《西湖》)

语段中的四字词语，近乎对仗，读来节奏明快、韵味十足。

"舟行碧波上，人在画中游"。(《桂林山水》)

蒙汉情深何忍别，天涯碧草话斜阳！(《草原》)

古诗今韵，在写景文中熔于一炉，读起来别有韵致。

2. 词语的准确

不管古人还是今人，在遣词造句方面都讲究精准，力求字字珠玑。比如，《荷花》一文中"白荷花在这些大圆盘之间冒出来"的"冒"字；《草原》一文"这次，我看到了草原"的"这次"和后面的"，"，这些字词看似平常，细细品味，却是贴切无比，意蕴深长。在教学中，如何培养学生对语言文字的敏感呢？一位教师在《广玉兰》教学中这样启发学生——

师：广玉兰的美需要我们细细去品味。下面就请同学们选择作家描写的某一个方面，抓住关键词句去发现它美的魅力。

……

生：我研究的是广玉兰花的形态美。比如说，当我读到描写第一种形态的句子的时候，眼前仿佛出现了一位含羞而立的少女。

师：是啊！这是一位含苞待放、气若幽兰的害羞少女。

生：作者把刚刚绽放的广玉兰写得生机勃勃，一个“钻”字就把小蜜蜂那种迫不及待的心情给写活了。

师：是啊，多么急切的小蜜蜂啊！同学们再读读这句话，品一品这个“钻”字还蕴涵着什么韵味。

生：广玉兰花的幽香吸引了勤劳的小蜜蜂。

师：不错！缕缕幽香招蜂来。

生：我从“钻”字还读出了广玉兰花瓣和花蕊之间的空隙很小，所以小蜜蜂就只能钻进去采花蜜了。

师：作者用词多么精当啊！

3. 句式的丰富

写景文较之其他体裁的文章，在文章中更多地运用了排比句、比喻句。如《泉城》开篇：“这些泉有的白浪翻滚，好像银花盛开；有的晶莹剔透，好像明珠散落；有的声音洪大，听起来如虎啸狮吼；有的声音低细，听起来如秋雨潇潇。”这样的句式，在《九寨沟》《烟台的海》《北大荒的秋天》等好多课文中出现。至于比喻句，更是篇篇皆有，生动形象，令人难忘。

4. 修辞的生动

风光景致要诉诸笔端，必然需要恰如其分地运用各种修辞手法。细细研究，写景文中常用的有比喻、排比、复沓、拟声、拟人、设问、对偶等修辞。对于这些修辞手法的运用，在教学中不一定要学生认识有多深，只要有些模糊的感知就可以了。最要紧的，是教师能引导学生去发现一些运用修辞的规律和方法。在《广玉兰》一文的教学中，有位教师做得很不错：

生：作者把盛开的广玉兰比成婴儿，非常惹人喜爱。

师：把你的感受读出来。（生美美地读）

师：其实，美好的情感都是相通的，作家常常把美好的事物比作孩子。在我们本学期学过的文章当中，有哪些这方面的例子呢？

生：在《三亚落日》中，作者把落日比作了快乐的孩童。“它歪着红扑扑的脸蛋，毫无倦态，潇潇洒洒地从身上抖落下赤朱丹彤，在大海上溅出无数夺目的亮点。”

生：在《烟台的海》一文中，作者把浪花比作顽皮的孩子。“微波泛起，一道道白色的浪花，从北面遥远的地平线嬉笑着追逐着奔向岸边，刚一触摸到岸边的礁石、沙滩，又害羞似的退了回去，然后又扑上来，像个顽皮的孩子。”

师：多么可爱的落日！多么顽皮的浪花！《广玉兰》的作者为什么把广玉兰比作更弱小的婴儿呢？

（出示盛开的广玉兰图片）

生：因为婴儿最柔嫩、最纯洁、最可爱，而盛开的广玉兰花恰似刚出生的婴儿般惹人喜爱。

师：请大家好好读一读这句话，把这美好的画面留在记忆中。

一篇好的写景文，可圈可点之处必然很多。这就要求教者细细研读文本，大胆取舍，抓住一两处字词，引导学生品味、鉴赏，切忌面面俱到，否则就有些零碎、纠缠了！

四、抒写：迁移练笔，学会表达

写景文文质兼美，课文里隐藏着许多语言表达的“秘密”，留存着许多作文练笔的“空白”。教师在教学中该如何充分挖掘这些因素，引导学生迁移练笔，学会观察身边景、抒写身边景，培养高尚的审美情趣，提高敏锐的审美能力呢？

首先，可以从文中获得写好景物的源泉。比如，于永正老师教学《鼎湖山听泉》，在教学“收宫”阶段这样启发：

师：同学们，这篇文章写得很妙，让人百读不厌，越读越有味道。我也去了，可是就写不出这么好的文章来。你们能替谢大光总结一下经验，让我也学一学吗？

生：刚才说了，因为谢大光认真观察了。

生：他还用心去品味了。他觉得泉太美了，泉声太美了，所以才会写得好。

师：我明白了，因为作者对它有情，喜欢它，所以才写得这么好，是不是？

生：还有他的语言丰富，考虑得很全面。

师：你们太厉害了！你们回答得太好了！……同学们，你们的发言使我想起了一句话，叫“登山则情满于山，观海则意溢于海”，只要我们热爱生活，以欣赏的眼光看待周围的事物，再加上爱读书，有丰富的语言，我们一定会写好作文的！

其次，可以在教学的过程中将读写结合起来，相机指点写法。有位教师在教《黄山奇石》时，设计了这样的练笔：

师：小朋友，书上写了黄山的奇石很多。请看这块石头像什么？

（出示：“天狗望月”挂图，生观察）

生：像一只狗。

师：好眼力！它的名字就叫“天狗望月”。再看一块石头（出示：笔架峰挂图）这块石头太大，成一座小山峰了。你们看它像什么？谁给它起个名字？（学生好奇地观察、思考）你们可以讨论一下，各自发表看法，然后再说给全班同学听一听。

生：它像老虎的爪子。

生：它像熊掌。

师：还真像一只大熊掌！有人叫它“笔架峰”，见过放毛笔的架子吗？像不像？

生：像！

师：但它更像小朋友说的——熊掌！请你写一写，能行吗？这两个选择一个。你觉得该怎么写就怎么写，能写多少写多少。书上写“仙桃石”不就是一句话吗？当然，如果能用上一点打比方就更好了！

（学生思考、写作，师巡视、辅导）

师：小朋友写得真快，谁来读一读？

生：（读）“在一座山峰有一只狗，它昂着头，望着天空，好像在等待月亮出来。夜晚，月亮出来了，像一个大大的白玉盘。它一动不动地趴在那里，静静欣赏呢！”

生：（读）“黄山上有一块巨石，有人叫它‘笔架峰’。我看它更像熊掌。你看，那五个脚趾头上，还长着尖尖的指甲呢！”

……

当然，教师在教学中还可以相机地渗透如何去观察景物、如何去描绘景物、如何借景表达自己的心情等写作方法、写作技巧。一点一滴地渗透，一招一式地点拨，天长日久，学生所得必丰。

另外，写景文教学还必须注意由文本向生活迁移。生活是写作的源泉，写景素材较之其他写作素材更为丰厚，上至天空，下至大地。“一花一世界”，只要学生愿意，就能“借到景”，“抒发情”。比如，教学《望月》时，一位教师这样布置作业：

从古到今都是这一个月亮，但是那么多作家、诗人笔下的月亮为什么都不一样，都那么美呢？今天的作业就是：在有月亮的晚上，同学们观察一下月亮，再观察周围的景物——山、树、人、房屋、水都是什么样子。你仔细观察，用心幻想，你的笔下一定会有一篇篇优美的文章诞生。老师期待着。

有句谚语叫“灯不拨不亮”。学生的潜能很大，但需要点拨、需要激发。20 天之后，学生交来了一篇篇精彩的习作。

“教无定法，贵在得法。”写景文的常规教学路向，遵循了先由抽象向形象的转化，再在形象中感悟言意，最后学会运用抽象的语言文字表达形象的自然景观的审美教学原则和语文学习的规律。虽然它不一定成为一种固定模式或者程序，但我们在教学中灵活运用，一定会让“风景”摇曳多姿，得言得意。

《地震中的父与子》教学实录

一、复习回忆

师：这节课我们继续学习《地震中的父与子》。

（生一起读课题《地震中的父与子》）

师：请同学们回忆一下，这篇文章写了一件什么事情？

生：课文写了地震后，父亲冲向学校，挖掘废墟，最后父子得以相见的故事。

师：（课件：父子幸福相拥的画面）是什么样的信念让这对父子创造了生命的奇迹呢？

生：是父亲说的一句话让他们创造了奇迹。这句话是“不论发生什么，我总会和你在一起”。（课件：不论发生什么，我总会和你在一起）

（生齐读这句话）

二、走近父亲，感受他救子的决心

师：这堂课，我们再次走近这位父亲，感受他坚定的救子决心。现在让我们进入“活动一”，谁来大声地把“活动一”的要求读一读？

（生读活动要求后自主学习）

生：我们组从这里感受到父亲坚定的救子决心。

生：父亲在不停地挖儿子，“他挖了 8 小时，12 小时，24 小时，36 小时，没人再来阻挡他。他满脸灰尘，双眼布满血丝，衣服破烂不堪，到处都是血迹。”这里让我非常感动。

生：因为“他挖了 8 小时，12 小时，24 小时，36 小时”，从时间上看他一直在挖，是整整挖了 36 小时，挖了这么长时间，我们一般人都做不到的，所以我感动。

生：我觉得父亲奋不顾身的精神让我感动。他不停地在那里挖，36 小时都没停止过，眼睛满是血丝。为了救儿子，父亲付出了这么多，有谁读了不受感动呢？

师：是啊！整整 36 小时啊！不吃、不喝、不睡、不停地挖着。如果是你的话，你会怎样？

生：我会很累，而且不能坚持挖。

生：我可能想放弃。

师：然而父亲在这 36 小时里，只是做着一件事。（示意学生读）

生：“他挖了 8 小时，12 小时，24 小时，36 小时，没人再来阻挡他。他满脸灰尘，双眼布满血丝，衣服破烂不堪，到处都是血迹。”

师：你能想象父亲“破烂不堪”是什么样吗？

师：你能把这“破烂不堪”的镜头读出来吗？（学生练读这两句话）

师：同学们试想一下，在正常的情况下，我们在这 36 小时应该做些什么？

生：应该吃饭、睡觉、休息之类的！

师：是啊！以你的生活体验，父亲应该吃饭、休息是吧？而父亲却一直在挖，你为此而感动。再比如——

生：“他满脸灰尘，双眼布满血丝，衣服破烂不堪，到处都是血迹。”这句话说明父亲在挖的时候发生了很多危险。从“到处”这个词就能看出，父亲可能把手划破了，还可能挖到血淋淋的尸体。即使是手破了，衣服破了，但父亲还在坚持挖，不停地挖，挖得多么艰难啊！父亲这种毅力深深地打动了我。我想给大家读读。

师：好，带上这份感动，用你的朗读，再现挖废墟的父亲。(生读)

师：体会得深刻，读得很动情，大家给他掌声。(学生鼓掌)

生：我们也来说说。

生：我们谈谈文中两处“你是不是来帮助我”所体会到的。

生：我体会到父亲在挖掘的时候很希望有人来帮助他。

师：对！(问提问的学生) 你觉得她体会得对吗？

生：我觉得她体会出了一些。

师：只体会出了一些，还没有完全，是吗？你能说说吗？

生：从这句还可以体会出父亲对救出自己儿子的渴望，他渴望有人来帮助他，而不是他一个人来挖掘。

师：除了希望别人来帮助他，还希望什么？

生：第 5 自然段让我感动，别的父母哭喊后，便绝望地离开了，而这位父亲却在那里接着挖。

师：你从文中哪里看出来的？给大家读读。

(生读第 5 自然段)

师：能说说你为什么把“再来”读得很重吗？(课件出示红色字)

生：因为他现在即使是破烂不堪，到处都是血迹，也没有人再来阻挡他，在一开始的时候还有很多人来阻挡他呢！

师：现在没人“再来”阻挡他，大家可不要小看“再来”这个词，你们找找看，曾经有哪些人阻挡过他？(学生找)

师：曾经有哪些人阻挡过他？谁来读读？

生：“消防队长挡住他，……”

师：这位父亲问 (教师示意学生接读)

师：曾经还有哪些人阻挡过他？(指着另一名学生)

生：“警察走过来……回家去吧。”(示意学生齐读)

师：“人们摇头叹息着走开了，都认为这位父亲因为失去孩子过于悲痛，精神失常了。然而这位父亲心中只有一个念头：(学生接着读)”

师：这么多人阻挡过他，为什么现在没有人来阻挡？

生：因为他不听别人的劝阻，别人劝他时，他总是重复一句话：“你是不是来帮助我？”所以就没有人再来阻挡他。

生：因为父亲现在可能都不知道别人在说什么，他只想企求有人来帮他，所以别人认为他精神失常了，不再阻挡他。

师：他清醒着呢，他没有失常，但是这么一位清醒的人被人误解，如果是你，你现在的心情会怎样？

生：我会很失望、很孤独。

生：我会很无助、很苦闷的。

师：当我们感受到这位父亲的无助、孤独、没人理解时，你再读这两句话，会更感动，会有更深刻的感受。

（生自由读第 12 自然段的前两句话）

师：请大家闭上眼睛，设身处地地想象一下，说一说，你眼前出现的是一位怎样的父亲？

生：我眼中出现了一位挖了很长时间、奋力拯救儿子的父亲。

生：我眼中出现了一位 36 小时没有吃饭，体力都坚持不住，可他还在挖，挖着挖着，就晕过去了，醒了再接着挖的父亲。

生：我眼中出现了一位顾不得休息、也不肯吃东西、很坚强的父亲。

生：我眼中出现了一位意志坚定、决不放弃的父亲。

生：我眼中出现了一位不顾一切，流了血、衣服破了也不在乎，很有毅力的父亲。

师：对，父亲会抹掉眼角的泪花继续挖，父亲就是在挣扎中挖着，让我们通过朗读再现眼前的父亲。

（生读“他挖了 8 小时，12 小时，24 小时，36 小时，没人再来阻挡他。他满脸灰尘，双眼布满血丝，衣服破烂不堪，到处都是血迹。”）

师：父亲不断地在痛苦中疯狂地挖，他挖的哪是废墟啊！他挖的是饱含血泪的情，令人心痛的爱啊！

（生配乐齐读第 12 自然段）

师：到底是什么力量支撑着父亲这样做？

生：是一种伟大的父爱力量在支撑着他。

生：这是一种超常的力量，凭着他常对孩子说的一句话——“不论发生什么，我总会跟你在一起！”

师：这伟大的力量正是源于这句最真挚朴实的话。（教师示意学生读）

（生读句子“不论发生什么，我总会跟你在一起！”）

三、走近儿子，体悟他求生的力量

师：这力量也给了儿子。我们来看“活动二”的要求。

(生自由读13至23自然段)

师：你从文中哪里看出儿子非常相信爸爸会来救他？请你读一读。

生：“我告诉同学们不要害怕，说只要我爸爸活着就一定会来救我，也能救大家。因为你说过，不论发生什么，你总会和我在一起!”

生：我觉得阿曼达七岁，比我们还要小，就能凭着父亲的这句话安慰同学们，告诉大家不害怕，这种精神很令我感动。

生：我从“只要”“一定”看出他对父亲的话非常信任。

师：你抓住了这两个词语来谈的。对，我们读书就应该细细地品味语言文字，不要放过每一个词语。

师：从这段话中你有了怎样的感受？

生：儿子只有七岁，但他能安慰大家，并坚定地告诉同学们，爸爸一定会来救他和大家的，一定不会抛弃他不管的。儿子有信心，因为儿子也时刻记着爸爸对他说的话——“不论发生什么，我总会跟你在一起!”真的见到了爸爸，儿子是多么兴奋呀!

师：大家带上坚定和兴奋的心情一起读。(学生齐读第16自然段)

师：阿曼达还有让你感动的地方吗？

生：我从第23自然段感受到阿曼达的了不起，他终于又见到了父亲，他却自己先不出来，让同学出来，他有着保护同学的意识，对同学们很有责任感。

师：谈得多么深刻，来，给大家读读。(学生读第23自然段)

生：老师，我觉得应该带着自豪的语气读，就能读得有感情。

师：对，把自己当成废墟底下的阿曼达，带上自豪的心情，你会读得更有味道，请你试试。(学生读第23自然段)

师：有味道了，让我们一起把那种斩钉截铁的语气读出来。(齐读)

师：阿曼达就是凭着对父亲的信心，凭着他牢记父亲说过的那句话：

(学生齐读“不论发生什么，我总会跟你在一起!”)

师：再看着这幅图，多么幸福的画面。你感受到了吗？

生：因为父亲相信儿子，儿子相信父亲，他们心灵相通，终于团聚了。

生：父亲爱着儿子，儿子相信父亲。是爱，让他们幸福着。

师：骨肉终于团聚，父子心灵相通，是亲情让他们幸福，是信守承诺让他们幸福。爱让他们这样幸福，被爱让他们如此幸福。

师：七岁的小阿曼达，在废墟底下顽强地等。一直等了38小时，几乎是39小时的生死离别啊！现在终于逃出死神的魔掌。让我们一起带着这份感动，带着这份惊喜，把他们父子两个创造生命奇迹的那一幕，完整地展现给大家，我读父亲的话，你们读阿曼达的话。（师生对读13～23自然段）

师：请大家齐读最后一句话。

（生齐读“这对了不起的父与子，无比幸福地紧紧拥抱在一起。”）

师：父亲对儿子的爱，让我们感动；儿子对父亲的信任，更让我们感动。一句平实而强有力的话连接着两颗心。

（生读“不论发生什么，我总会跟你在一起！”）

师：七岁的阿曼达经历了这样的历程，他一定会更加勇敢，更加坚强，父子俩就是凭着这句话创造了生命的奇迹。

（生再读“不论发生什么，我总会跟你在一起！”）

师：父亲的形象已经刻在我的心中，父亲的这种让人心痛的爱，让我们深深地感动。如果你们感兴趣的话老师还有两本书推荐给大家。一本就是《父与子》，另一本是《感悟父爱》。在我读这篇课文的时候，我就想起了一本书《感悟父爱》，在这本书序的开头有这样一句话很感人，很有哲理，请大家一起读读：“总有一个人将我们支撑，总有一种爱让我们心痛，这个人就是父亲，这种爱就是父爱。”

附：

《地震中的父与子》活动单（第二课时）

学习目标

1. 从课文的具体描述中感受父爱的伟大和力量。

2. 研究课文抓住人物外貌、语言、动作进行描写，反映人物思想品质的方法。

活动方案

活动一：感受救子的坚定决心

1. 朗读5～12自然段，想想、画画、写写：

用“～～～”画出体现父亲坚定地救助儿子的词句，选一处在旁边写写自己的感受。

（阅读提示：关注别人一次又一次地劝阻父亲、父亲挖掘的时间、父亲的外貌）

2. 小组交流：互相说说阅读感受，并练习有感情地读出自己的感受。

3. 全班展示。

活动二：体悟求生的精神力量

1. 读读 13～24 自然段，想想：

从哪里感受到父亲的承诺给了阿曼达巨大的精神力量？用“____”画出来，有感情地朗读。

2. 小组交流。

3. 全班展示。

检测反馈

小练笔：想象一下，阿曼达在废墟下会想些什么、说些什么呢？

____

____

____

____

【点评】

本堂课，教者深入钻研教材，从教材的实际、学生的学情出发，紧扣教学目标和重点，对课堂中可能提出的问题精挑细选，精心设计了活动单，把握课文的情感主线，围绕“不论发生什么，我总会和你在一起”，抓住父亲“救子的决心”和儿子“求生的力量”设计活动板块。教学时，学生从最能体现父爱之情的精彩描写中，在教师有层次、有目的的引导下走近父亲，从拯救时间的漫长和艰难、从处境的危险、从心理体会父亲的了不起，以情体会父爱之情，以心感受父爱之心；又抓住最能体现儿子了不起的语句引导学生体会儿子对父亲的信赖和沉着、勇敢、先人后己的品格。

语文的味道全在关键的词句里，在理解后的朗读里。这节“活动单导学”模式下的语文课，学生沿着“找重点句—抓关键词—感情诵读”的方法品词析句，在读中理解、读中体会、读中悟情，在自主学习、自主品读和自主展示中体现出浓浓的语文味。

（点评：张亚梅）

《少年王冕》教学实录

一、复习导入，整体感知

师：本堂课我们继续学习《少年王冕》。

师：通过上堂课的学习，你知道课文写了王冕少年时期哪些年头的事呢？

生：课文分别写了王冕七岁、十岁、十四岁、十八岁发生的事。

师：谁能说说这四个年头分别发生了什么事情？

生：七岁时，王冕的父亲去世……

师：这四个年头是王冕人生的转折点。其中作者只选取了王冕十岁和十四岁来写，为什么呢？

二、合作研究，体会孝敬

师：这堂课首先让我们走进王冕十岁那一年。请打开书，拿出活动单，请一位同学把“活动一”的要求朗读一下。

（生读活动要求）

生：我们小组对王冕因家境贫寒一边放牛一边读书的事很感兴趣。现在将我们的研究成果向大家汇报。

生：请大家看课文第2自然段王冕的话：“娘，我在学堂里也闷得慌，不如帮人家放牛，心里倒快活些。这样可以贴补些家用，还能带几本书去读呢。”我从中体会到王冕很善解人意。因为他也很想到学堂读书，但他孝敬母亲，就骗她说自己在学堂里闷得慌。（生板书“善解人意”）

生：我不同意你的观点。王冕可能不是骗妈妈，因为他可能觉得学堂里老师管得太严，不如回家学习自由。

生：王冕是回家学习吗？他是回家放牛啊！只能边放牛边读书，哪里比得上在学堂里舒服？而且你看他多么热爱学习，放牛还得带上几本书！这样的王冕怎么会嫌老师管得严呢？

生：我同意你的观点。这不是王冕的真心话！

生：我认为这是王冕的真心话。但我和张××想的不一样。我认为王冕家境贫寒，母亲在家里操劳，作为一个孝顺的孩子，他在学堂里也不能安心地读书；作为家里的一个小男子汉，自己可以放牛替母亲分忧，同时又不耽误学习，这样做“心里倒快活些”。

师：分析得特别好！其实，王冕的话半真半假，“闷得慌”是——（生齐）假，“快活”是——（生齐）真！体会得这么好，给大家再读读这段话，让我们一起感受王冕的孝心吧！

（生有感情地读课文）

生：请大家看课文第 4 自然段，“遇上秦家煮些腌鱼腊肉，他总舍不得吃，用荷叶包了回家孝敬母亲。每天给的点心钱，他也舍不得花，积攒一两个月，便偷空来到村学堂，从书贩子那里买来几本旧书。白天牛吃饱了，王冕就坐在柳树荫下看书。”大家从这段话的两个“舍不得”中体会到什么？

生：第一个“舍不得”体会到王冕很孝敬母亲，时刻想着母亲；第二个“舍不得”体会到王冕十分爱学习，为了读书省吃俭用。

生：你体会的和我一样。王冕不舍得吃好吃的，留给母亲吃，他是多么孝敬自己的母亲啊！

师：你们可真会学习，抓住关键词予以体会。来，把你们的感受读出来吧。

（生感情朗读 2～4 自然段）

师：十岁的王冕就如此孝敬、懂事，真的不简单！

三、美读理解，重现美景

师：会学习的你们一定不会错过一段美景。请你们在小组内练习朗读，待会实录展示，好吗？

（生读“活动二”要求后朗读）

师：怎样才能读美呢？我们可以语速慢点，如同在欣赏；可以边读、边想象，雨后景色就如同在眼前。

生：我们小组研究了课文中王冕仔细观察生活学画荷花的部分。首先请大家看大屏幕，我们小组收集了一些美丽的荷花图片，请大家一边欣赏，一边听我们组员为大家读课文的第 5 自然段。

（生挑战读）

生：看到这么美的景色，我想起了杨万里的《晓出净慈寺送林子方》：毕竟西湖六月中，风光不与四时同。接天莲叶无穷碧，映日荷花别样红。

（后几句几乎全班齐背）

师：你们想到了什么？

生：我想到了王昌龄的《采莲曲》：荷叶罗裙一色裁，芙蓉向脸两边开。乱入池中看不见，闻歌始觉有人来。

生：我想起了《江南》：江南可采莲，莲叶何田田。鱼戏莲叶间，鱼戏莲叶东，鱼戏莲叶西，鱼戏莲叶南，鱼戏莲叶北。

生：老师，我有个问题，这篇课文的中心是写王冕是个孝敬母亲、勤奋好学的人，那为什么用这么多字来写荷花呢？

师：是啊，为什么要写荷花呢？大家怎么认为呢？

生：我知道，王冕喜欢荷花！

生：我觉得用那么多笔墨来写景，这不是跑题吗？

生：不写这么美的荷花，王冕怎么会想到画荷花呢？我认为这是作者为王冕下文画荷花作了一个铺垫，所以不跑题！

师：有道理。还有一个原因，周敦颐的《爱莲说》，谁知道是什么意思吗？（生摇头）谁知道？

生：我知道，就是赞美了荷花“出淤泥而不染”，保持自己的冰清玉洁，不与世俗同流合污的高尚品质。

师：说得真好！那明白了荷花的品质，现在大家再想想作者为什么大篇幅地写荷花呢？

生：因为王冕跟荷花一样“出淤泥而不染”！

生：因为王冕想跟荷花一样纯洁、不与世俗同流合污。

师：聪明！王冕是借荷花表白自己的心意啊！

生：我从课文第5自然段的最后一句“随后转念又想：‘天下哪有学不会的事？我何不自己画几笔？’”中体会到王冕是个有志气的人。他虽然没有老师教，但自强不息，最终成了一代名家。（板书“自强不息”“有志气”）

生：我也有这样的感受，蒲松龄有这样一幅自勉联：有志者，事竟成，破釜沉舟，百二秦关终属楚；苦心人，天不负，卧薪尝胆，三千越甲可吞吴。只要有志气就一定会成功！

生：我觉得虽然书上只是简单的“三个月”，但王冕一定吃了很多苦。

师：真会读书！能读出书上没有写出来的内容。那大家想想王冕这三个月是怎么度过的呢？

生：他顶着烈日坚持画画。

生：下雨了，他躲到树下仍然仔细观察。

生：他早出晚归，非常刻苦。

生：他废寝忘食，不停地画啊画！

生：王冕就是这样刻苦努力，终于画出了栩栩如生的荷花。大家知道在原文中吴敬梓老先生是怎么描写王冕画的荷花的吗？

生：不知道。

师：原文是这样写的："画到三个月之后，那荷花精神、颜色无一不像！只多着一张纸，就像是湖里长的；又像才从湖里摘下来贴在纸上的。"大家觉得哪一句更好？

生：我觉得原文好！语言很好懂，让人一下子就好像看到了王冕的画。

生：我也是觉得原文好！几个比喻就写出了王冕画的荷花惟妙惟肖、形态逼真的样子。

师：特别是最后给我们做的这番对比，更让我们体会到了吴敬梓语言的精妙。谢谢你们小组的精彩发言！

师：正如大家刚才所分析的，王冕就是这样一个善解人意、不怕困难、孝敬母亲、有决心、持之以恒、自强不息的人。（读学生写在黑板上的词语）但我们要把"孝敬母亲"放在最前面！（用箭头把"孝敬母亲"放到最前面）所谓"百善孝为先"，这是儒家的观点。这篇课文改写自吴敬梓写的《儒林外史》，谁能简单介绍一下这本书？

生：《儒林外史》讲的是古代科举制度下的读书人的故事。

师：是啊！儒生就是读书人，读书人就要做君子。可是在《儒林外史》这本书里，能称得上君子的只有王冕。那么，何为君子呢？《论语》中说："君子务本，本立而道生。孝悌也者，其为仁之本欤！"《周易》中有这样的话："天行健，君子以自强不息。"王冕正是这样的一位君子，所以《中国历史名人传》中评价王冕"堪称儒林楷模，学者榜样"。

四、再读课文，体悟成就

师：王冕靠着一股自强不息、坚持不懈的精神和意志，成了画荷花的高手，完全可以自立了，于是十八岁离开了秦家，和母亲朝夕相处在一起。请大家看"活动三"，默读最后一段。

生：母亲内心如此欢喜，是因为她终于看到儿子成人、成材了，又对她如此孝敬，内心无比欣慰。

师：是啊，王冕和母亲生活在一起，作画写诗，一生取得了非凡的成就。特别擅长画梅花，你们看——（点击课件）。

（男生读第一首。女生读第二首。齐读第三首）

师：长大的王冕，也有着许多令人钦佩的故事，大家不妨找来读读！

附：

《少年王冕》活动单（第二课时）

学习目标

1. 正确、流利、有感情地朗读课文，练习背诵第 5 自然段。

2. 理解课文内容，感受王冕“孝敬懂事”的美好品德和“自强不息”的可贵精神。

活动方案

活动一：感悟王冕的“孝敬懂事”

1. 朗读第 2～4 自然段，用“﹏﹏”画出体现王冕孝敬懂事的词语或语句，并选择一处在旁边写写自己的感想。

2. 小组合作：交流感想，练习朗读，互相点评。

3. 全班展示：读一读，说一说，评一评。

活动二：品味王冕的“自强不息”

1. 轻声读读第 5、6 自然段：

①找出描写雨后景色的语句，美美地诵读。

②哪些语句让你看到了一个自强不息的王冕？找出来读一读。

2. 小组交流。

3. 全班展示。

活动三：了解王冕的“非凡成就”

1. 默读最后一段，想想：母亲心里为什么如此欢喜呢？

2. 小组交流。

3. 全班展示。

检测反馈

发挥想象，把文中的这个片段写具体：

（王冕）起初画得不好，那荷叶____________________，那荷花________________。看着自己画的画，王冕心里________________。于是，____。三个月之后，便大有长进，那荷花的精

神、神态、颜色，没有一处不像真的。

【点评】

“活动单导学”模式下的课堂，由于有优质活动单的引领，学生总能直奔主题，切中肯綮，从而节约了无效时间，提高了课堂的有效性。本堂课，学生借助活动单，以关键词的把握与理解为抓手，体会王冕的孝顺和勤奋。一句王冕的话语，两个“舍不得”，“三个月”的想象，学生在自主读书理解中看到王冕的懂事与孝顺、勤勉与刻苦。

本节课，对有争议的景色描写没有回避，可见教者对教材处理的勇气和把握。课堂上，学生以自己的智慧赋予景色独特的视角。学生对古诗的联想，对王冕人格的认可，使得美景更美。同时，教者将课文语言与原作语言相比较，更是培养了学生的独立批判意识。不唯书，不唯上，是多么可贵的精神。显然，经典的魅力无可阻挡，相较之下，原作的语言更活灵活现，更富有想象空间。

（点评：张晶煜）

《水》教学实录

一、揭题，引入新课

师：这节课我们继续学习《水》，一起读——

生：水。

师：通过上节课的学习，我们了解到作者出生在一个缺水的地方，在那里，“水，成了村子里最珍贵的东西”。（板书：最珍贵）

师：课文从三个方面让我们初步感受了水的珍贵。还记得我们用哪三个小标题概括的吗？

生：一场雨、一把锁、一勺水。

二、一场雨里看“珍贵”

师：这堂课，我们再来细细地品读课文，体会水的珍贵，研究作者是怎样生动地描述水的珍贵的。

师：请同学们打开课本，拿出活动单。谁把“活动一”的要求大声朗读一下？

（生读“活动一”的要求）

（生自主学习后交流）

生：我们组来交流。

生：你看，“先是像我们这样的孩子，全身脱得光溜溜的，在雨中奔跑跳跃大呼小叫……”雨中的我们是多么开心啊！

师：孩子们在雨中的情形，让你脑海里跳出哪些词语？

生：欣喜若狂。

生：兴高采烈。

生：心花怒放。

师：你仿佛看到了什么？听到了什么？

生：我仿佛看到孩子们在雨中奔跑嬉戏。

生：我仿佛看到孩子们像过泼水节一样，把水往别人身上泼。

生：我仿佛看到孩子们张开双臂，仰着头，闭着眼睛享受呢。

生：我听到了雨滴落的声音，那么动听。

生：我听到了孩子们的欢呼声、奔跑时溅起的水声。

生：我还听到了大人们在雨中的交谈声。

师：孩子们，把你们的开心读出来。

（生感情朗读）

师：孩子们如此开心，大人们呢？

生：大人们不像我们这样，不过他们也很开心。

师：是的，大人们也很开心。课文中有句话中用了这个“也”字，谁把这句话读一读？

（生读语句）

师：从一个“也”字你读懂（体会到）了什么呢？谁来读好这个“也”？

生：其实大人们也跟孩子一样地开心，只是他们多了一份矜持。

生：我们组想来读一读这段话。

（生齐读）

三、一把钥匙牵“珍贵”

师：下雨的日子毕竟太少了，更多的是干燥和炎热。母亲是怎么保管水窖里的水的呢？

师：请大家按照“活动二”的要求，学习课文的第 3 自然段。

师：谁来把四兄弟的那种对水的渴望，那种对母亲急切的期望表达出来？

（生读第3自然段）

四、一勺水下浴“珍贵”

师：当母亲打开那把锁，孩子们又享受到了怎样的痛快和幸福呢？我们一起进入“活动三”的学习。

师：在母亲的一勺水下，四兄弟刚开始是什么样的表现？后来呢？

生：刚开始四兄弟兴奋得“啊啊”大叫起来。

师：同学们回忆回忆，你有过痛快、兴奋得“啊啊”大叫的经历吗？怎么读好这种痛快的感觉呢？

生：一直想要的礼物突然出现在眼前，我会兴奋地叫起来。

师：那这时你的“啊啊”大叫其实就是在说——

生：我终于得到你了！

师：那这里的“啊啊”大叫，是在说什么呢？

生：好舒服啊！

生：好痛快！

生：真是人生快事啊！

生：多么凉快啊！

师：后来呢？

生：“从头顶倾注而下的水滑过了我们的脸……”

师：这里为什么用“滑”，而不用“流”呢？“滑”会是一种什么样的感觉啊？

（点击课件：“滑”和“流”的文字）

生：“流”下来的速度很快，而“滑”是慢慢的。

生：“滑”让我想到了水的轻柔。

生：就像是妈妈的手抚摸过我的身体一样。

生：似乎水也是有生命的，它慢慢淌下来，让我们慢慢享受。

师：看着文字，你们静静地看着，在心里读一读。

（生默读）

生：我觉得我们太渴了，似乎每一个毛孔都是一张嘴，每张嘴都在吮吸着水。

生：水就是甘霖啊。

生：水让我们充满了活力。

师：如果说，第 4 自然段是写孩子们痛快得“啊啊”大叫的“动”，那第 5 自然段呢？同学们比较比较看！

生：是静静地享受水给他们的舒服、幸福。

师：怎样读好这种静静地享受的感觉呢？

生：我们朗读的速度慢一点，声音轻一点、柔和一点。

师：请同学们闭上眼睛，我们一起来静静地听一听！（点击课件：朗读录音）

师：这段文字，还可以改编成一首小诗，读起来也许更有味。（点击课件：小诗）请同学们边听着配乐，边在心底读读！

师：我们一起读，注意让人有种幸福的享受哟！

（生配乐齐读）

师：母亲看着四兄弟痛快、舒服的模样，笑着对我们说（引读）——

生：“‘你们真是饿坏了。’这是我至今为止唯一听到的将‘渴’说成是‘饿’的话。”

师：母亲为什么将“渴”说成“饿”呢？

生：水如同粮食一样，是我们赖以生存的，是必不可少的。

生：母亲这一说法，更看出我们缺水，对水有多渴望。

师：其实，没有水的生活是很艰苦的，你们看——（点击课件）可是，整篇课文我们却没有感受到一点“苦”，而是无比的“快乐”，作者为什么这样写呢？同学们想想看！

生：因为很苦，所以快乐才是那样地令人难忘。

生：是为了衬托欢乐。

师：对了，这是一种写作的好方法，叫——反衬。（点击课件：蝉躁林逾静，鸟鸣山更幽。）这样写进一步表现了（点击课件：水，最珍贵），也表现了人们在那样艰苦的环境里，对生活依然充满了乐观。

五、检测反馈

师：我们一起看看“检测反馈”。

附：

《水》活动单（第二课时）

学习目标

1. 能正确、流利、有感情地朗读课文。

2. 品味细节，体会作者如何生动描述水是最珍贵的，懂得要珍惜水资源。

活动方案

活动一：“一场雨”中看“珍贵”

1. 朗读第2自然段，找一找：文中描写人们享受雨水的句子。

从一个“也”字，你读懂了什么？注意读好它哟！

2. 小组合作：

①读着这些语句，你仿佛看到了什么？听到了什么？

②练习朗读，互相点评。

3. 全班展示：读一读，说一说，评一评。

活动二：“一把锁”上看“珍贵”

1. 轻声读读第3自然段，想一想：

①母亲腰间的那把大锁，锁住了什么？“我们”可能会对母亲说什么？

②有感情地读好写“锁”的句子。

2. 小组交流。

3. 全班展示。

活动三：“一勺水”下看“珍贵”

1. 潜心默读4、5自然段，要求：

①用“～～～”画出一勺水下孩子们痛快、舒服的语句。

开始时还是“倾注而下”，到后来怎么“几乎没有一滴”了呢？

②水是怎样流过我们全身的？圈出表示动作的词语或者一处细节，品味品味，在旁边写写自己的体会。

2. 小组合作：重点交流上面的第②个问题。

3. 全班展示学习收获。（友情提醒：要力求用朗读打动人）

检测反馈

写一条关于“水”的公益广告。例：要像爱护眼睛一样，珍惜水资源！

【点评】

本堂课，在对文本的深刻把握和内容的清晰呈现上对我们的教学很有借鉴意义。三个活动单元的概括：一场雨、一把钥匙、一勺水，一下子将课文的脉络理得清晰明了，正所谓“提领而顿，百毛皆顺”，教师高度的概括和准确的归纳，让阅读变得通透了；对三处“滑过”的体悟，使原本熟悉的语句变得陌生起来，自以为懂了的地方有了他们没有发现的东西，促使学生细细地品味、反复地揣摩，最终领悟到了矛盾中的美妙、细腻中的精彩，使语文课堂有了富有理智的挑战了。于是，阅读就进入到了一个新的境界：从关注内容转移到了自觉地关注语言！一个“啊啊”大叫的想象，激活学生的生活经验，勾起他们过节时的快乐，从而达到阅读中的移情体验，将水的珍贵点得清简透彻，化难为易。还有可意会不可言传的“感悟”，如“痛快、舒服”的感觉，亦是在学生已有的经验基础上，引导学生通过思维和联想，触摸到文本的意蕴和情感所在。教者，教得清晰；学生，学得明白。

（点评：刘国庆）

《爱如茉莉》教学实录

一、板书课题，导入主旨

师：同学们，请跟老师板书课题。

师：同学们，见过茉莉吗？老师这里有一些茉莉的图片，我们一起来看一下。谁来说一说茉莉的特点？

生：我觉得茉莉花很小，很白，但很香。

生：洁白纯净。

生：我觉得茉莉花很平淡无奇。

师：课文用哪三个词语描写茉莉花的呢？

生：洁白纯净。

生：平淡无奇、缕缕幽香。

（学生分别板书洁白纯净、平淡无奇、缕缕幽香）

师：为什么母亲说“真爱就像茉莉”？这堂课，就让我们一起来细细地品读、感悟。

二、抓住“饺子”细节，体会父母的真爱

师：请同学们拿出活动单，我们先来品读课文的6、7、8三个自然段。谁来把“活动一”的要求朗读一下？

（生读“活动一”的要求）

师：从哪些细节描写中，能体会到爸爸妈妈之间的爱？找出关键词，用笔做个记号。

师：同学们读得很投入，有的同学读书习惯很好，边读边写下了自己的感受。（教师巡视，与学生小声交流）

师：同学们找到的细节很多，哪一组先来读一读自己画的细节？

生：我们组画的是——“映儿，本来我答应今天包饺子给你爸爸吃，……不然他会吃不下去的。”

生：妈妈在极其虚弱的情况下，想的不是自己，却是爸爸出差回来吃不上自己亲手包的饺子该怎么办。

生：我们画的是这句——“记住，要等他吃完了再告诉他我进了医院，不然他会吃不下去的。”妈妈对爸爸的了解多么深啊，可以说细致入微了。想想，平常的日子里，妈妈有多少这样细致的关怀啊。

师：如果你是妈妈，你想强调的词是——

生：记住、吃完、再。

师：这就叫关键词。

生：“然而，爸爸没有吃我买的饺子，也没听我花尽心思编的谎话，便直奔医院。”这句话让我体会到爸爸很爱妈妈，知道妈妈生病了，顾不上吃饺子，就直奔医院看妈妈。

师：是啊，煮好的饺子都没有吃，的确很关心！哪个词语最能体现爸爸的爱？

生：“直奔”这个词最感动我，写出了爸爸当时心里很急，很担心妈妈。不顾出差的疲劳先去医院看妈妈。

师：“奔”这儿读“bèn”，是有目的、有目标地去。爸爸心中的目标是什么呢？这一小节，我们可不可以这样改呢？——“然而，爸爸没有吃我买的饺子，便直奔医院。”

生：我觉得改得不好，因为爸爸连听“我”谎话的工夫都没有，说明爸爸当时心里很急、很担心，如果少了这句话，就体现不出来了。

生：不能改。原句能突出爸爸对妈妈的牵挂，表现出爸爸迫切地想知道妈妈的情况。

师：你们真会思考，我们读书还要学会揣摩人物的内心。你能把爸爸这急切的担心给读出来吗？

（生有感情地朗读）

三、抓住“陪护”细节，感受父母的真爱

师：“此后，他每天都去医院。”爸爸每天如此，不知疲倦、无微不至地陪护着妈妈。一天清晨，“我”走进病房里，看到了更加感人的一幕。请同学们看“活动二”的要求。听老师读一读“活动二”的要求。

（生自主学习后交流）

师：爸爸还有哪些行动让你有感触？

生：“似乎是我惊醒了爸爸。他睡眼蒙眬地抬起头，轻轻放下妈妈的手，然后蹑手蹑脚地走到门边，把我拉了出去。”爸爸怕吵醒妈妈，动作很轻，爸爸的细心让我感动。

师：哪个词表达了动作很轻的意思？

生：蹑手蹑脚。

师：那妈妈的行动呢？又让你感受到了什么？

生：“‘你爸爸伏在床边睡着了，我怕惊动他不敢动。不知不觉，手脚都麻木了。’”妈妈为了爸爸，宁可自己手脚麻木，这是一种无私的付出。

师：让我们回头看看爸爸——

生：“爸爸边打哈欠边说：‘我夜里睡得沉，你妈妈有事又不肯叫醒我，这样睡，她一动我就惊醒了。’”爸爸这一夜没睡，爸爸为了照顾妈妈，宁可自己受一夜的苦、一夜的累，这样的爱让人感动。

师：能把你心中的感受读出来吗？

（生各自读文）

师：刚才，爸爸说“这样睡”是怎样的睡法？读读第 9 小节。

生：“一天清晨，我按照爸爸的叮嘱，剪了一大把茉莉花带到医院去。当我推开病房的门，不禁怔住了：妈妈睡在病床上，嘴角挂着恬静的微笑；爸爸坐在床前的椅子上，一只手紧握着妈妈的手，头伏在床沿边睡着了。”

师：是怎样睡的？

生：妈妈躺在床上，嘴角挂着恬静的微笑；爸爸坐在椅子上睡，一只手紧握着妈妈的手。

生：“紧握”一词我读了很感动。爸爸“紧握”妈妈的手，担心自己睡得沉而耽误了对妈妈夜间的照顾，在这“紧握”之中，传递的是减轻病痛、最终战胜病痛的力量，传递的是爱与温暖，而爸爸握住的，不只是妈妈的手，更是妈妈的心，是平安，是一辈子的幸福。

生：平时我们睡着了不可能手还紧握着，从“紧握”这个词我还能看出其实爸爸睡得不沉，睡得很不踏实。

生：爱是体贴。

生：爱是关爱。

生：爱是默默地付出。

师：是呀，爸爸的爱，妈妈感受到了——

生："妈妈睡在病床上，嘴角挂着恬静的微笑。"

师：爱是付出，被爱是一种幸福、一种享受。我们都知道，其实妈妈睡得——

生："'你爸爸伏在床边睡着了，我怕惊动他不敢动。不知不觉，手脚都麻木了。'"

师：同学们，此时此刻你的心中一定有了一种感触，那就让我们美美地读读这动人的一幕——

（生齐读第 9 小节）

四、缕缕幽香"入怀"，领悟父母的真爱

师：课文中的环境描写也体现出这种爱的氛围，让我们再次回味病房里的那丛茉莉——

（生读 17、18 小节）

师：香味不可能钻进心中，钻进心中的是——

生：爱。

师：此时，"我"对茉莉花更加钟情了，突然明白了妈妈心里的"真爱"。请同学们看"活动三"，相信大家已然明白了要求。

师：最后，请大家完成"检测反馈"。

附：

《爱如茉莉》活动单（第二课时）

学习目标

1. 正确、流利、有感情地朗读课文。

2. 反复品读细节描写，感受父母之间平淡却深厚的亲情，从而理解"真爱就像茉莉"。

活动方案

活动一：透过"饺子"细节，体会父母的真爱

1. 朗读课文 6～8 自然段，想一想：妈妈怎么说的？爸爸又是怎么做的？

2. 小组合作：互相朗读、点评，商量商量怎样读好最感人的词语。

3. 全班交流展示。

活动二：抓住“陪护”细节，体会父母的真爱

1. 轻声读读9～16自然段，独立思考：

①作者看到了一幅怎样的画面？

②用“﹏﹏”画出父女、母女的对话，从父母的话里你体会到什么？

2. 选择一处细节（画面或对话）做深入研究，在旁边写写自己的感受。

3. 组内交流感受，练习有感情地朗读。

4. 全班展示学习收获。

要特别注意关注人物的动作、表情等细微的描写哟！

（你可以这样说：从“______”这个细节，我感受到____________________。从“______”这个词（句子），我读懂了____________________。）

活动三：品味缕缕幽香，领悟父母的真爱

1. 朗读17、18两个自然段，思考：为什么妈妈说真爱就像茉莉？

2. 小组讨论交流。

3. 全班展示。

检测反馈

静静地读读全文，试着完成小诗。

爱如茉莉

茉莉，____________________
茉莉，____________________
茉莉，____________________
平凡的日子里，
妈妈惦记着给爸爸包饺子，
爸爸____________________
妈妈____________________
爸爸____________________
爱就是彼此的牵挂，
爱就是____________________
爱就是____________________
哦，
爱如茉莉，
爱如茉莉。

【点评】

爱，如茉莉。这堂课，也如茉莉，看起来平淡无奇，品起来幽香缕缕，回味起来则是清香袅袅。美到极致是平实、自然。整堂课如涓涓细流，像一首清丽的小诗，没有波澜壮阔，没有峰回路转，但是同样动人。课堂上弥漫着的浓浓的语文气息，就是袅袅不去的清香吧。

从这节课的执教过程中我们不难看出，所有的学习活动都是围绕文章的词句来进行，读词、用词语说话、关键词语的理解等。“语言有温度，字词知冷暖”，能够从课文语言中体会“冷暖”的情感，是培养学生对语言敏锐感受力的重要途径。用情感去支配语言，这就是语言有温度的原因所在。学生在自读中自得自悟，并在教者的引导下架构具体的文字与生活的联系，从而促使学生深层次思考。教师的及时总结，延伸、完善了学生的理解，同时通过教师的话向学生传递教师的理解，让学生感受到未曾感受或者感受不深的。把教师的理解、评价与学生的理解结合起来，让学生有了更加立体丰富的认识。这样的学习，学生会更加接近语言的真相。

整堂课线索清晰，干净利落，没有旁枝斜蔓。想必学生的学习所得也是清晰的。

（点评：张亚梅）

《黄河的主人》教学实录

一、情境导入，领略黄河气势

师：这堂课，我们继续学习“23 课”，一起读——

生：（齐读）黄河的主人。

师：注意看，（师在课题“黄河的”下画横线，“主人”下画两个小圈）我们再一起读——

生：（齐读）黄河的主人。

师：白蒲小学的同学真聪明！一下就领悟了老师的用意。课题这样读，才有味道！

师：黄河，到底是什么样子呢？打开书，谁来朗读课文第 1 自然段？

（指名生朗读第1自然段）

师：读了文字，我们再来看一段视频。（点击视频：黄河滚滚的景象）

师：看到这一切，作者当时是什么样的感觉？

生：胆战心惊。

师：带着这种感觉，大家一起读。

（生齐读第1自然段）

师：站在令人胆战心惊的黄河岸边，作者“我”被河心的一个小东西吸引住了，那是什么？

生：羊皮筏子。

师：对，羊皮筏子。作者是如何描写羊皮筏子的？他当时的心情如何呢？我们先来读读课文的2～4自然段。

二、远望筏子，感受惊讶之情

师：（点击课件：活动一）谁来读一读“活动一”的要求？

（生读要求）

（学生自主学习后小组交流讨论，教师巡视指导）

班级交流：

师：各个小组都画了哪些句子呢？

生：我们组画了“从岸上远远望去，那么小，那么轻，浮在水面上，好像只要一个小小的浪头，就能把它整个儿吞没。”

生：我们组画的是“再定睛一瞧，啊，那上面还有人哩！不只一个，还有一个……一、二、三、四、五、六，一共六个人！这六个人，就如在湍急的黄河上贴着水面漂流。”

师：同学们很会读书，画的语句很准确。从这些描写中，你感觉作者当时的心情如何呢？可以用一两个词语来概括。

生：我感受到了担心。

生：我感受到的是惊讶和激动。

生：我还觉得他们有一种难以抑制的兴奋。

师：我们来看看这一句，你感觉作者当时是什么样的心理？（点击：从岸上远远望去……）

生：当时的作者一定是又紧张又害怕，还担忧。

师：该怎么朗读，才能揪紧听众的心呢？哪个小组来跟大家说说？

生：我们组认为，“那么小，那么轻”要读得轻点，“小小的浪头”“整

个儿吞没”要读得紧张点。(组员读)

师：你们组不但句子画得很准确，而且还读出了自己的体会！

师：其他组呢？也能把自己的体会读出来吗？

生：我们组来交流。在波浪滔天的黄河上，小小的羊皮筏子就像一片小小的叶子，随浪头颠簸，我们读的时候就要把那种危险读出来。(组员读)

师：刚才这句话，是作者远远望见的羊皮筏子，那么小，那么轻。当作者定睛一瞧，又发现了什么呢？我们一起来看看大家画的这段话。(点击课件)

生：羊皮筏子上还有人！

师：同学们注意了没有，这句话中有个“啊”(点击课件)，你觉得该怎么读呢？

(生读这一句)

师：有不同的读法吗？你来读。

(生读这一句)

师：你把“啊”处理得长了一点，你想表达的是什么心情？

生：是由衷地感叹。

师：读了第四声，如果我把它读成——谁说是第二声的？你来读。

(生读)

师：你也来读。知道吗？他读得比你投入，再请个同学投入地读。

师：当然，你可以读成第四声，也可以读成第二声，可以根据自己的感受来读。我们一起读一读好吗？(生齐读)

师：大家发现没有，这段话中数字特别多，“我”竟然像小孩子一样数着“一、二、三、四、五、六”，(点击课件)你觉得啰唆吗？这个“一、二、三、四、五、六”该怎么读？

生：我想读得快点。

生：也可以读得慢点，“我”在一个一个地数。

师：你想表达怎样的心情？谁来读？

师：你们现在数的这个速度和数前面六个同学的速度比比看……作者是在滚滚的黄河之上数，该怎么数呢？再练练。

(生练习读)

师：你来读读。说说你为什么读得这么慢？

生：因为太小了，太远了，看不清楚。

师：来，一起来数数，要是老师，还会这么数，“一、二、三、四……”，你会这样数吗？再试试看。我们之所以这样数，是因为下面一句，读——

（生读“这六个人……”）

师：注意这个字的读音，“湍”。

师：同学们，读出了自己的理解，才算真正会读书。

师：哪个小组的代表先来朗读？想挑战吗？

（小组挑战读）

三、聚焦艄公，感悟勇敢智慧

师：这就是黄河上的羊皮筏子。看得作者提心吊胆，可艄公呢？让我们接着学习课文的5～8自然段。谁读一读“活动二”的要求？（点击课件：活动二）

（生读“活动二”的要求）

（生自主学习后小组讨论）

师：哪一组先来说说画了哪些句子？

生：“他专心致志地撑着篙，小心地注视着水势，大胆地破浪前行。”

生：“皮筏上的乘客谈笑风生，他们向岸上指指点点，那从容的神情，就如同坐在公共汽车上浏览窗外的景色。”

生：“他站在那小小的筏子上，面对着险恶的风浪，身系着乘客的安全，手里只有那么一根不粗不细的竹篙。他凭着勇敢和智慧，镇静和机敏，战胜了惊涛骇浪，在滚滚的黄河上如履平地，成为黄河的主人。”

师：画得很好！我们一起聚焦艄公，看看他如何面对险恶的风浪的？（点击课件）

师：同学们知道什么叫“水势”吗？

（师画图：漩涡，激流汹涌、水流缓慢……）

师：面对险恶，艄公既“小心”又“大胆”，从这里你感受到一位怎样的艄公呢？

生：这是一位勇敢与智慧并存的艄公。

生：这是一位胆大心细的艄公。

生：这是一位对黄河水流了如指掌的艄公。

师：来，读一读。

（生读“他专心致志地撑着篙，小心地注视着水势，大胆地破浪前行。”）

师：作者除了直接描写艄公外，还写了哪些人呢？（点击课件：我不禁提心吊胆……）

生：还写了乘客的表现——谈笑风生，从容镇定。

师："乘客"怎么能谈笑风生，有如此从容的神情的呢？你敢坐艄公的羊皮筏子吗？

生：我敢。因为有艄公在，他熟练的技术让我很放心。

生：我也敢。我也是因为艄公。

生：我不敢。尽管艄公具有智慧，可隔着薄薄的羊皮筏子，脚底就贴着滔滔的黄河水，我还是心里很害怕。

师：来吧，把你的感受读出来。我们来分角色朗读，注意体会人物的不同表现哦！

（生分角色朗读）

师：作者通过写其他人的表现，更加突出了艄公的勇敢和智慧。其实啊，环境描写也可以来表现艄公呢！大家联系课文第 1 自然段，想想，作者为什么一开篇就写黄河呢？

生：黄河的激流告诉我们环境的恶劣，而艄公却成为黄河的主人，驾驭黄河，可见他的本领。

生：这样更能体现出艄公的智慧。

师：是的。同学们，黄河是我们中华民族的母亲河。炎黄子孙在这里繁衍生存，与恶浪、与苦难、与挫折搏斗，留下了许多感天动地的诗篇，他们永远是黄河的主人！我们看一部电视剧的片段。

生（齐读）：他（们）凭着勇敢和智慧，镇静和机敏，战胜了惊涛骇浪，在滚滚的黄河上如履平地，成为黄河的主人。……

四、检测反馈

师：同学们，羊皮筏子上的艄公令我们敬仰。拿起笔，写下你心中的仰慕吧。

附：

《黄河的主人》活动单（第二课时）

学习目标

1. 能正确、流利、有感情地朗读课文。

2. 感受黄河波涛汹涌的气势，领悟"黄河主人"的机智、勇敢，以及与大自然抗衡的不屈精神。

3. 初步认识课文正面描写和侧面描写人物的好处。

活动方案

活动一：远望汹涌激流中的筏子

1. 自由朗读课文 2～4 自然段：用“____”画出描写羊皮筏子的句子，练习有感情地朗读，体会体会“我”的心情。

学会抓住关键词语或者标点符号体会哟！

2. 组内练读，互读互评。

3. 小组间比赛，读感触较深的句子。

活动二：聚焦惊涛骇浪里的艄公

1. 自由阅读课文 5～8 自然段：

(1) 用“﹏﹏”画出直接描写艄公的句子，有感情地朗读。

别忘了联系“我”“乘客”的表现思考哟！

(2) 思考：“我”为什么说艄公是“黄河的主人”？

2. 组内讨论，互相朗读、点评。

3. 全班展示：可以先朗读，然后代表说说小组的看法。

检测反馈

羊皮筏子上的艄公呀，我敬仰你，敬仰你____，你____。

【点评】

《黄河的主人》这篇文章一开头并没有直接介绍“黄河的主人”姓甚名谁，而是先写了黄河的凶险。作者极尽渲染黄河磅礴的气势，“万马奔腾，浊浪排空”，令人“胆战心惊”，使人望而生畏。接下来笔锋一转，又极尽笔墨表现羊皮筏子的小和轻，“好像只要一个小小的浪头，就能把它整个儿吞没”，羊皮筏子处境的惊险让人触目惊心。接下来又继续描摹羊皮筏子装载着许多的人和物，让人不禁为之捏了一把汗，感到危险。直到第 6 自然段“黄河的主人”——一位艄公才“千呼万唤始出来”。课文结构比较松散，如何找准文章的切入点显得至关重要。教者根据文本的特点，删去了繁琐的分析，将问题进行整合，将本节课分为了这样几个板块：“情境导入，领略黄河气势”“远望筏子，感受惊讶之情”“聚焦艄公，感悟勇敢智慧”，这样就把课文中看似零散的珠子串联到了一条线上。

此外，教者注意从细节入手，培养学生语文能力。第 3 自然段描写作者看到在惊涛骇浪中，又轻又小的羊皮筏子上面竟然还有人，读到这里我们不禁和作者一起感到非常惊奇，那么这种感觉怎么读出来呢？在指导学生朗读“啊，那上面还有人哩”时，教师没有整齐划一地“齐步走”，而是强调“读出你的理解”。教师充分尊重学生的读书体验，并顺着学生的发现，引导学生以读悟情，形成个性化的感悟和体会。经常进行这样的训练，学生就能逐渐形成比较强的语感，久而久之就能提升语文学习能力。

（点评：张建国）

朱永宏

如皋市搬经镇高明学校副校长，小学高级教师，“雉水名师许友兰工作室”首批培养对象。如皋市首届教坛新秀、第四届骨干教师、第五届、第六届小学语文学科带头人，南通市第七届骨干教师。曾获南通市优秀教育工作者、优秀教研组长，如皋市“十佳乡村教师”等荣誉称号。在长期的教育教学实践中逐步形成了“亲切质朴”的教学风格，致力于“迈向生本的言语实践”语文教学观的研究，在如皋市级及以上开设公开课、获奖课、讲座十余次。2009年5月参加中国教育学会主办“创新杯”课堂教学大赛获二等奖，2013年参加全国“创新杯”说课竞赛获一等奖。先后有一百多篇文章在《江西教育》《内蒙古教育》《小学语文教师》《教师教育》等报刊发表或获奖。

扬帆·起航·破浪

——我的成长三部曲

细品人生，我为能为师而幸福，能为“蝶”而追梦，能为梦而超越，虽时感逆风，但追求不断。

——题记序语

一、幸福，从这里扬帆

在人生的奥林匹克竞技场上有成功，有挫折，有欢悦，有痛苦……可我总自感很幸福。

我幸福，因为孩提时代的“教师梦”已经成为我一生的事业。当年，先师们躬耕于三尺讲台、神圣而又亲切的形象，让我在脑海中一次又一次重复着自己的幻想和愿望。我认定教师是天底下最伟大、最有本领、最可亲的人，于是我便在中考时心无旁骛地选定了教师这个职业。19 岁那年，我以优异的成绩告别了学生时代，来到高沙老区这块待垦的土地上，开始了我的教学生涯。在这里，我找到了属于自己的那片蓝天，陶醉于和学生共同编织的智慧生活中。

作为一名普普通通的小学教师，虽然地位不算高，收入也有限，生活也清淡，但在忙碌的工作中，在混沌初开的孩童那最真、最善、最美、最近的天空里，竟洋溢着如此醉人的幸福。有如衔泥的燕、筑巢的鸟、采蜜的蜂、劳作的牛，尽管身影忙碌，却充实着、幸福着。但，假如我仅仅将工作当作一桩差事应付，只是用闲思或忧伤、用牢骚或闲话、用百无聊赖的心境或自责懊恼的情绪来打发时间，那么，我可以确信，我永远也得不到这份幸福！所以，我一直认为，当一名合格的小学教师，教育好我的学生，少说多干，幸福就会永远伴随着我，我的生活也就会懊恼少一点，自豪多一分。

常听有人抱怨，现在的孩子太调皮，教他们太累了！我不以为然。我总觉得，孩子是最纯洁的，只要你以坦诚、平等、宽容的心对待学生，你会发现，幸福得来是如此简单！刚开始工作的时候，我和其他所有年轻教师一样，心急气盛，容易发怒。为了控制自己，我请班委在我发怒时负责提醒我。记得有一次，班上的一个调皮鬼在语文课上只顾摆弄桌下的乒乓球和球拍而不听讲，当时我看见了，真是火冒三丈，正想好好训他一顿，这时，值日的班委高高举起了右手，我一愣，马上回过神来，竭力控制住自己的怒气，并且善意地和两位学生点点头，心平气和地继续上课。下课了，我把那个学生叫到身边，对他说："老师也喜欢打乒乓球，可惜打得不好，你能教教老师吗?"那个学生受宠若惊，战战兢兢地点点头。球桌上几个回合之后，我看到了他自豪的神情。在边打边聊的过程中，我了解到他有像邓亚萍那样争夺世界冠军为国争光的远大理想。一局终了，我微笑着对他说："你真行！球打得真棒，理想也远大，可是老师觉得，要当世界冠军，知识也很重要，你说呢?"他心悦诚服地点点头。从此，球桌边多了我俩的身影，他也不再像从前一样调皮捣蛋了，学习也慢慢进步了，还在当时区乒乓球比赛中如愿以偿地获得了冠军。在他激动万分、冲我挥舞着获奖证书的那一刻，我觉得自己是世界上最幸福的人。

当教师的，最深切的幸福莫过于看到自己兢兢业业、倾心浇灌的小草终于绽出了醉人的绿。在这一点上，我感受很深。生性好强的我总想让自己的学生成为最好的，结果理想和现实总是那么遥远，于是，我生气、彷徨、压抑，也曾对工作失去信心。所幸，后来我及时调整了自己的心态，不断地挖掘学生的亮点。记得班上曾有一位学生，觉得自己哪方面都不如别人，颇有破罐子破摔的意味。但一次批改日记时，我意外发现他的日记插图很精美，装帧也很别致，于是，我委以重任，让他担任班级"黑板报小组"的组长，负责每期黑板报的编排和美工。在他的努力下，班级板报获得了年级组第一名。从此，他在其他同学面前抬起了头，并把学画的精神应用于其他各科的学习，成绩提高很快。是啊！每个学生都有自己的闪光点，只要仔细观察、及时表扬，学生就能得到鼓舞，而我的心情也因之开朗了起来。我把这些都当作自己工作的动力，用全部的身心去珍爱每一位学生，他们的回报也让我幸福终生。每每看到抽屉里那一张张毕业合影，看到那"模范班主任""南通市优秀工作者"等证书，我就会感觉到自己的精神世界是如此富有，因为我从事着太阳底下最光辉的职业，我默默地工作着，也幸福地快乐着！

教师工作让我时刻感受着幸福的无处不在。当我帮助掉队的孤雁跟上前进的队伍时，我感到幸福；当我用真诚的钥匙开启一扇扇心灵之门时，我感到幸福；当我的耳边回响着学生天真无邪的笑声时，我也感到幸福；当那童稚的声音送上他们的一份份问候时，我又感到幸福；当我用信念的犁铧在灯下精心劳作时，我同样感到幸福……

我幸福，因为我是教师。

二、梦想，从这里起航

作为教师，我们都有着自己的梦想，虽然我只是一名乡村小学教师，但也不例外。我的梦想说出来或许有人会认为我“狂”，或许有人会认为我“癫”，更有甚者或许会说我白日做梦。但是，那是我的梦，一个我一直追寻，一直激励我前行的梦。有人说不想当将军的士兵不是好士兵，可是作为教师，我的梦想不是当一名“将军”，而是做一名优秀的“士兵”，成为出色的小学语文教师，这就是我工作十年来的梦想与追求。我在遥望，但我不想让自己的梦想在月亮之上自由飞翔。虽然我深知距离自己的梦想还很遥远，但是我会一直努力、不停奋斗。因为我深信：心中有梦，总会展翅飞翔。

因为有梦，我执着痴迷。我在“南通教育博客”的昵称为“逆风蝶”，意旨“逆风而上，追求不断”，其实生活中的我就是那只“逆风的蝶”，为了美丽的梦想，折断羽翅也不放弃自己的追梦之旅，遭遇重重困难也不改变自己的愿想。虽然家庭不够富裕，生活曾经艰难，但我总是坦然相对；每每有人谈及工资待遇、职业收入，我亦不以为然。我觉得做一名教师所享受的快乐已经远远超越了教师职业的地位和待遇本身。因为是教师，所以我快乐着我的快乐，幸福着我的幸福。每当我拿起课本走进课堂，步履总觉轻盈，心情总感快乐，因为在我心里，课堂就是我耕耘的沃土，孩子就是我心中的鲜花。在课堂这块圣地，浇灌满园鲜花，你能说这不是人生的一大乐事吗？同事们常问我：“为什么总见你豪情满怀、激情飞扬？”他们或许不能体会，那是“蝶”的精神，“蝶”的追求。因为有了这份真情，这份挚爱，才有了我的那份执着，那份痴迷，那份不弃。它时刻激励我朝着自己的梦想前行。

因为有梦，我学习不止。要给学生一碗水，教师必须有一桶水，甚至还需要源源活水。许多名家大师成功的经验告诉我，不断学习，不断读书，才能走上名师之路。于是我开始潜心阅读教育名家的专著。读书让我在仰慕名师和特级教师们精湛的课堂教学艺术、独具匠心的教学设计、驾轻就熟的即时生成的同时，看到了大师们沉潜的阅读、深厚的积淀。王崧舟在他的报告《剑气合一：在语文家园安身立命》中说，他的教育人生的第二个 5 年是自己“孤独沉潜”的阶段，沉浸在阅读中，读理论，读哲学，读宗教，读美学，5 年的“狂读”“狂思”给了他厚重的理论底气。特级教师窦桂梅在《窦桂梅与主题教学》中介绍，在她 5 年“代课”生涯结束后，几年内她的阅读量达 300 多万字，并记下了 20 多万字的读书笔记，50 多万字的文摘卡片。试想，没有阅读的支撑，哪有“诗意课堂”和“主题教学”的辉煌。名家大师的经历让我深爱上读书。还记得五六年前，我背着沉甸甸的挎包走进校园，不少教师都惊羡地问：“你什么时候买了笔记本?”我笑着告诉他们：“包里不是笔记本，可是胜过笔记本。”因为那里面装的全是我随身携带的杂志和名著，稍有闲暇，我就能随时赏读。学生问我：“老师，你每天背包干啥?”我说：“和你们一样呀，老师也要背书包，老师也要读书学习。”时间久了，同事们说我挎包真潇洒，学生们的书包也明显鼓起来。热爱书籍，酷爱读书，读各方面的书，让我学到了各种知识，提高了专业技能，让我与时俱进，与新课改同行。

因为有梦，我植根课堂。提起名师，我们自然会想到于永正、窦桂梅、王崧舟、薛法根，等等。他们精湛的教学技艺、独特的教学风格、先进的教学理念，让我们折服，让我们叹为观止。但是我清醒地看到，在大师们光彩照人的背后，是无数的汗水与心血。名师们之所以有今天的辉煌，是因为他们将自己的根深深地扎在课堂这块肥沃的土地上，结出的果子才那么香甜。能像大师们一样驾驭课堂、展现自我风采一直是我的追求。每当有外出学习的机会，我总是想方设法参加，先后数十次聆听几十位全国名师精彩的语文课。在大师们的课堂上，我汲取到了丰富的营养，也懂得了什么样的课堂才是真正的语文课堂。我用心学，尽力学，反复品赏名师的精彩课堂碟片，“站在巨人的肩膀上”用我愚钝的目光审视我们的小语课堂，细细地揣摩每一个精彩的段落，发现独具匠心的构思，获得教学的灵感。我开始模仿名师上课时的一招一式、一言一行，课堂教学开始呈现一定生机。我也尝试在学校、全镇上一些公开课、研究课，而且得到了老师和领导的好评。我不禁有些沾沾自喜，认为自己已经起步，已经懂得了如何上好一堂课。然而一次市级赛课，我带着当时全区一等奖的课走进赛场，不幸的是这堂被全区老师和领导看好，而且上得非常顺利的课，也是我很自信的一堂课，最后竟然没能获奖，我茫然了。后来市教研室领导一语道破天机，“东施效颦”意味太浓！我终于明白：要想上好一堂课，邯郸学步是不行的，而要善于把别人的经验、名师的理论移植到自己的教学实践中来。我终于明白：模仿的最终目的是要学会自己走路，走自己的路，最终形成自己的教学风格。我想起著名特级教师薛法根在介绍自己的成长经验时曾说的一句话：从模仿起步，然后走向“灯火阑珊处”。不管我的“灯火阑珊”在何处，我都要不断追寻下去。

因为有梦，我甘当人梯。人们常常把教师比作春蚕，比作红烛，比作人梯。在我的思维中，总觉得作为人梯可能更接近我的名师梦。有句古话：没有状元师傅，但有状元徒弟。我在教学著名作家刘绍棠的《师恩难忘》一文时，就被文中的田老师所深深感动，感动于他质朴的教学方法，感动于他的安贫乐道的精神。拿现代名师的标准来衡量，田老师算不上名师，但他的故事有如春雨点点，滋润了刘绍棠，在刘绍棠幼小的心田播下了文学的种子，把刘绍棠领进了文学的大门。田老师永远是刘绍棠心中的名师，也是我们和学生们心中的名师，做“田老师”一样的语文教师，难道不可以成就我的名师之梦吗？在自己艰难前行的同时，我也欣慰地看到，我的徒弟们一个个脱颖而出，他们在论文评比和各级赛课中频频获奖，当他们把获奖的消息第一个告诉我时，我享受着和他们一样的成功喜悦。虽然他们有的已经到其他学校工作，或许遇到了比我强许多的师傅，但教师节的一声问候，见面时的一声“师傅”，已足以让我幸福好久，做这样的“人梯”，我乐此不疲。

因为有梦，我笔耕不辍。不知从何时起，写作成了我生活的一部分。虽然现在再也体会不到第一次拿稿费时的喜悦，但我还是为自己一次次超越自我而欣喜。当《少年素质教育报》“名师点金杖”栏目向我频频约稿时，我窃喜，因为我可以作为学生心目中的“名师”引领更多的孩子学好语文。我虽不能像大师们一样提出什么惊人论断，但我总是不停地写下我的点滴教学反思，带领学校老师积极投身教育科研改革，主持相关课题研究，虽说没做到成果斐然，但是在研究中，我总能感受到科研的无穷魅力。

我坚信，有梦，就有希望。

三、人生，从这里破浪

2008 年 7 月 17 日，对于我来说是一个极不寻常的日子，因为“雉水名师许友兰工作室”启动仪式在这一天进行，我有幸成为首批 5 位培养对象中的一员，这让我的追梦之旅开启了新的航程。至今仍记得导师许友兰校长在见面时对我说的第一句话：“你能成为工作室的成员真不容易，要好好珍惜机会，努力提升自我。”当时激动而不安的我只能连连点头称是。说实话，能够成为工作室首批成员是我想也不敢想的事。对于如皋西部“边陲小镇”的一名乡村小学教师来说，能够有机会得到许校长这样的特级教师、省级名教师的指导，是可望而不可及的。还记得报名参加工作室选拔时的犹豫，还记得面试那天早晨在如师附小大门前的徘徊，还记得导师考核后的焦急等待，更记得接到市局通知时的激动与惊喜。启动仪式上，导师许校长在祝贺我们成为首批成员的同时，对我们提出了三年的成长规划，要求我们立德、立业、立身，走专业发展之路，定好自己的远景、中景和近景目标，早日成为如皋乃至南通、江苏小语教学的领军人。

师傅许校长给我的印象一直是令人尊敬、景仰，但遥不可及的名师。过去早就闻名，但自己身在村小无缘接触，即便在启动仪式上，我对许校长内心除了感激，就是敬畏。但许校长正直的人格深深感染了我，是她的决定改写了我的教育人生。记得成尚荣先生在“名师的追求”报告中说，能不能成为名师，四十岁是道坎儿，就看你能否跨越。其实，当时刚过三十五岁的我已经遇到了这道坎儿。不是我没有理想和追求，而是身在乡村小学，信息闭塞，机会极少，岁月的消磨让我的激情与梦想过早地飞向云端，留下的就是安心工作，做一名合格的小学语文教师的念想罢了，平时也只能借“不求名利、安贫乐道”聊以自慰。岁月无情，我在自叹人生短暂的同时，又总是心有不甘地借“是流星也要留下瞬间的光华”来激励自己，但我用什么来留下那份“光华”呢？我困顿，我迷惑。曾想借自己手中的笔写下自己的心得反思，写下自己的阅读感悟，以之来实现自己的心愿，虽也常有文章得以发表，可久而久之，这份追求也渐淡渐远，我无望，我彷徨。进入工作室重又点燃我的激情与梦想，点亮了我教育人生的明灯。在《雉水名师工作室三年培养规划》的约束和指引下，我的整个生命状态和教育行走方式开始发生重大的变化。

“家”的感觉总是让人倍感温馨，父辈的关怀和呵护总能让我们茁壮成长。工作室让一直在乡村教育路上艰难跋涉的我找到了“家”的归属感，师傅的厚爱让我重拾父辈的关爱与期待。犹记师傅第一次找我谈心时的情形，亲切的话语仍在我的耳畔回响：“在众多优秀的小学语文教师中，我选你进入工作室，是因为你的朴实的人品，是感动于你对乡村教育的坚守、对小学语文教学的执着精神。但你也要看到与其他成员的差距，要植根课堂教学研究，在成就别人的同时成就自己。”师傅的话让我从激动和喜悦中清醒地意识到自身存在的不足和自己肩负的责任。潜心教学、精心阅读、沉心写作成为我三位一体的教育生活。我用自己的行动践行着师傅的教诲，师傅的大德、大爱、大成也时刻感染和激励着我，做一名像师傅一样的小学语文教师成了我的追求。

我深知在工作室内自己是块“短板”，尤其是在课堂教学方面。虽然以往也曾参加市级赛课获奖，也曾指导我的徒弟参加赛课取得优异成绩，但因为“超龄”和“禅让”等原因，自己已经多年没有机会在公开场合露面。“重出江湖”让我有些无所适从，师傅许校长洞悉我的顾虑，对我说：“长期的乡村教育实践让你积累了丰富的教学经验，但你要在课堂教学中锤炼自己的语言，形成自己的特色，力求一课一得。”为了让我能够紧跟团队的发展，师傅创造机会让我外出学习，南通名师梯队教学展示师傅带我去参加，市内各项活动师傅都会提前通知。在工作室的几年时间里，我所参加的活动、所听名师课堂超过以往十几年，这对于我这样一个乡村教师来说是何其珍贵。在学习名师课堂教学的同时，我努力将所学的先进理念融入自己的课堂实践。“学习名师的最终目的是要学会自己走路，走自己的路，最终形成自己的教学风格。”师傅许校长在一次听完我的课后对我说。是呀！我的富有个性的教学风格是什么？“拿来主义”和“鹦鹉学舌”最终只会迷失自我。我苦苦追寻、不断追问，在参加工作室“畅谈教学主张”沙龙时，同伴一语点醒梦中人：“你的课堂语言亲切、质朴、实在，你就在‘亲切质朴’上做一些追求，以后定能形成自身的风格。”正是有了师傅的引领、同伴的帮助，我突破了课堂教学的“瓶颈”，几年来先后八次开设市级示范研究课，两次参加市级赛课获得一等奖，并于 2009 年 5 月参加中国教育学会组织举办的“创新杯”课堂教学竞赛获二等奖。

“永宏，你今天的发言又有进步了！”每次工作室沙龙研讨后，师傅总会这样对我说。我知道这是师傅对我的鼓励和鞭策，但一句“又进步了”总能让我幸福激动好久，因为师傅的肯定就是我前行的动力、自信的源泉。每次沙龙的发言，我都会在当天进行认真的梳理，并用邮件发给师傅，常常是在深夜十二点后，忙碌一天的师傅仍在修改我的稿件，并通过网络对我的文章进行指点，对我的课堂进行评价，往往一谈就是几个小时。我深知师傅一直腰椎疾病缠身，那份痛苦非常人所能忍受，我的内心充满了对师傅的感激。我常在学校教师会上谈及许校长这样的特级教师的辛劳，谈及她对教育事业的执着，对我们的无私关爱。正是有了师傅的鼓励和指引，我的每次沙龙发言如《漫话教师的“导”》《打破程式，关注生成》《让“活动单导学模式”下的小语课堂彰显语文特色》《“实话”读书》等都能见诸报刊，工作室的沙龙研讨在更新我的教育教学理念的同时，让我再次感受到收获后的那份喜悦。

“静心阅读，读名家专著，提升理论素养，才能站得高、走得远。”师傅在看了我发表的一百多篇文章目录后对我说，“你的小文章多，大文章少，实践指导多，理论含量少，在求量的同时勿忘求质。”师傅说得很实在，我的阅读量与同伴相比着实太少，师傅的教导让我更进一步懂得阅读对个人专业成长的重要性。“要坐冷板凳，要摒弃浮躁，在喧嚣中享受一片宁静。”师傅不时地提醒我。我开始“恶补”，开始“狂读”，读窦桂梅的《主题教学》，读于永正的《教海漫记》，读冯卫东的《走在研究的引桥上》，等等。所写读书心得《带着童心行走在教育的大道上——读于永正的〈教海漫记〉有感》《别样朗读，演绎精彩——读窦桂梅的〈主题教学〉有感》都先后得以发表。

“扎根农村，献身乡村教育事业，做中国式的苏霍姆林斯基。”这是师傅对我的勉励。在进入工作室后，我先后申报了市级微型课题《农村小学生朗读能力对语文学习水平影响的研究》和全国中语会的“语文教学策略研究”课题组的子课题《农村小学高年级阅读教学策略的研究》，所撰写的《农村小学生习作心理的调查报告》获“师陶杯”论文评比一等奖。2008 年，我由如皋市骨干教师成长为小语学科带头人，在 2009 年教师节，被光荣地评为如皋市“十佳乡村教师”，2010、2011 年连续两年被市局表彰为“优秀镇级教研大组长”，2012 年被评为南通市优秀教研组长。面对这些成绩和荣誉，我深知是乡村教育这片沃土涵养了我，是工作室这个平台造就了我，我将铭记师傅的教诲，做一名乡村教育的持守者。

我追求，因为跨越刚刚开始。

我深知到达理想的彼岸的征途仍很遥远，前行的路上不会风平浪静，追梦的途中仍有暴风疾雨，但我坚信，心中有梦，总会自由飞翔。

打造以生为本的言语实践课堂

——我的语文教学追求

谈“我的语文教学观”，我觉得对于我来说是一个比较宏大的话题。就我目前的状态、学识、经验及理论水准，不可能独树一帜，提出什么超人的观念、独到的见解。因此，我只能向名师大家学习，接受和践行我所认为的符合我们农村孩子学习语文的规律和方法，扎根于小语课堂教学实践，实实在在教语文，做一名学生喜欢的语文教师。让学生轻松、自在、愉悦地学习语文，努力上好每一堂语文课是我永远的追求。

在工作室学习的几年时间里，我一直在追寻自己的专业发展方向，力求形成具有自己个性的教学风格。虽然自觉现在进行提升和提炼火候还不到、底气也不足，但是受工作室导师和同仁的影响，结合自己二十年语文教学实践，我发觉自己在课堂教学中，正自觉不自觉地朝着生本的言语实践迈进。

我很赞同全国著名特级教师、浙江省小语会会长沈大安先生在《我想这样教语文》的讲座中所倡导的四个观念：实实在在教语文、简简单单教语文、从从容容教语文、轻轻松松教语文。更赞同他所提出的：教学一篇文章，要弄清“写什么”，更要弄清“怎样写”。浙江大学的王尚文教授认为：语文实践要突出两个环节，一个是感受的实践，一个是将感受的语言对象转化为语感的实践。著名特级教师魏星主张：语文教学要坚持语文本位，从言语生成的规律出发指导学生理解和运用语言，提升学生的言语智慧。于永正老师特别强调语文要“重感悟、重积累”。各位名家大师的表述虽然不同，但意思相近，都直指语文教学的言语实践。让学生在言语实践中习得语言，应是我们语文教学的一种必然，更应是我们语文课堂的主旋律。

随着课程改革的深入，我们有不少教师对《语文课程标准》提出的“工具性和人文性的统一”理解、落实不到位。主要体现在淡化了语言的学习，背离了“运用语言文字来表情达意”这个根本，离开语言这个本体去架空感悟课文蕴含的人文信息。事实上，我们教材的每一篇文章都是内容和形式的统一，掌握了语言，也就掌握了凝固在语言之中、被语言所承载的种种信息。所以正确领会、落实新课标精神，就应让学生在学习语言中自然而然地感悟到人文内涵。《语文课程标准》指出：“语文是实践性很强的课程，应着重培养学生的语文实践能力，而培养这种能力的主要途径也应是语文实践。”语文实践主要就是语言实践，即言语实践，引导学生在实践中体验、在实践中感悟、在实践中创造、在实践中提高语文素养。

古有“感言、会意、得意忘言”之说，说的是人们阅读一篇文章，首先感受到的是文章的语言，进而理解它的含义，最后人们往往记住了这篇文章写的意思，却忘记了文章具体的语言文字。“感言”才能“会意”，但我们教学不能让学生"得意"而"忘言"，我们要的是学生不仅"得意"，更重要的是"得言"。以生为本的言语实践更多的应关注"怎么写"，而不是"写什么"，应引领学生在具体的言语实践中体认言语表达形式的精妙，体悟言语表达意蕴的精深。

一、价值追求

1. 指向语用层面的语文教学

言语，指的是个人在特定的语境中具体的语言运用和表现。语言来自言语，言语包含了语言。言语性，是指语文课程所独具的学习"个人在特定的语境中的具体的语言运用和表现"的特殊属性。简而言之，语文课程的特性，即学习言语。学习言语，包括学习个人的口头语言和书面语言的实际运用和表现。

2. 指向学生语文素养的提升

语文教学的最终目的在于：致力于学生语文素养的形成和发展。而语文素养的形成和发展的主要途径是语文实践。引领学生在大量的语文实践中掌握运用语文的规律，是语文教学的独当之责。

以生为本的言语实践，就是要充分尊重学生的主体地位，激发和唤醒学生学习语文的潜能，在动态的语文学习的过程中，尽可能多地参与语文实践，历练语言，增强表现，而学习兴趣、学习品质、思维情感等维度自然裹挟其中，实现三维目标的螺旋上升。归根结底，就是要指向学生语文素养的提升。

3. 指向学习主体的和谐发展

迈向生本的言语实践，关注的焦点是面向每一个学生的个性发展，尊重每一个学生发展的特殊需要，学生享有比较充分的思想和行为自由；关注学生在活动过程中所产生的丰富多彩的学习体验和个性化的创造性表现，因而学习的气氛相当宽松，也更容易迸发创造的火花。

迈向生本的言语实践，充分肯定学生是学习的主体、认识的主体、发展的主体，在阅读教学中，教师必须充分调动学生的学习积极性、主动性和创造性，使学生最大限度地参与整个教学过程，让学生把外部的学习活动逐步内化为自身需要的言语实践活动，促进学生在言语实践过程中知识与能力、情感与态度、过程与方法的和谐发展与提高。

二、基本策略

1. 立足教材，借助文本习得语言

语文课堂要落实文本语言的实践点，促成学生语感的形成，让学生在感觉语言中触发语感，在品读语言中领悟语感，在实践语言中习得语感。比如，我在执教《揠苗助长》时，运用“活动单”循序渐进安排了三个活动：了解故事内容；感受农夫可笑；明白故事道理。让学生在活动中，在具体的言语实践中，在对文本语言的品析中，充分感受农夫可笑而又发人深思的形象，进而明白故事道理。学生在具体的活动和情境中，与教材对话，与角色对话，进而产生积极的内部言语，在这些语言的逻辑思维活动中，形成自己生动的思想和言语表达的愿望。

2. 注重体验，多方实践感悟语言

一谈到言语实践，很多人会想到训练。语言训练和言语实践区别在哪里？训练是枯燥的、机械的、被动的，而实践是主动的、有挑战性的，它们最大的区别就在于实践过程中是否有积极的情感体验。比如，在《揠苗助长》教学中，教师引导学生想象“焦”字的四点像什么；进行角色体验，学生扮演儿子和农夫进行对话；想象如果自己是被拔起的小禾苗会对农夫说些什么等，这些夸张式的表演或思考，让学生身临其境地感悟、体会、想象角色的心理活动，并通过自己的语言表述自己的真切体验。这样，学生在言语实践中感悟了文本内涵，在感悟中又促进了学生更好地进行言语实践。

3. 彰显生命，巧设平台创造语言

课堂应是学生求知、创造、展示自我、体验成功的平台，是学生生命成长的地方。语文课上打造的平台应该是言语实践的平台，要打造好这个平台，首先要尊重、相信学生，给他们充分的自主权，精心构建言语实践的情境。任何言语都是在特定的氛围或情境下表达出来的，离开了特定的氛围或情境，言语实践就落入了枯燥的训练中。我在《揠苗助长》一课教学的最后安排了学生续编寓言故事环节，这个环节为学生搭建了进行创造性言语实践的平台，在故事的续编中，学生的生命个性得以张扬。

当然，言语实践的策略和方法还有很多，比如，给文章补白、词语的感性复活、语词的比析置换、语言文字的精品细嚼、课文的背诵、复述，等等。

三、实践措施

在课堂教学中，我们如何才能有效地实施言语实践，提高言语实践的有效性呢？近年来，我带领全校语文组对如何增强生本言语实践的有效性进行了研究，并总结得出以下措施。

1. 把握实践的目标，明确实践导向

实践的目标对整个言语实践有导向作用，对实践结果有检测作用。实践的目标是言语实践活动的出发点和归宿。实践的目标把握是否准确，对实践的效率有着十分重要的作用，有时甚至关系到言语实践的成败。

在备课时，教师要充分钻研每一项设计的要求，对为什么要安排这样的实践活动、每个步骤的要求是什么、最后要达到什么样的结果，都必须做到心中有数。只有这样，教学过程的设计、教学方法的选择才能为落实言语实践的目标服务，才能达到预期的效果。实践的目标把握不准确甚至错误，即使再怎么费时费力，实践的效率肯定不会高，甚至可能无效。

比如，教学《艾滋病小斗士》一文，不少教师都设计这样一个言语实践：说说为什么称恩科西是“艾滋病小斗士”?

回答这个问题，要求学生在初步读通、读懂课文的基础上，找出文中反映恩科西顽强与艾滋病斗争的语段，然后用自己的语言有条理地说一段连贯的话。很明显，这是一个兼有理解和口头表达两方面要求的言语实践。

一位教师在指导这个练习时，先是要求学生找出能够反映恩科西与疾病顽强斗争的内容，然后指名几个举手的学生你说一处，我说一处，七拼八凑，最后教师自己总结一下，于是这个练习就算完成了。由于这位教师没有正确地把握目标，所以这个练习在理解方面的目标没有到位，而口头表达的实践基本没有进行。

另一位教师在指导这个练习时设计了以下步骤：第一步，个人准备：默读课文，找出有关语句，说说为什么称恩科西是“艾滋病小斗士”。可以画出有关语句，加上批注，也可以把自己的看法归纳在笔记本上。第二步，小组合作探究：朗读有关语句，讨论交流，发表个人见解，推选小组发言代表。第三步，全班交流。在交流过程中，教师重点指导学生说话时语句的连贯性和条理性，让学生明白回答问题要把要点答完整，语句组织可以各不相同。

这位教师对言语实践目标的把握十分准确，所以整个指导过程中，理解、口头表达等方面的实践，以及怎样回答问题的引导等都非常到位。

由此可见，言语实践的目标认识是否正确直接影响实践的效果。要提高课堂教学中言语实践的效率，首先要明确实践的目标。

2. 突出实践的重点，体现实践层次

没有重点的实践和没有目标的实践一样，也是低效或者无效的。课堂教学的时间仅有40分钟，要在有限的时间里取得最佳的言语实践效果，必须集中精力，抓住重点，攻克难点，才可能在最少的时间里获取最大的效果。

在一篇课文中，言语实践的设计往往是多方面的，既有词、句、段、篇的实践，又有听、说、读、写的实践。在诸多实践中，既要抓住常规不放，又要集中精力突出重点，分清实践层次。例如，《莫高窟》这篇课文语言优美、句式整齐、条理清楚，可以设计的练习很多。就说课文中可供学生学习的语段结构就有"总分关系""并列关系"等好几种，都可以设计出有效的实践题。但是如果面面俱到，都要抓，都要练，势必什么都练不好。所以要舍得放弃，教师要根据学生学习语言的特点、课文的特色、单元练习的特点来确定言语实践的重点。我们在教学这一课时，除了常规的词语、朗读、背诵之外，重点设计了这样一个言语实践题：本文将莫高窟的"彩塑""壁画"和"藏经洞"写得很具体，模仿课文的写法，联系家乡的某处自然景物或名胜古迹，先说一段话，再写下来。由于要求集中，重点突出，所以课堂教学中学生的言语实践得到落实，效果也比较令人满意。

一篇课文的言语实践要有重点，在具体的言语实践的指导中也要分清层次、突出重点。比如，在四年级课文《普罗米修斯盗火》的言语实践中，我们要求同学们能有条理地说出火的作用。为了指导学生说好这段话，我们设计了以下步骤：

①联系课文内容，展开想象填空：

因为有了火，人们告别____________，走向____________。

因为有了火，人们不再____________，而是____________。

因为有了火，人们不必____________，可以____________。

②把第①题中的三句话合并成一句话说一说。

③以"火的作用可真大呀"为中心句说一段话。

④在说正确、说完整的基础上把这段话写下来。

这个言语实践要取得最好的效果，关键是要抓好第2步，就是把第①题中的三句话合并成一句话说一说。练习时，首先要让学生明白："因为有了火，人们”只要在第1句中出现一次，后两句中都可以省略，如果连用三次，就显得啰唆；其次是标点符号，第1、2句后的句号要改为分号。重点实践好第②题后，剩下的两题，学生就能轻松完成了。

因为实践的重点突出，循序渐进，步步深入，教师在关键处稍加点拨指导之后，学生就会少走弯路，在比较短的时间内，大部分学生能说得通顺流畅，使言语实践的效果明显提高。

3. 选择实践的方式，激发参与意识

生本的言语实践面非常广，有字、词、句、篇的实践练习，有听、说、读、写的实践练习。实践的方式、方法千变万化，但是从语言运用形式看，无非就是口头语言实践和书面语言实践两种方式。口头语言实践包括朗读、背诵、复述以及课堂中的讨论、答问、说话练习，等等。书面语言实践包括默读理解、写词、写句、写片段，等等。从实践的对象看，有个别练习、分小组实践、全班同学集体实践。

言语实践方式的选择要注意切合性。实践方式是为实践目标服务的，不同的实践目标，不同的实践内容，不同的教学对象，要选择不同的实践方式，力求切合。一般来说，以理解语言为目标的实践多采用朗读、背诵、听写和书面摘录的方式；以运用语言为目标的实践，由于课堂教学的时间限制，比较多的是采用口头实践的方式，如复述、口头答问等，即使是书面实践，比较多的也是先说后写，因为说的实践便于教师当场指导。

言语实践方式的选择要注意兴趣性。学生有兴趣，能积极主动地参加实践，往往能极大地提高实践的效率。而适当的言语实践方式，往往能有效地激发学生的兴趣。

值得强调的是，言语实践方式的选择最主要的是要考虑实效性。不管采用什么方式，最后一定要有效果。如果只是为了图热闹、玩花样、搞形式，那么无论用什么方式，都是不可取的。

4. 重视实践反馈，提高实践实效

在迈向生本的言语实践过程中，恰当地运用反馈理论，对于提高言语实践的效率有着不可低估的作用。教学中，教师要吸取来自学生方面的反馈，灵活处理课堂中出现的各种情况。

首先，教师要根据学生的反馈信息及时调整实践的进程。教师面对的是一群活泼好动的学生，课前准备无论怎样充分，也难以预料课堂上会发生的各种情况。对于有些言语实践，学生可能一时不明题意，感到有一定的难度，教者就应放慢进度，并适时加以引导；而有些实践项目，学生感到难度不高，教师就应该加快进度。总之，教师要根据学生的反馈信息，随机应变，因势利导，确保言语实践目标的实现。

其次，教师要对学生言语实践的结果作出正确的评价。比如，教学三年级课文《微笑着承受一切》，当教学到“每天上午和下午，医生都要给桑兰进行康复治疗”时，为了让学生真正理解“康复”一词，教者即时安排了造句实践。结果，学生造了很多句子：

①爷爷的病康复了。

②经过医生的精心治疗，爷爷的身体康复了。

③在我的精心照料下，受伤的小鸟康复了。

④康复后的小鸟在天空快乐地飞翔。

……

在第一名学生发言后，教者及时加以评价：“康复”是指恢复健康，不能说“病康复”，可以说“身体康复”。所以学生修改后造了第 2 个句子，不但用词准确了，而且具体生动了许多。对于第 3 句，教者肯定了学生很会动脑。对于第 4 句，教者夸赞道：“很棒！这个句子把‘康复’这个词放在句子的开头。”

在课堂言语实践中，有了教师的反馈信息，学生才能对自己的学习活动及时进行调节，强化正确的，纠正错误的，这样才能极大地提高言语实践的实效。

在课堂教学中进行言语实践时，要把教师引导和学生练习有机结合起来。教者要在准确把握实践目标、重点、分清实践层次、选择适当方式的前提下，充分发挥学生的主体作用和教师的引导作用。只有这样，才能将生本的言语实践落到实处。

总之，我觉得语文教学，是教师有效引领下的言语实践活动，一切活动都要围绕言语实践这个主轴展开，我们要千方百计创造“说”和“写”的机会，搭建言语实践的平台，激发学生言语表达的欲求，唤醒学生言语表达的意愿，将学生推向言语表达的前台，真正把我们的课堂打造成以生为本的言语实践的课堂。

参考文献：

1. 陆华山．走向生本的言语实践［J］．辽宁教育，2010，(5)．

2. 朱瑛．言语实践：课堂教学的主旋律［J］．辽宁教育，2010，(10)．

3. 魏星．“言语生成教学”初探［J］．江苏教育，2011，(2)．

带着童心行走在教育的大道上

——读《教海漫记》

《教海漫记》是于永正老师几十年教育教学经验的集萃，是于永正老师教学生涯的记录，也是于永正老师内心情感的真实袒露。作者以“讲故事”的方式叙述了他对教育，尤其是对语文教学的感悟，语言流畅、生动幽默，处处折射出理性的光辉和人格的魅力。他告诉我们，只有拥有一颗童心，才能用双手推开一扇扇通往未来的窗户，才能领略教育的快乐，才能做一个快乐的教师。

这本书的字里行间，无不体现着于老师对教育的执着、对学生的热爱。在于老师的教育生涯中，从不吝啬表扬，他用表扬扬起了学生理想的帆。学生张斌的作文进步了，于老师没有写鼓励的话，因为他面对的是以形象思维为主的二年级学生，于老师在他的作文簿上画了一只跷起大拇指的手，并在旁边写了一个加了拼音的“棒”字（《跷起大拇指》）。这才是小学生喜欢的表扬方式！大拇指激起了学生的趣，挑起了学生的争，这小小的跷起的大拇指让学生的小脑瓜如开足了马力的发动机，一刻不停地旋转着。

像这样的实例比比皆是，学生郑蕾放学回家兴奋地告诉妈妈：“上课的时候，于老师摸了我两次后脑勺。”“摸后脑勺”对学生来说代表的是老师对他的赞扬、肯定、满意和喜欢。这种表扬方式可谓别出心裁，学生都以被于老师“摸后脑勺”为荣。

有时于老师俨然成了孩子，与学生手拉手唱歌、跳舞、做游戏。和学生一起搞“急行军”活动，当班长大喊“卧倒！有敌机”时，于老师也会和学生一样像模像样地趴在路边草丛里，大气不喘。吓得旁边路过的老大娘也跟着趴下，挎着的篮子扔出老远，里面的东西滚了一地，幸亏没有鸡蛋（《童年，应当是一首诗》）。

于老师把自己当成孩子的朋友，“蹲下来”和孩子对话，倾听孩子的心声，体会孩子内心的感受，用心灵和孩子们沟通。于老师崇尚宽容，视宽容为一种美德，他说：“花朵是色彩斑斓的，学生是五彩缤纷的。”

对于于老师来说，一辈子耕耘最多、收获最大的是在小学语文教学这块土壤上，因此这本书的“教学篇”给我的感触最深。这可能也与我曾先后四次观摩于老师的课堂教学有关。在于老师的教学中我们看到的是：学生思维活跃，想象丰富，语言生动，琅琅书声不绝于耳，课堂上不时会发出阵阵笑声。教学中，教师的语言训练扎实有效，学生学得生动活泼。走进于老师的文字，仿佛置身于他的课堂。于老师独辟蹊径的课堂设计，与学生融洽的交流，不时闪现出智慧的火花，师生成长在对话和交流中悄然进行。难怪于老师的语文课堂总是那么淳朴恬淡、本色天然；也难怪有老师慨叹：于老师的课堂达到了“看似无招胜有招”的巅峰境界。

于老师认为，教师在教学中要“目中有人”，教案应烂熟于心，应将百分之八十的注意力集中在学生身上。教师的任务是伺机诱导、巧于点拨，学生思维堵塞时要疏导，心理困惑时要开导，精神倦怠时要激励。于老师说：“教学中，最能给人留下印象的往往不是整体构思与设计，而是对细节的处理，是一句机敏的话，一个得体的动作。”“学会用眼睛说话，可以少费口舌，使课堂干净。”这样，在课堂上学生既有活泼的心灵飞跃，又有凝神寂照的内心体验。

有人说，于永正老师教学上的成功，多半归功于他的微笑。实事求是地说，这并不是夸大其词。于老师非常爱他的学生，很少对学生发脾气。在教学中，于老师总是微笑着讲课，微笑着引导，就连学生犯错误时也是用微笑来提示。他用最美的语言表扬学生，为学生赢得成功与自信。从于老师的身上我感受到，笑并不是从嘴角硬挤出来的，在微笑的背后，必须有宽容的品质、宽广的胸怀、开朗的性格、丰富的知识及端正的教学思想作为支柱。

于老师带着一颗珍贵的童心行走在教育的大道上，他了解儿童、理解儿童、信任儿童、尊重儿童。童心使于老师变得年轻、变得活泼，使教学充满童趣。他在教育教学实践中不断提醒自己：假如我是个六七岁的孩子。古稀之年的他，依然童心未泯，在课上，他幽默风趣地逗孩子们在乐中学；在课外，他和孩子一起逮蚂蚱、捉迷藏……无怪乎他的好友高万同和高林生教授说他成功的秘诀就三个字：哄小孩（儿）。虽然是玩笑，不够全面，却也一语道破天机，真可谓大道至简啊！

于老师之所以能有如此的成就，在《教海漫记》这本书的代序中我得到了答案，因为于老师善于思考。他说：“平凡人和不平凡的人的区别仅仅在于——或者说主要在于——一个不善于思考，一个则善于思考。”于老师有一个好习惯——读书、习作的习惯。他说：“做好习惯的奴隶，真是受用终生，幸福终生。读书不断，思考就不断。”也正是他的这个习惯，使一个古稀之年、满头银发的老人依然站立在讲台上，还是那样的青春，那样的充满激情，那样的充满教育的智慧；也正是他的这个习惯，使他最终成为受人尊敬和崇拜的一代语文教学大师。

于永正老师的许多教育理念、方法值得我们学习、借鉴，在今后的教育教学生涯中，我们也要像这位智者一样，善于思考，求真求实，带着童心行走在教育的大道上，让我们的教育之梦在自己的脚下不断延伸。

让语文课堂“交往学习”中的“展示”更有效

“交往学习”是一种新兴的、多维的学习类型，是学习者以他人为对象，通过与他人的对话、交流、互动而展开的学习过程。“交往学习”一般以讨论学习和合作学习的形式展开，而两种形式的学习成果都必须通过汇报、展示、评价的形式来展现。

在课堂“交往学习”中，展示作为学生活动的重要环节，是学生个体和合作小组学习信息表达与交流的主要形式，直接影响学生学习目标的达成、教师教学信息的反馈。如何进行课堂展示调控、组织和管理呢？我认为，教师应做好组织者和引导者的角色，让学生的展示更自觉、更积极、更精彩、更灵动、更完善、更有效。

一、良好的氛围让展示更自觉

现代教学论认为，民主、和谐、宽松的课堂教学氛围是促进学生自主学习、主动发展的关键所在，是“交往学习”的基础。课堂上师生交往、生生交往、平等讨论、相互补充的气氛浓厚能给学生提供充分展示自己、张扬自己个性的机会。学生们无拘无束地表达自己的感受，轻松愉快地用语言表述自己的见解，在生活实践中学习语言，在积极思考中发展思维，在交流表达中完善表达，从而引发出学生在课堂上展示的勇气。美国心理学家马斯洛认为："满足人的爱和受尊重的需要，人就会觉得自己在世界上有价值、有用处、有能力，而焕发出自尊、自强、自我实现的需要，也易于迸发出创新的火花。"我国古代就有"亲其师而信其道"的说法，如果我们教师能用微笑面对每一个孩子，把爱洒向每一位学生的心田，尤其是"被爱遗忘的角落"，让学生真切地感受到教师心中温馨的爱，那么在课堂上就会不知不觉地形成一种宽松、民主、和谐的氛围，学生在这种氛围中畅所欲言、尽情讨论，学生的意见也能得到展现，学生的思想可以交流，学生的潜力得到挖掘，学生的创新能力得到培养，学生在课堂上大胆展示，课堂效果也就得到了提高。

二、适当的竞争让展示更积极

心理学家认为，人们都有一颗好胜的心，都想得到公众的认可和赞扬。在"交往学习"中，利用学生好胜的心理特点，将竞争引入课堂，能充分调动学生学习的积极性。

1. 合理分组，让竞争趋于公平

学生的学习程度有很大差异，在分组时，要使每个小组的总体学习水平基本相同。每个小组 6 人，可包括一名优秀学生、四名中等学生、一名后进生。合理分组才能让竞争拥有公平性，起到应有的激励效果。

2. 制订合理竞争方案

为了让"交往学习"展示更有效、更积极，教师应制订合理的竞争方案，激励学生积极主动地参与其中。在学习竞赛活动中，优生积极展示，可为本小组加一星，中等生加二星，后进生加三星。这样的评比，一天一小结，一月一总结。对优胜小组和最佳小组长予以公布表扬，同时，教师通过家校通、红领巾广播节目定期向家长、向全校学生公布竞争结果。

有了这样的激励机制，学生的好胜心更加强烈，在展示时自然想为本组多得一颗星。这样，不仅课堂展示更积极了，学生的集体荣誉感也更加强烈了。

三、多样的方式让展示更精彩

一直以来，"口头表达"是学生课堂展示的主要方式，"标准答案"是学生课堂展示的主要追求。很多同学为了课堂展示表达"精彩"就购买学习辅助书籍，结果让思维停滞，让自己成了教辅书的表达工具。因此，我们应该打破思维常规，对学生进行展示培训，让课堂展示形式多样化，以培养学生的各种能力。

展示形式有：书面展示、口头展示、行为展示。书面展示要求能将展示的内容条理化，能较好地反映问题的要点和逻辑关系，便于其他同学阅读、理解题意和解题过程，要求语言结构完整规范，讲究条理性，但是时间要求高；口头展示要求在讲解、讨论和交流的过程中能用简洁、流利和通俗的语言表达自己的思想，能选择较好的切口阐述自己的观点，同时要求口头语言简短、灵活、平易、生活化，易于训练学生的听说能力，对学生的注意力要求较高；行为展示则是希望通过适当形式的表演说明一些简单的道理，让学生了解问题的实质，同时增加课堂的趣味性，提高学生参与课堂的主动性。

一般来说，学生个体所展示的内容都是较有难度的内容，教师抽学习程度较好的学生来展示这些内容。通过学生用平时习惯的沟通方式来谈自己的理解，最终达到共同提高。教师也可以通过学生个人复述等形式来训练学生的综合思维和表达能力。小组集体展示往往是通过表演来说明某个道理或让学生受到某一方面的思想教育，让学习小组所有学生就某个道理或某方面必备的素质开动脑筋、搜集案例、理清道理，通过表演来说服教育其他学生。因此，在展示活动中教师要充分了解学生的特长，采取恰当的形式使每个学生都活跃起来，充分地展示自我。

四、巧搭的平台让展示更灵动

学生是一个个具有主观能动性的健全的个体，他们有着自己的思想、认识、经验、灵感、兴趣，把它们带进课堂，成为语文学习的重要组成部分。为此，教学过程要成为能够激发学生学习需要与兴趣、充满灵性的过程，我们应让学生充分地体验、充分地经历、充分地展示，让他们有所感悟、有所启发，在充满灵性与情趣的情境中为他们搭建起展示的平台。

《船长》这篇课文是法国著名作家雨果写的。课文写了哈尔威船长在“诺曼底”号客轮即将沉没的时刻，镇定自若地指挥乘客和船员脱险，自己却屹立在舰桥上，随着客轮一起沉入深渊的故事。在活动“实话实说”——说一句你最想说的话，这一展示环节时同学们大多认为：哈尔威船长在危险关头，镇定自若，面对死亡，无所畏惧，真是一位令人敬佩的英雄。但有位同学提出：“从课文描写的情况看，船长完全有时间脱离危险，但他却与客轮一起沉入了深深的大海。这样不珍爱自己生命的人能算是英雄吗？是不是太‘愚笨’了?”一石激起千层浪，教室里顿时议论开来。教师适时引导：“这位同学的问题很有思考的价值，首先请同学们想想，船长在船沉之前能自救吗?‘能’与‘不能’要说出充足的理由。”教师将全班同学根据自己的见解即时分为正反辩论方，依据课文和课外资料展开激烈辩论。在激烈的争辩后，同学们进一步领略了哈尔威船长忠于职守、舍己为人、视死如归的伟大的人格魅力。

这样的平台，巧妙抓住课堂生成，让学生对文本有了进一步的感悟，在课堂这个大舞台上尽情地展示着自己的风采，让课堂展示更加灵动多彩。

五、适时的引导让展示更完善

学生是课堂交往学习活动的主体。教师只有积极引导学生参与到学习活动中去，才能真正发挥他们的积极性和创造力。可是，由于学生个体差异的存在，每个班级里总有一部分学生不愿意或者不主动参与学习活动，课堂上教师指导的学习活动往往演绎成优生或部分中等生的“专场演出”，久而久之，导致差生面过大，厌学的学生日益增多，造成恶性循环。因此，在课堂上，我们要特别关注这些问题学生，经常让他们回答一些比较简单的问题，先锻炼他们的胆量，鼓励他们大胆发言，帮助他们树立“参与无错”的思想。他们每次回答完问题后，要积极鼓励。有时他们回答错了，我们不要批评，而要大加赞赏他们积极参与、勇敢发言的精神。这样，这些问题学生在回答问题时，就会逐渐克服自卑心理，树立自信。

同时，在课堂上，我们要针对不同情况对学生进行启发诱导。启发诱导的方法有很多，但其中最重要的一条就是必须注意与学生进行情感上的交流与沟通。例如，我们提出一个问题后，可讲一些激励性的话：“这个问题比上个问题更有难度，哪个勇敢的人敢于挑战?”这样就可以利用学生的争强好胜心理，调动他们的积极性和主动性。当学生回答结束时，要尽量结合学生的回答给予客观的、中肯的评价。比如，“你的想法很新颖”“你的表达很清晰”“你的见解与众不同”等，这些激励性的语言，能使学生感到自我价值得到肯定，进而形成一种发自内心的精神力量，促使其积极上进。

选择重点问题作重点讨论，不要平均用力，简单容易的问题一带而过，突出重点，解决难点、疑点。教师作为课堂互动的一员，在学生质疑的过程中，教师要善于抓住契机进行点拨，要“点”在学生不懂或者似懂非懂之处，“拨”在学生容易忽视而又与教材重点、难点密切相关之处。通过提问或追问的方式提出问题让学生讨论回答，对学生的疑问，教师要耐心疏导，集中大家的智慧进行释疑。对难度较大的问题，要鼓励学生寻找资料加以研究；对范围过大的问题，可以把它分成若干个小问题，以便让学生逐步把握问题的实质。通过学生不断的讨论和回答激发学生的学习兴趣，提高学生参与课堂的广度和深度。

六、即时的评补让展示更有效

评价是无形的激励，恰当的评价能促进学生课堂展示水平的提高，它直接影响到学生课堂展示的积极性和课堂教学的效果。

在“交往学习”的课堂中，生生互评、组组互评是经常运用的一种评价方式。学生相互之间的评价非常有必要，它是教学民主与开放的体现，它能够填补教师评价这一单一评价模式的不足，在更大程度上调动学生主动、积极参与的热情。但是有些学生在评价时，喜欢指责他人的不足，很少关注他人的精彩处与闪光点。因此，教师有必要对学生的评价进行引导，不能任由学生评说，否则被评学生的学习兴趣就会在批判中丧失。另外，我们还应该认真思考一下：在语文课堂教学中，如何才能让学生的互评更加有效?

首先，我们要让学生明白，评价的主要目的是指出同学的优缺点，促进他的进步和发展，而并非是给同学“标价”“贴签”。因此，我们在组织学生互评时，要求学生不能仅仅简简单单地说个评价结果（“好”或“不好”），而应该说说为什么会给出这样的评价。这样一来，被评者不仅“知其然”，而且“知其所以然”，从而心服口服。

其次，评价要公正。学生群体中，最突出的关系就属伙伴关系了。学生由于年龄较小，在评价时很容易受情感的干扰，缺乏理智，如果让他们把这种伙伴关系带到互评中去，势必会影响评价的真实性。因此，我们在组织学生互评时，一定要让学生明白，评价时要做到公正、公平。

最后，还要让学生学会补充。在其他学生或其他小组进行展示时，我们要静心倾听，对于他人展示中的不足之处，在评价时要予以补充，使知识的呈现更加完整、更加全面、更加充实。

总之，课堂展示的价值在于过程，在“交往学习”展示中，教师通过适当的点拨诱发学生学习的积极性，调动学生的思考兴趣，掀起学生思想感情的波澜。在学生思维困惑的时候指点迷津，在学生浅尝辄止的时候适时追问，把学生调整到最佳状态。让展示者和倾听者都能体验到学习带来的快乐，让学生思维的火花在课堂中美丽绽放。

支起“感悟”的“跳板”

新课程标准指出：阅读是学生个性化的行为，不应以教师的分析来代替学生的阅读实践，应让学生在主动积极的思维和情感活动中，加深理解和体验，有所感悟和思考。那么，如何在课堂教学中充分利用教材，拓宽语文学习的内容、形式，支起促进学生阅读感悟的“跳板”呢?

跳板一：反复练读，读中感悟

小学各年级的阅读教学都要重视朗读。要让学生充分地读，在读中整体感知，在读中有所感悟，在读中培养语感，在读中受到情感的熏陶。苏州特级教师孙春富说：“重视朗读是语文教学最根本，也是最有效的手段。朗读时，生动的语言文字呈现于目，鲜明的人物形象浮现于脑，真挚的情感动乎于心，学生的身心得以熏陶。”可见朗读是学生理解、感悟课文之根本。在教学《北大荒的秋天》第 2 自然段时，我采用“放扶”结合的方法，让学生充分地、有层次地读课文，边读边思考：读懂了什么？从哪儿读懂的？在学生交流的基础上，引导他们圈画特别喜欢的词句，如“一碧如洗”“五彩斑斓”等体现天空净、美的词，以及“只有……才”“几缕”“一道”“刹那间”，等等，结合词语的品读，再让他们说说自己的感受和理解，想象北大荒的天空。经过这样反复的练读，学生感悟到了北大荒的美丽和富饶，对北大荒的热爱之情油然而生。

跳板二：讨论交流，辩中感悟

《三袋麦子》是个童话故事。课文后面有这样一个思考题：小猪、小牛、小猴的做法你最赞成谁的？为什么？如果是你，会怎样做？这个问题反映了不同的价值取向，有助于培养学生的情感态度，也有助于发展学生的自我体验和感悟能力。在教学时，我让各小组先讨论再发表看法，但由于主体之间存在着差异性，学生讨论交流时发生了激烈的争辩："我认为小猪的做法好，因为他会享受。""我欣赏小猴的做法，小猴非常聪明，有发展的头脑，能把一袋麦子变成一囤麦子。""我反对，小猴把麦子种下地，万一碰上水灾，颗粒无收怎么办?""小牛放着慢慢吃，既能品味麦子的味道，又用不着劳动，多自在呀！我喜欢小牛的做法!""小牛的麦子万一被偷了怎么办？我不赞成。"……学生的看法层出不穷，争论得非常热烈，充满了激情，课堂气氛达到了高潮。很明显，学生思想碰撞和观念交锋的过程，就是他们独立思考、独立判断的过程，更是他们追求真理、探求真知的过程，在这样的过程中，学生的感悟能力得到了有效培养。

跳板三：角色参与，演中感悟

让学生参与课文中的角色表演，也是一种很好的体验感悟。通过表演，学生把自己变成故事中的某个角色，入情入境，感悟更为直接。仍以《三袋麦子》为例。学完课文后，我要求学生先分组、分角色演练，再进行表演。要表演，就得对课文内容情节了然于胸，并对课文进行再创造。比如课文中原有的叙述部分怎么来表现、需要加入哪些动作、提示语怎么处理、开心的心情怎么体现等，学生都要细心揣摩、深入领会，才能表演到位。实践证明，角色表演对培养学生的感悟能力大有裨益。

跳板四：动手描绘，画中感悟

让学生动手画一画课文中的情景，是加强语文学习、促进感悟的一种有效手段。这既是合作学习、创造想象的过程，又是动态生成、整合学习的过程。例如，在教学《北大荒的秋天》一文 2～4 自然段时，学生通过朗读、抓关键词语，已经知道了北大荒天空净之美、河水清之美、原野热闹之美。在此基础上，我让学生动手描绘一下他们想象中的北大荒是什么样子的。学生有的托腮凝思，有的闭目想象，有的翻开课本，不一会儿，都埋头动起了画笔。几分钟后，学生纷纷在黑板上张贴出了自己的作品。有的画上蓝蓝的天空，再点缀几缕白云以显示天空的净；有的在水中添上几条小鱼，以显示河水的清澈；还有的画上倒映的芦苇等。而对于热闹的场面表现更是形形色色：有的咧着嘴笑，有的张开嘴唱，有的挥舞臂膀……把人们高涨的情绪、秋天热闹的气氛表现得淋漓尽致。

跳板五：情境体验，境中感悟

儿童的精神世界是由他们自己用心灵去建造的。学生在语文课堂上缺乏热情，并不是他们不喜欢语文，而是因为他们对语文缺乏一种刻骨铭心的感受、体验，也就是缺失一种“以身体之，以心验之”的过程。语文教学的真正价值应在于让学生获取一种独特的感受，体会到一种诗意的情感。小学语文教材由一系列文质兼美的文章组成，为学生提供的是丰富的、绚丽多彩的感知世界。课堂上，教师应通过创设课文情境强化学生的感受。

如教学《灰椋鸟》一课，教师在引导学生学习灰椋鸟归林的壮观情景时创设情境，让学生在情境中“边飞边鸣，寻找同伴倾诉一天的见闻和收获”。在组织交流时，学生俨然成了一只只快乐的灰椋鸟，尽情地表述、抒发自己的感受，乃至后来产生“翩翩起舞的少女也没有夕阳映照下的灰椋鸟美丽”的独特感受。

跳板六：拓展延伸，品中感悟

教学《孙中山破陋习》一文时，为了更好地引导学生体会孙中山敢于同封建势力作斗争的精神，教师充分挖掘教材的内涵，拓展学生发散思维，让学生想一想、议一议、说一说。例如，在理解“这件事深深地刺痛了他幼小的心”一句话时，让学生设身处地想一想：刺痛是一种什么感觉？你有过这种感觉吗？如果是你，当时会怎么想？孙中山当时想到了什么？以后又会怎么做？由此感悟孙中山矢志不渝的斗争精神。再如，理解“姐姐痛苦极了”这句话时，可引导学生思考会有哪些痛苦，由此感悟到封建陋习非除不可。

此外，还可以通过电教媒体让学生通过听、看去体验、感悟课文中所表现的思想感情。如教学《西湖》，就可放有关西湖美景的录像，配上课文录音，让学生真切感悟到西湖秀丽的景色，从而激发学生热爱大自然、热爱祖国的思想感情，陶冶学生的审美情趣。

谈语文课堂教学中教师的“导”

新课标中的一个重要理念就是强调学生“在活动中体验，在活动中建构，在活动中发展”。然而现今有些语文课堂一味追求活动形式的千变万化、活动步骤的环环相扣、讨论过程的轰轰烈烈、成果展示的你争我夺，教师因害怕陷入“讲授”的泥潭，心甘情愿地退到幕后，成了旁观者。这样的课堂，显然是“主体”有余，“主导”不足。我认为，学生课堂学习方式的转变并不排斥教师适时适度的引导，片面强调“主体”，课堂教学不引不导，必将造成语文教育的缺失。

在目前的小语课堂中，教师该何时引导？怎样引导？如何把握引导的“度”？我认为，作为语文教师，必须在细品文本、把持课堂核心目标的基础上，做到适时引导、导而有度，要能导在关键处、导在迷途时、导在难点处、导在冲突时。在课堂中，教师不能做单纯的旁观者，在该作为时就作为，该出手时就出手。

引导不同于以往的讲授，不等于过去的牵引。教师首先要学会细心等待，给学生充分的自主和合作的时间。从某种意义上说，教学是“慢”的艺术，缺乏生长过程得来的“快餐式结果”根基不牢，是不可靠的，而且还有可能因少数优生的“表演秀”而掩盖了全班大多数学生的学情。因此，教师留足学生自主合作和展示评价的时间，在确有疑问、确有争议、确有偏差时，再加以引导，方能引领学生向知识的海洋深处畅游。

关于引导，我们可以把它分为常规性引导和生成性引导，常规性引导就是大家熟知的课始导入、活动过渡、组织引领、课堂小结等。对于生成性引导，我是这样思考的：

一、引导即“装憨”

在学生展示自主合作学习的成果后，或学生相互评价时，对于那些需要进一步引导学生讲清说明的地方，我们可以装憨，巧引妙导。比如，对《灰椋鸟》一文第 4 自然段中分号用法的指导，我们就可运用这种方法。“老师不明白，这儿为什么用分号呢？谁能把老师说明白？”学生赶紧阅读文本，争先恐后地讲述自己的想法：“因为这句话中先写了‘先回来的鸟’，后写了‘后到的鸟’，它们之间是并列的，所以用分号。”装憨不仅能激发学生的参与热情，同时也能引发学生更为深入的思考，从而达到加深理解和感悟的目的。

当然，装憨应针对教学内容的重点、难点和关键，也就是围绕课堂的核心目标进行。“装憨”可谓是别样的引导艺术，有时能起到意想不到的效果。许多特级教师装憨的本领着实令人佩服，我们看薛法根老师教学《我们应该感到自豪才对》的片段：

教师范读第5自然段，故意漏掉“在沙漠里”四个字。

生：（纷纷举手）老师错了，错了！

师：没错吧？

生：漏掉了“在沙漠里”。

师：刚才我允许你们多加一个“地”字，现在对老师也宽容一下，行吗？

生：不行，漏掉了几个字意思就不一样了。

师：怎么不一样呢？

生：骆驼的驼峰、脚掌、眼毛在沙漠里才起作用，到了其他地方，就没作用了，优点就变缺点了。

师：看来这几个字真的很重要，我们一起来读一读，注意这几个字。

薛老师这“憨”装得极其巧妙，看似不经意漏的几个字，却是引导学生深入理解文本的关键所在。教师的“憨”，换来的是学生的“智”，且培养了学生严谨的学习品质，有此妙处，我们偶尔“憨一憨”也无妨。

二、引导即“追问”

运用“追问”进行引导，要在学生围绕学习提示进行学习和展示后。对正确的可追因，不对的要追错，肤浅的要追根，教师可有针对性地对活动进行“二度开发”，再次激活学生的思维，促进学生深入阅读文本，深刻感悟文本内涵，从而提高学生的学习能力。追问“看似信口拈来，实则冥思苦索”，通过有效的追问，能够让学生时刻围绕课堂核心目标来游弋。追问犹如渔人观浮，要把握时机，可乘胜追击、刨根问底；可架设引桥、驰向高速；可直面错误、纠偏正误。

比如，教学《灰椋鸟》一文，在导学过程中，如何引导学生在品读语言文字的同时感受语言之精妙，如何透过文字的表层领悟作者在其中流露的情感，是本课教学的一个难点。为突破这一难点，在教学中安排了小组讨论：作者为什么把灰椋鸟说成是穿上盛装翩翩起舞的少女？又为什么把刺槐林和竹林说成是天然的俱乐部？学生通过讨论很容易得出把灰椋鸟说成是穿上盛装翩翩起舞的少女是因为晚霞的映照，把刺槐林和竹林说成是天然俱乐部缘于百鸟争鸣的喧闹。当然，学生的回答是正确的，但理解还不够深入、思考还不够全面。这也就是学生的学习理解确有难度的时候，此时，教师就必须为学生搭桥引路，引导学生更进一步思考：作者把灰椋鸟说成翩翩起舞的少女，仅仅是因为晚霞的映照吗？天然俱乐部与现实生活中的俱乐部有什么相似之处呢？两处追问，让学生的思维得以扩散，思考得以深入，体验更为深刻。继而体会到作者因为爱上了灰椋鸟，所以才会把夕阳下的灰椋鸟说成是翩翩起舞的少女，感受到把刺槐林和竹林说成是“天然的俱乐部”是多么形象生动，同时体会到文章语言之精当、用词之精妙。可见，运用适当的追问来引导不失为解决难点的一个好方法。

三、引导即“点拨”

精当的点拨有拨云见日之功效，引导点拨要精确，要能去皮见肉、去肉见骨、去骨见髓，点在课堂核心目标的命穴处，做到精确、到位。教者点拨的语言不在于多，而在于精，达到“多一句则赘，少一句则废”的境界。点拨要精彩，要能化繁为简、化难为易、化平淡为激越、化腐朽为神奇。

著名特级教师于永正可说是巧“点”大师，我们来看他在执教《小稻秧脱险记》时的一段朗读点拨：

师：谁能把杂草的话读一读？让人感觉到它有气无力了。

生：“完了，我们都喘不过气来啦。”（声音大，速度快）

师：你没有完！要么你的抗毒能力强，要么我的除草剂是假冒伪劣产品，我再喷洒一点。（说完，又朝该生身上“嗤嗤”地“喷”了几下）

（听课教师全场大笑）

生：（速度放慢，喘着气读）“完了……，我们都……喘不过气来啦。”

师：我听到你喘气了，但声音仍然很大，说话的声音这么大，能算完了吗？（学生又笑）

生：（小声地，断断续续地）“完了……我们……都……喘不过气来啦。”

（全场鼓掌）

师：真好，把书读出味儿来了！这就是"有气无力"啊！

（学生齐读）……

于老师和学生之间的这段交流真实、幽默、诙谐，妙趣横生，非常精彩！在教学中，对于不满意的回答和表现，教师需要进行善意的点拨和帮助，需要耐心地等待学生的感悟，这就是引导的艺术。当然，像于老师这样的巧"点"之功，非一日所能为，还需平时苦练方能造就。

总之，作为语文教师，我们要摆正自己在课堂教学中的位置，不能越俎代庖，也不能袖手旁观，要当好课堂教学"引导者"的角色，充分发挥"引导者"的作用，及时捕捉和利用课堂中出现的有价值的资源，激发学生的学习热情，彰显小语学科特点，努力营造出激情飞扬、焕发生命活力的语文课堂。

《在大海中永生》教学设计

【设计理念】

通过资料的收集，让学生了解邓小平；通过情境的创设，让学生走近邓小平，进而燃起对伟大领袖的爱戴之情。在课堂教学中注重抓住文中留白，在进行有效的语言文字训练的同时，让学生表达自己真切的情感。

【教学目标】

1. 正确、流利、有感情地朗读课文，背诵课文。

2. 缅怀邓小平爷爷的丰功伟绩，学习他爱祖国、爱人民的高尚情怀。

【教学过程】

一、揭示课题，导入新课

1. 这节课我们继续学习课文《在大海中永生》。

（课件出示课题，齐读课题）

"永生"是什么意思？谁在大海中永生？

（"永生"就是永远地活着。邓小平爷爷在大海中永生。板书课题）

2. 通过课前查阅资料，你能介绍一下你所了解的邓小平爷爷吗？

（学生交流后，课件出示：

邓小平：中国无产阶级革命家，
　　　　身经百战的开国元勋，
　　　　改革开放的总设计师，
　　　　“一国两制”的缔造者，
　　　　倡导和平的外交家。）

（出示图片：邓小平告别仪式图像）

3. 哀乐声中，情境导入：

1997年2月19日，我们敬爱的邓小平爷爷因病在北京逝世。他的离去，是我们党和国家的巨大损失，大江南北，长城内外，全国各族人民都沉浸在无比悲痛之中。今天，就让我们怀着沉痛的心情，回到十一年前那令人心碎的时刻，一同去送别我们敬爱的邓小平爷爷。

二、品读课文第1自然段

1. 点击出示第1自然段（教师声情并茂地范读）

听了老师的朗读，你的心情如何？（沉痛、伤心）

为什么会有这样的情感？（因为敬爱的邓小平爷爷就要离我们而去）

我们舍不得邓小平爷爷离去，首都人民舍得吗？祖国人民舍得吗？邓小平爷爷舍得离开我们吗？你从哪儿读出了这份不忍与不舍？（点击突出：低低地、缓缓地）

（指导朗读这段话）

2. 引出文中重点句

人民领袖人民爱，人民领袖爱人民，我们舍不得邓小平爷爷离去，邓小平爷爷也舍不得祖国和人民呀！敬爱的邓小平爷爷曾经说过一句感动亿万中国人民的话：“我是中国人民的儿子，我深情地爱着我的祖国和人民。”（点击出示这句话）

（学生齐读）

3. 引导理解重点词句

作为中国人民的儿子，怎么忍心离开祖国和人民？祖国和人民又怎么舍得自己的儿子离去呢？请同学们齐读课文第一句，读出你此刻的沉痛心情。

过渡：人们怎能不悲痛，我们怎能不伤心，因为机舱里安放着全党、全军和全国各族人民衷心爱戴的邓小平爷爷的骨灰啊！作者是如何评价邓小平爷爷一生的呢？从文中找出来读一读。

（出示：一位以自己的一生带领人民书写中华民族崭新历史的伟人，今天将完成他人生的最后一个篇章。）

齐读这句话，思考有什么疑问？

(1)“崭新历史”，这里指什么？

（指邓小平爷爷带领全国人民实行改革开放，让全国人民过上了好日子，让祖国变得繁荣富强）

(2)“最后一个篇章”又是指什么？

（邓小平爷爷的骨灰将会按照他的遗愿撒入大海。相机出示邓小平爷爷的遗愿）

三、阅读感悟课文2～4小节

鲜花伴着骨灰撒向无垠的大海，一代伟人从此永别人世。课文是怎样描写这感人的一幕的呢？请同学们拿起课本，轻声朗读课文2～4小节。思考：这三小节主要写什么？

（主要写邓小平爷爷的骨灰被撒向大海）

在邓小平爷爷的骨灰撒向大海之时，你听到了什么声音？

（大海的呜咽。点击出示第2自然段）

“呜咽”什么意思？（低声哭泣）

大海为什么呜咽？

（学生自由表达）

教师引导：邓小平爷爷的离去，让大海呜咽，浪花痛悼，浪花会怎样痛悼？

（点击出示：浪花说：“______________________。”）

邓小平爷爷的离去，令大海呜咽，青山流泪，江河动情，天地同悲。让我们和浪花一起，一同来痛悼伟人的离去。（齐读第2小节）

质疑探究：有人说鲜花伴着骨灰应用这个“拌”（点击由“伴”改为“拌”），你认为用哪个好呢？

（“伴”是“陪伴”的意思，运用了拟人化的手法，同时也蕴含了作者对邓小平爷爷的爱。而“拌”仅表示动作、情态）

过渡：奔腾不息的浪花会把邓小平爷爷的骨灰送往哪里呢？

（学生回答后出示课文第3小节）

为什么奔腾不息的浪花要把邓小平爷爷的骨灰送往祖国的万里海疆，澳门、香港，宝岛台湾，还要送向太平洋、印度洋、大西洋呢？

教师介绍：这篇文章是从 1997 年 3 月 2 日，新华社的通讯《在大海中永生——邓小平同志骨灰撒放记》节选、改写而来的。我们来读一读原文这部分内容，相信大家就会明白。

（点击出示原文相关内容节选）

（师生共读原文，交流感受）

小结：多少年来，邓小平爷爷穿梭于祖国的每个城市，忙碌于世界各国，创造了一个又一个奇迹。他的改革开放的方针政策，“一国两制”的伟大构想，如同春风般吹遍神州大地，遍布世界的每个角落。所以说邓小平爷爷的影响——（引读、出示）

读到这儿你又有什么感受？（自豪）

带着自豪和骄傲的语气读好这句话。

四、再读重点句，交流感受

骨灰撒大海，鲜花送伟人。时近中午，专机盘旋着向大海告别。透过舷窗望去，水天一色，波翻浪涌。从那永不停息的涛声中，人们仿佛听到了邓小平爷爷那震撼人心的声音：

（出示：我是中国人民……）

再读邓小平爷爷的这句话你有什么感受？

交流感受。

为祖国为人民做出巨大贡献的伟人说出如此质朴的话语，这是大海般宽广的胸怀，让我们满怀敬意地读这句话。

多么博大的胸怀，多么宽广的胸襟，多么深沉的挚爱！谁还想读？

邓小平爷爷深情地爱着祖国和人民，他鞠躬尽瘁，日理万机，把毕生的精力毫无保留地献给了祖国和人民，这是多么高尚的品质，多么崇高的精神呀！让我们满怀崇敬之情、爱戴之意读好这句话。

五、引导学习课文最后一小节

邓小平爷爷虽然离开了我们，但他的话语仍在耳畔回荡，他的光辉形象仍在眼前浮现，他的丰功伟绩，他的可贵精神，将永远铭刻在人们心中。齐读课文最后一小节。

与大海同在，与祖国同在，与人民同在。我们敬爱的邓小平爷爷，还与什么同在？（及时评点）

与青山同在　邓小平爷爷像青山一样伟岸。

与日月同在　邓小平爷爷的丰功伟绩与日月同辉。

与星辰同在　斗转星移，不变的是我们对邓小平爷爷无限的思念。

与长江同在　万里长江，源远流长，我们的邓小平爷爷千古永存。

与蓝天同在　蓝天无限，多么像邓小平爷爷博大的胸襟。

与黄河同在　黄河，我们的母亲河，祖国母亲为有这样的好儿子感到骄傲。

与世界同在　邓小平爷爷不仅属于中国，还属于全世界。

……

六、回应课题，抒发情感

此情此景，人们由衷地发出我们衷心爱戴的邓小平爷爷——在大海中永生。（板书）

让我们饱含深情地读好课题。（学生读题）

让我们满怀敬意地读好课题。（学生再次读题）

邓小平爷爷听到你们的声音，他一定倍感欣慰，你想对邓小平爷爷说些什么呢？

（出示：邓小平爷爷，我想对您说："________________________。"）

小结：万千话语，万千情思，都说不尽邓小平爷爷的丰功伟绩，道不完对邓小平爷爷的无限怀念。邓小平爷爷永远活在我们心中。让我们牢记邓小平爷爷那震撼人心的话语——

（出示："我是中国人民的儿子……"）

一个铭刻在亿万人民心中不朽的名字，在大海中得到永生。（学生再次齐读）

让我们齐声呼唤：（齐）邓小平爷爷！

让我们饱含深情地呼唤：（齐）邓小平爷爷！

（点击播放《春天的故事》）

听过这首歌吗？这首歌赞颂了邓小平爷爷改革开放所取得的伟大业绩。

让我们衷心地祝愿：（齐）邓小平爷爷在大海中永生！

让我们从小树立起崇高的理想，把我们的祖国建设得更加繁荣富强，努力开创我们伟大祖国的又一个春天。

七、布置课后作业

1. 搜集邓小平爷爷的一个故事，讲给同学们听。

2. 建议阅读《少年邓小平》《邓小平的故事》和《邓小平》等。

【点评】

深情缅怀　真情表达

——评朱永宏老师执教的《在大海中永生》

苏教版小学语文第九册课文——《在大海中永生》一文情思深沉、语言厚实，字里行间都充满了人民对伟人邓小平的爱戴之情，以及领袖对祖国和人民的拳拳之心。教者在本课的教学中，以“读”为主线，以“情”贯满全程，紧紧扣住一个“情”字层层铺开，步步深入。课堂上，教师诗意般的教学语言、充沛的激情深深地染化了学生。学生活跃的思维、深情的朗读又感染着教师，师生互动，入情入境，感同身受！适当的多媒体图像、音乐的运用也起了很好的渲染效果。整个课堂成为学生、教师、文本、作者之间心灵深处的对话过程。可以说，这堂课是充满情智的，是一节具有生命活力的情感课。

1. 创设情境，入“情”诵读

语言文字不是单薄的汉字，它们是有血有肉的，是富含生命的。只有引领学生读进文字，读进文字所营造的情境，引发设身处地的联想，产生相当的情感体验，学生的感悟才能油然而生，准确的语感才能自然生成。在本课的课堂教学中，在学生读流利的基础上，教者着重通过指导学生抓住一些重点词句进行朗读，把伟人离去时人们悲痛不舍的心情突出地展现出来让学生领悟。如第 1 自然段的“低低地、缓缓地、伟人、最后一个”；第 2 自然段的“呜咽、痛悼”，“伴”“拌”的比较，以及后面的“超越时代、超越国界”等，都是字字千钧，情境尽现。尤其是邓小平爷爷的“我是中国人民的儿子，我深情地爱着我的祖国与人民”这句话，让学生通过满腔深情的反复品读、朗读，使学生对邓小平爷爷的敬佩、爱戴、怀念之情逐步形成。

2. 锤炼语言，含“情”品味

锤炼语言也是本课的一大亮点。在学生流利读的基础上，教者指导学生抓住一些重点词句进行反复推敲，把伟人离去时人们怀念、不舍之情突出地展现出来。如：在理解“鲜花伴着骨灰撒向无垠的大海”一句时，教者抓住“伴”与“拌”字让学生比较体会，引导学生认识到，“拌”说明的是骨灰是与鲜花一起撒入大海的，而“伴”却表达了一种“情”，表达了人民对伟人深深的怀念和悲痛之情。锤炼语言文字让一个不起眼的“伴”字，融上了沉甸甸的思念，融上了沉甸甸的怀念，融上了沉甸甸的不舍与不忍，“一个字一份情，一个字一风情”，在推敲与锤炼中让学生对语言的敏感度向纵深发展。像这样的例子在本课堂中还有很多，诸如：对“呜咽”“痛悼”“爱戴”的体会，教者也是这样由浅入深地引领学生们感受的，并通过深情地诵读表达真情实感。就是在这样一遍又一遍地“披文入情”中，学生们对语言的感受能力在提高，感受的准确度也在提高，语感在慢慢的积淀中形成。

3. 融入课文，忘“情”想象

成功的课堂教学中，学生要能在教师的引导下展开联想的翅膀，把自己融入文本之中，自由地、忘情地想象。在本课的教学中，为了积极创设情境，教者通过充满深情的语言和一些特定的句式引导学生想象：想象浪花会说什么，想象奔腾不息的浪花把邓小平爷爷送往世界的每一个角落，想象伟人所到之处人们在说些什么，想象“鲜花送伟人”的悲壮，想象邓小平爷爷在大海中得到了“永生”……通过一连串的想象，使学生进一步感受语言、感受深情、感受“永生”的深远境界。

4. 升华主题，传“情”表达

当学生对伟人邓小平爷爷有了一定了解并产生了崇敬的情感之后，也就有了表达的欲望，有了“说”的冲动和需求，此时唯有一吐而快之。课堂上我们随时能听到他们的心声：邓小平爷爷，您能再多留一会儿吗？邓小平爷爷，您就放心吧，我们的国家正日益强大；邓小平爷爷与蓝天、白云同在；邓小平爷爷与我们的心同在……尽情的“说”传达着对伟人的爱戴，尽情的“说”升华为对伟人的崇敬，真是真情“尽在其言中”。

5. 课外拓展，用“情”展现

“让每个孩子都有表现的机会”应该成为每一位教师的教学思想，在短短的课堂教学时间内也许难以完全做到这一点，但在课外的学习辅导中就应该弥补这一缺憾。课堂教学后，教者安排了回家作业：找一个邓小平爷爷的故事相互交流，读一读邓小平爷爷的有关书籍。让学生在课堂尽情诉说的基础上，再在课后活动中用自己喜欢的方式自主地、尽情地展现出自己心中的伟人形象，表达自己对伟人的一片深情，从而延伸了课堂，拓展了课堂。这样不但使课堂教学得到了升华，也使“大语文”学习观得到了真正的体现。

此外，本节课还有一个最大的特点，就是教者在“解读伟人的话语，感悟领袖风范”时的设计很有特色。整节课以邓小平爷爷饱含深情的话语“我是中国人民的儿子，我深情地爱着我的祖国和人民”贯穿始终。通过多种方式的读，让伟人那质朴的话语读进了每一个学生的心里。走进了他们的灵魂里，也读进了我们每位听课者的心里，我想这句话将会永远铭刻在每个学生的心中，对他们的影响是深远的！

古人云：“凡事预则立，不预则废。”正是因为师生在课前充分准备，执教者处理好了课堂的有限性与知识的广泛性这一矛盾，所以教者才能在有限的时间内，让学生走近邓小平、理解邓小平、钦佩邓小平。在这短短40分钟内，学生的感情得到了升华，思念之情油然而生，课终而思未尽。

（如皋市安定小学　王群）

《船长》教学设计

【教材简解】

本文节选自法国著名作家雨果的短篇小说《“诺曼底”号遇难记》。课文讲述了哈尔威船长在“诺曼底”号客轮遭到“玛丽”号猛烈撞击即将沉没的时候，镇定自若地指挥60名乘客和船员有秩序地乘救生艇脱险，自己却坚持在船长的岗位上，随客轮一起沉入深渊的故事。歌颂了哈尔威船长忠于职守、舍己为人的崇高精神。

【目标预设】

1. 朗读课文，背诵“哈尔威巍然屹立在他的船长岗位上……他又一次运用了成为一名英雄的权利。”

2. 联系课文内容，理解课后练习4中的两个句子。学习通过人物语言和行动来表现人物品质的写法。

3. 感受哈尔威船长忠于职守、舍己为人的精神。

【重点难点】

研读文章重点部分，学习通过人物语言和行动表现人物品质的写法；感受哈尔威船长忠于职守、舍己为人的精神。

【设计理念】

新课程标准指出：“阅读是学生的个性化行为，教学中应积极提倡自主、合作、探究的学习方式，不应以教师的分析来代替学生的阅读实践……”遵循这一教学理念，本课教学将着眼整体，通过创设情境，激发学生学习的兴趣，在朗读与静思中深刻感悟、理解文章所表达的思想感情，提升情感的价值。

【设计思路】

本课分两课时完成。第一课时着重引导学生初读课文，在整体感知文本内容的基础上，理清文章“遇险——自救——牺牲”这一脉络。第二课时动情自读、品味领悟，体会文章生动传神的语言、紧张的故事情节。借助媒体、角色对话，引导学生移情体验，激发内心情感。

【教学过程】

一、情境创设，感受遇险情形之“急”

1870 年 3 月 17 日夜晚，哈尔威船长像平常一样，把“诺曼底”号轮船从南安普敦开往格恩西岛，谁也没想到一场可怕的灾难正悄悄逼近“诺曼底”号轮船。课文哪一自然段写了这场灾难？你从哪里可以感受到这场灾难的可怕？

（1）抓住“剖”和“涌”字体会水流的速度快、水量大、轮船撞击的严重。

（2）还可以用哪些词语来形容人们的恐慌？想象一下，读了这一段，你的眼前仿佛看到了什么？又听到了什么？

（3）指导朗读。

二、品味探究，体会哈尔威船长之“智”

在整个事情发生过程当中，有一个人物一定给大家留下了深刻的印象，他就是——哈尔威船长。那么课文是怎样向我们展现哈尔威船长形象的？哈尔威船长指挥救援时下达了哪些命令？

（学生自己读课文。交流）

1. 哈尔威船长站在指挥台上，大声吼道：“大家安静，注意听命令！把救生艇放下去。妇女先走，其他乘客跟上，船员断后。必须把 60 人全都救出去!”

（1）哈尔威是怎么说这句话的？（大声吼道）他为什么要大声吼？

（2）从中你能感受到他是怎样的一个船长？（临危不乱、沉着冷静、镇定果敢）从哪些句子感受到的？

（3）是呀，必须把 60 人——全都——（救出去），这时候，哈尔威始终记着自己是一名——（船长）在灾难面前，救人就是船长的职责呀！船上真的只有 60 人吗？他真的把自己给忘了吗？

（4）指导朗读，读出船长的临危不乱、镇定果敢。

2. 此时此刻，正面临着死亡威胁的人们并没有这样去做，船上发生了更可怕的事。看，发生了什么？

然而，救援工作进行得——（井然有序）。从“不可开交”到”“井然有序”，这是一次根本性的转变。我们先来听听在黑暗中人们听到的一段简短有力的对话——

（1）练读这段对话。

（2）从这段威严的声音中你读懂了什么？

（3）坚持这20分钟很重要，因为哈尔威船长说——（让每个人都到小艇上去）。20分钟让60个人都到小艇上去，平均每人20秒，所以，大家必须速度快！

（4）但不管怎样，哈尔威船长还是觉得20分钟——（够了），这20分钟能带给人们生的希望。（练读）（简短、自信、威严）

（5）“哪个男人敢走在女人前面……”这其实是船长下的又一道命令。（练读）（果断、坚定有力、斩钉截铁）他真的会开枪吗？从这番对话中，你感觉他是一位怎样的船长呢？

三、升华情感，感受哈尔威船长之“忠”

1. 大家沉默了，没有一个人违抗他的意志，人们感到有个伟大的灵魂出现在他们上空。

（1）“伟大的灵魂”指什么？

（2）“一个伟大的灵魂出现在他们上空”，这是因为——

从中你体会到什么？

（3）哈尔威的英雄本色震撼了人们的心，这就是伟大的灵魂，能通过朗读来表现吗？

2. 哈尔威巍然屹立在他的船长岗位上，沉着镇定地指挥着，控制着，领导着。他把每件事和每个人都考虑到了，他仿佛不是在给人而是给灾难下达命令，一切似乎都在听从他的调遣。

（1）他真的把每个人都考虑到了吗？（他把自己给忘记了，面对灾难，他早已把自己的生死置之度外了，这是多么高尚的品质）

（2）是呀，他连最小的见习水手都考虑到了。时间在一分一秒过去，“诺曼底”号的船头先沉了下去，很快，船尾也浸没了。从中你又体会到什么？

3. 船长哈尔威屹立在舰桥上，一个手势也没有做，一句话也没有说，随着轮船一起沉入了深渊。人们透过阴森可怖的薄雾，凝视着这尊黑色的雕像徐徐沉入大海。

（1）从这句话中，你体会到什么？

哈尔威船长没有豪言壮语，他那敬业、尽责的品德，坚定、刚强的意志，以身殉职、舍己为人的精神永远铭刻在人们的心中，他那高大的英雄形象永远在人们心中定格，可谓瞬间的举动，永恒的形象！

（2）合作探究：在这样危急的时刻，哈尔威船长可以逃生吗？他为什么选择与“诺曼底”号一起沉入大海？从这里，你感觉他又是一位怎样的船长？

四、走近船长，进行心灵的对话

1. 危难中出英雄。危急时刻，是放弃责任、违背天良、只求独自活命？还是舍己为人、舍生取义？哈尔威船长已经用自己的行动给我们做出了响亮的回答。让我们再看看船长吧！

假如你就是生还者之一，你想对船长说：……

假如你就是船长，当你随着船儿慢慢下沉，你想说：……

假如你就是这艘在英伦海峡上堪称最漂亮的轮船“诺曼底”号，当你身受创伤，目睹遇难的这一幕，你想说：……

2. 哈尔威船长一生都要求自己忠于职守，履行做人之道。面对死亡，他又一次运用了成为一名英雄的权利。

（1）“做人之道”，这里主要表现在他哪些方面呢？

（2）“运用了成为一名英雄的权利”，是因为——

（3）在生死抉择时，是他镇定地指挥救援工作，而把自己的生死置之度外。他就是——

千言万语道不完我们对船长的无比怀念、无比敬意，让我们怀着深深的敬意再读这句话！

【教后札记】

或许是因为文明与海洋的联系紧密，西方人有一种“船长情结”，美国诗人惠特曼曾把林肯称为“船长”，法国浪漫主义文学运动领袖雨果也不例外，这篇改自其小说《“诺曼底”号遇难记》的课文《船长》，依循“遇险——自救——殉职”的思路展开故事情节，重点突出，形象鲜明，着力描写了哈尔威船长在生死关头，把生的希望让给别人、把死亡留给自己的舍己为人的精神和尊重妇女、爱护儿童的人性美。感悟人物形象、提炼人物精神是本文教学的重点。本课教学显然突出了这一点，在整个教学过程中，教者将读的训练贯穿始终，在尊重学生个性感悟的基础上，立足于学生的自主品读、合作探究，引导学生通过听、说、读、议、写等多种语文实践活动，感悟人物的形象，提升情感的价值。

1. 远看“船长”——抓住对比，披文入情

课文主要写船长，但是第一段将险情写得非常详细，这是一种侧面描写的方法。这与正面描写船长的言行形成鲜明的对比，突出了船长的个性，衬托出船长沉着镇定的形象。语文学习不能游离于语言文字的品析之外，于永正老师说：“语文教学的亮点在哪里？语文的味道在哪里？在关键的词句里，在理解后的朗读里。”教学中，师生抓住“阴森森”“可怕”“巨响”“涌”“呼喊”“哭泣”等词语反复品读，感受体会场面的混乱和恐怖。特别是引导学生比较品析“剖”“涌”与“流”，充分感受“玛丽”号对“诺曼底”号撞击的势头之猛和力度之大。想象“看到了什么、听到了什么”，再次感知“万分危急”的险情。这样的教学，既是扎扎实实的语文实践过程——训练语感，学习语言，充盈着浓浓的语文味，又为哈尔威船长站在指挥台上下命令做好渲染和铺垫，让学生初步感受到船长的镇定自若、临危不慌。另外，遇险以后，船长想到的是60个人的安全，唯独没有想到自己。教学时，教师反复追问：“船上真的只有60人吗？他真的把自己给忘了吗？”学生通过这“60”与“1”的对比，初步感知到船长舍己为人的品质。

2. 走近“船长”——紧扣言行，感悟形象

第二部分具体写船长指挥人们乘救生艇脱险的经过，这是课文的重点，特别是在写法上，主要是通过语言和动作来表现哈尔威船长的品质、突出其性格的。这一部分的教学，师生抓住文中的重点词、关键句，反复读、慢慢嚼、细细品、深深悟，挖掘人物丰富的内心活动，让感性的形象扎根到学生的精神世界中。教师指导学生抓住“吼”字，怎么吼？为什么吼？让孩子读懂文字背后的声音，一个“吼”字不仅吼出了情况的危急，更吼出了一个伟大的灵魂，体会出船长在危急关头的沉着果断、舍己为人。紧接着，教者以四次命令为突破口，运用自由读、指名读、分角色读等多种朗读形式，特别着重指导朗读黑暗中那“一段简短有力的对话”，引导学生读中感知、读中理解、读中悟情。读贯穿始终，在学生反复诵读中，内化于心，外化于声，读出形——在头脑中唤起语言所描绘的形象，读出神——读出语言文字所包含的精髓，“其言皆若出于吾之口，其意皆若出于吾之心”。因而，学生的体

悟也就不再游离于语言文字之外，而是植根于语言文字之中，逐渐走近了船长，感悟其超凡的智慧和对妇女儿童的尊重爱护。

此外，在教学中，教者还鼓励学生大胆质疑、合作探究，尊重学生的独特体验，张扬个性，品中悟理，对文本进行个性化解读。船长的职责是拯救船上的所有的人，但他为什么又下达开枪的命令？他真的会开枪吗？他真的把每个人都考虑到了吗？他为什么会把自己给忘了？他真的把自己给忘了吗？在这样危急的时刻，哈尔威船长可以逃生吗？他为什么选择与“诺曼底”号一起沉入大海？这一系列问题一步步引导学生在阅读中发现问题、探索思考，在自主阅读中激发他们的智慧与潜能。通过细读文本，学生沉浸在那一个个难忘的镜头中。“阅读是个性化行为”，“一千个读者就有一千个哈姆雷特”。文本中的信息经过每个学生的大脑加工后，就会有不同的体验。此时，教者没有把文本的意识或自己的意识强加给学生，而是充分地让学生发表看法，多元解读，张扬其个性，然后在辩论中明理，促进学生在认识上获得质的飞跃，对哈尔威船长的崇敬之情更进一层。

3. 走进“船长”——补充留白，升华精神

巧妙地利用文本中情节、语言文字、插图的留白，可以给学生营造一个想象和创新的空间，从而让学生在留白处放飞思绪，解读文本。课尾，学生身临海难现场，目睹哈尔威船长随着“诺曼底”号一起缓缓沉入大海，内心受到了冲击。此时，教者巧妙拓展文本对话空间，“假如你就是生还者之一，你想对船长说：……假如你就是船长，当你随着船儿慢慢下沉，你想说：……假如你就是这艘在英伦海峡上堪称最漂亮的轮船‘诺曼底’号，当你身受创伤，目睹遇难的这一幕，你想说：……”学生“情动而辞发”，角色转换，想人物所想、感人物所感，走进哈尔威船长的内心世界，凭自己的知识、情感、智慧、灵性，赋予文本新的意义、新的价值和新的内涵。这样的教学，不仅进行着扎实的言语表达训练，更将学生的情感体验推向一个高峰，把思维引向深入，使其得到一种精神境界的升华。“静态”的文本在学生创造性的延伸拓展中焕发鲜活的生命力，同时，学生对哈尔威船长忠于职守、履行做人之道的崇高形象，船在人在、船亡人亡的大无畏精神也有了更深层次的理解。

总之，在各种语文口号旗帜争扬的今天，这节课是以语文的方式教学着语文，师生共同参与对语言文字的诵读、感情积累和运用的实践，挖掘着文本的人文底蕴，获得了情感的共鸣和思想的共振，课堂上充盈着激情，闪熠

着人性的光辉。当然，教学永远是一门遗憾的艺术，作为高年级的语文课堂，还应该更多地渗透一些写作的指导，如本课的侧面描写烘托、通过语言、动作表现人物性格等，进行一些仿写，或许就更加完美了。

《虎门销烟》教学设计

【教材解读】

这篇课文记叙了 1839 年 6 月震惊中外的虎门销烟的全过程，揭示了虎门销烟的伟大历史意义，歌颂了中国人民爱国拒侮的斗争精神，是一篇爱国主义教育的好教材。

【教学理念】

本课教学设计以学生的发展为本，以“活动单”为载体引领学生走进文本、体会情感。通过不同形式、不同情境的朗读，让学生读有感悟、读有收获，在感情朗读、感悟文本内容的基础上，燃起爱国拒侮的热情。

【教学目标】

1. 正确、流利、有感情地朗读课文。

2. 了解虎门销烟的过程，认识虎门销烟的伟大意义，燃起爱国热情。

【教学过程】

一、回顾背景，导入新课

1. 简要回顾历史背景：一百七十多年前，英国殖民者通过走私鸦片来侵略中国，鸦片给中华民族带来了怎样的灾难？（白银大量外流，人民负担加重，士兵战斗力削弱……）

（出示：林则徐图片）在这民族存亡的危险时刻，民族英雄林则徐挺身而出，坚决领导了禁烟斗争，在人类禁毒史上写下了辉煌的一页。

2. 导入：这节课我们继续学习课文《虎门销烟》，齐读课题。

二、精读场面，感悟隆重

1. 让我们一起穿越时光的隧道回到 1839 年 6 月 3 日的虎门海滩，去感受一下当时的场面

2. 对照“活动单”上“活动一”展开学习。

活动一：感受销烟前的场面
1. 自主学习：
读读第 2 自然段，画出感受最深的词语或句子，想想从中读懂了什么？
2. 合作交流：
①把自己的读书收获在小组内交流。
你可以这样说：
我从“________________”等词语，感受到____________________。
读了“________________”这句话，我体会到____________________。
②小组内练习读好所画的词语或句子。
3. 展示完善：
①交流读书收获。
②感情朗读第 2 自然段。

3. 学生自主阅读课文第 2 自然段，及时在书中空白处写下自己的阅读感受，教师巡视指导。

4. 出示课文第 2 自然段，引导学生感情朗读，并把自己的阅读感受运用“活动单”提示的句式进行交流。教师适时引导：

①相机引导学生感悟前来观看的人很多、场面非常隆重。

②指导读好“男男女女”“老老少少”“挤”“水泄不通”“彩旗林立”等词语。

③抓住“闻讯”体会人多的原因，感受人们对销烟的迫切愿望。

三、精读“过程”，体会情感

1. 过渡：随着林则徐一声令下，震惊中外的虎门销烟开始了。请同学们仿照“活动一”的学习方法，对照“活动二”的要求学习课文 3～5 自然段。

活动二：感知销烟的过程
1. 自主学习：
轻声朗读课文 3、4 自然段：
①思考：民工是怎样销烟的？
②体会：鸦片被销毁后人们的心情。
2. 合作交流：
各小组选用自己喜欢的一种方式，再现虎门销烟的方法和过程。
方式一：用“先……再……然后……”的句式说说销烟的过程。
方式二：小组内合作表演。（一人朗读，其余同学加上动作表演）

方式三：根据内容画出销烟过程示意图。

3. 展示完善：

①各组用自己的方式，再现销烟的方法和经过。

②感情朗读第 4 自然段，体现人们的心情。

2. 学生自主学习，小组合作交流。

3. 引导学生进行展示：

①各组按自己选择的方式，再现虎门销烟的过程。（分别选两到三个小组展示）

②出示课文第 4 自然段，学生感情朗读展示。

③引导探究：销毁的仅仅是鸦片吗？（销毁的还有屈辱、危害、侵略者的嚣张等）

4. 出示第 5 自然段，引读课文，交流读后感受。（抓住“23 天”“二百多万斤”等，感受虎门销烟的辉煌成果）

四、体会意义，铭记“壮举”

1. 过渡：课文读到这儿，虎门销烟这一历史事件给你留下什么印象呢？（学生交流，相机板书：伟大壮举）

2. 说虎门销烟是“伟大壮举”，它的“伟大”又体现在哪里呢？带着这个问题阅读课文最后一小节，对照“活动三”展开学习。

活动三：感悟销烟的意义

1. 自主学习：

阅读课文最后一小节，想一想：

虎门销烟的伟大意义体现在：①____________；②____________。

2. 合作交流：

情境朗读：（自由选择一种练习）

①读：作为课文的结尾，你该如何有感情朗读？

②讲：作为演讲的结尾，你该怎样演讲？

③说：如果你想告诉别人，会怎么说？

3. 展示完善：

情境朗读展示。

3. 交流虎门销烟的伟大意义。（板书：中国人民是不可欺侮的）

4. 情境朗读展示。

要求：①读出中国人民的力量。

②指导加上动作齐读。

5. 让我们再次感受这一伟大壮举。（播放《虎门销烟》电影剪切片段）

6. 回顾课文第1小节：让我们永远铭记（齐读）：1839年6月3日，是中国历史上值得纪念的日子。（板书：值得纪念）

五、表达心声，检测反馈

过渡：学了课文，了解了林则徐虎门销烟的伟大壮举，如果你有机会来到虎门，站在林则徐的塑像前，你会想些什么？又会说些什么呢？拿起笔，在“活动单”上把你的想法写下来。

> 检测反馈
>
> 要求：以“我站在林则徐塑像前”为题，写一段话。
>
> 1. 练写：
>
> 我站在林则徐塑像前，仿佛（看到、听到……）________________________，心想：____……
>
> 2. 修改：
>
> 自己读一读，看有没有把要说的话表达清楚。
>
> 3. 展示：
>
> 朗读自己所写的内容。

1. 学生对照图片，回忆课文内容练写。

2. 交流所写片段。（指名三名同学朗读自己所写片段，师生共评）

3. 小结：让我们永远铭记：（齐读课题：虎门销烟）这一伟大壮举；永远记住：1839年6月3日，这个中国历史上值得纪念的日子。因为它向全世界表明中国人民是不可欺侮的！

六、课后作业

把《虎门销烟》这个故事讲给家人或其他同学听。

【点评】

别样朗读　演绎精彩

新课程标准指出：“要让学生充分地读，在读中整体感知，在读中有所感悟，在读中培养语感，在读中受到情感的熏陶。”朱自清先生也在《论朗读》中强调指出：“读的用处最广大，语文教学中应该重视它。”因此，在课堂教学中我们应尽可能地开展多种形式的朗读，让朗读发挥应有的作用。

1. 截然不同的感情朗读

学生是一个个鲜活的个体，他们在阅读中的情感体验也各不相同，朗读时流露出来的情感自然也不同。在课堂中，教师应尊重学生不同的情感体验，并及时进行引导，让学生多角度地去思维、去体验，使朗读不再局限于外在形式，更要能读出自己的真实体验。

《虎门销烟》中有这么一段写销烟的话："销烟整整持续了 23 天，二百多万斤鸦片化为烟渣，随着潮水卷进了咆哮的大海之中。"教学中，学生在朗读时情绪十分高昂，心境开阔，他们读到鸦片被销毁，心情自然是十分愉悦的，所以在读这段话时，读得高昂激越，为众多的鸦片被销毁而激动万分。可有学生提出异议："这么多的鸦片该会毒害多少中国人？又会有多少中国人被害得骨瘦如柴、倾家荡产、家破人亡？"教师即时启发："是呀！二百多万斤啊！持续 23 天啊！这么多鸦片要残害多少中国人啊！"这时，学生们一个个争先恐后地说："帝国主义者太可恨了！""这些强盗不但害人，而且抢走我们那么多钱财。"再次朗读时学生的情感变得仇恨而激愤。

两种情感，不同的体验，这是教师充分尊重学生自我体验的结果。在课堂教学中，抓住即时生成，尊重学生的独特体验，让学生在朗读中情感得到升华，语文课堂会更显无限魅力。

2. 身临其境的角色体验

在课文中，有些语句含义深刻，是警策之笔，在全文中起一个统帅作用。像这样的语句，如何让学生体会它深远的含义并铭记于心，获得更深刻的体验呢？这时，我们不妨创设一些语境，让学生转变几个角色，在不同的角色体验中获得愉悦感，深入理解语句的含义，在头脑中烙下深刻的印迹。

《虎门销烟》的最后一段点明了销烟的伟大意义。为了让学生更深入地理解虎门销烟这一伟大壮举，培养学生强烈的民族自豪感，我们可以先让学生自由朗读，读出自己的感情，在熟读的基础上，创设一定的语境：

语境一：今天回家，爸爸问："孩子呀！你今天学了一篇什么课文？"你答"《虎门销烟》"。你爸爸又问："那'虎门销烟'有什么伟大意义呀？"你怎么告诉你爸爸呢？

语境二：如果这段文字是演讲稿的结尾，作为演讲者，你将如何演讲？

语境三：如果你是国家领导人，你会怎样将这"虎门销烟"的伟大意义向全世界宣告呢？

在这些不同的语境、不同的角色体验中，同学们不仅体会到虎门销烟的伟大意义，而且懂得不同的场合、不同的身份，应该用不同的语气来表述。

教者在课堂中采用多种朗读形式，让学生能真正充分地去读，获得自己独特的体验，别样的朗读，演绎出更为精彩的语文课堂！

（“潍水名师许友兰工作室”首批成员　黄年忠）

《灰椋鸟》教学设计

【导学目标】

1. 能正确、流利、有感情地朗读课文4～6自然段。

2. 品读重点词句，感受灰椋鸟归林时的壮观场面，体会作者的思想感情。

【导学过程】

一、揭题导入

1. 同学们，这节课我们继续学习《灰椋鸟》。（齐读课题）

2. 上节课我们已经初读了课文，学习了课文1～3自然段，说说课文重点写的是什么？（鸟儿归林的壮观场面）

3. 这节课，我们就跟随作者一起去感受灰椋鸟归林的壮观场面。请同学们打开课本，对照“活动一”的要求开始学习。（出示“活动一”）

活动一：感受鸟儿归林时的场面 1. 自由朗读课文第4自然段，用“____”画出你喜欢的写鸟的句子，想一想为什么喜欢。 2. 组内活动： 如果你是先回来的鸟，你会怎样倾诉你的见闻和收获？如果你是后到的鸟，你又会怎样应和？小组内先讨论，然后分角色练习。 3. 班级展示： ①朗读你喜欢的句子并说说喜欢的原因。 ②分角色说说。

二、感受鸟儿归林时的场面

1. 学生对照“活动一”自主合作学习。

2. 汇报一下你们的学习收获，哪一组先来？

3. 引导学生对小组展示进行评价和补充。

4. 相机抓住“投入”“排空而至”“整群整群”等关键词语谈读后感受，并引导读好相关语句。

5. 点击句中分号，探讨分号用法。（分号用在并列的分句间）

6. 引导学生说说灰椋鸟归林时留给我们的感受。

7. 小结过渡：灰椋鸟归林时壮观而又温馨，那灰椋鸟入林后又是怎样的一番景象呢？请同学们按“活动二”学习提示，学习第 5 自然段。（出示“活动二”）

> 活动二：体会鸟儿入林后的喧闹
>
> 1. 朗读课文第 5 自然段，想一想：如果你身边有一台摄像机，你会拍下哪个镜头？试着给它取个好听的名字。
>
> 2. 组内活动：
>
> ①交流所拍摄的内容及所取的名字，说说为什么取这个名字。
>
> ②讨论：作者为什么把灰椋鸟说成是穿上盛装翩翩起舞的少女？又为什么把刺槐林和竹林说成是天然的俱乐部？
>
> 3. 全班交流。

三、体会鸟儿入林后的喧闹

1. 对照“活动二”的学习要求，小组内学习。

2. 小组展示：介绍所取的名字，读好相关句子，并说说自己为什么取这个名字。

3. 学生评价补充。

4. 适时引导学生读好描写“百鸟争鸣”的句子。

5. 引导交流小组内对“作者为什么把灰椋鸟说成是穿上盛装翩翩起舞的少女、为什么把刺槐林和竹林说成是天然的俱乐部”两个问题的讨论结果。

6. 适时引导学生体会作者的感情变化，以及天然俱乐部和生活中的俱乐部的相似之处。

7. 引读“这上万只灰椋鸟是在举行盛大的联欢会，还是……”

8. 过渡：作者仅仅是在为鸟儿而欢呼吗？请同学们围绕“活动三”，读读最后一小节。（出示课文最后一小节）

活动三：品悟作者回来时的感想
1. 自读第 6 自然段，思考：
①除了爱鸟，你还体会到作者怎样的思想感情？
②联系作者的感想，说说“人、林、鸟”之间的关系。
2. 组内交流各人的读后思考。
3. 汇报学习收获。

四、品悟作者回来时的感想

1. 除了爱鸟，作者还表达了怎样的思想感情？（对林场工人的感激和敬佩之情）读出这种感激和敬仰之情。

2. 你能联系作者的感想说说“人、林、鸟”之间的关系吗？（板书：人、林、鸟）请学生对照板书谈想法。（总结板书：勤、茂、欢）

小结：同学们，你们看，人与鸟、人与自然和谐相处，这是一个多么美好的世界呀！正是因为有了这些千姿百态的小精灵，我们的生活才会充满无限的生机。让我们共同努力，共创鸟的天堂，共创人与自然和谐相处的美好境界吧！让我们记住徐秀娟的话：鸟是人类的朋友，树林是鸟的乐园！

现在，同学们心中肯定有所思、有所想，拿起笔写下你的感受，或者设计一句爱鸟、护鸟的公益用语。

五、检测反馈

1. 用一两句话写下你此刻最深的感受，或者设计一句爱鸟、护鸟的公益用语。

2. 学生展示。

3. 小结：是呀！“保护环境，热爱地球”是我们每个人应尽的责任和义务。再过几天就是“6 月 5 日世界环境日”了，今年世界环境保护日的主题是：多样的物种，唯一的星球，共同的未来。（出示课后作业）

六、课后作业

围绕 2010 年世界环境日的主题：多样的物种，唯一的星球，共同的未来，小组合作写一份“保护环境，热爱地球”的倡议书。

【设计意图】

《灰椋鸟》是苏教版实验教材五年级上册“人与自然”主题单元中的一篇精读课文，是作者徐秀娟在盐城自然保护区工作时写的一篇散文，主要描绘了灰椋鸟归林时的壮观景象，表达了作者对鸟儿的喜爱和对林场工人的赞美和敬仰之情。文章第二段是重点，作者把灰椋鸟归林的情景与自己内心涌动的感情交织互融，合为一体。本课活动的安排旨在引导学生有感情地朗读课文，入情入境体会作者所表达的思想感情，进而燃起爱护鸟类、保护自然的热情。

根据文本特点及学生的学情，我制订了如下教学目标：正确、流利、有感情地朗读课文重点段落 4～6 自然段；通过重点词句的品读，感受灰椋鸟归林时的壮观场面，体会作者的思想感情，明白“鸟是人类的朋友，树林是鸟的乐园”这句话的真正内涵，激发学生对鸟类及大自然的热爱之情。

本课的教学旨在凸显“活动单导学”教学模式的精髓，引导学生感情朗读、品读感悟、想象拓展，通过自主学习、合作探究，对重点词语进行品读、特殊的句式进行推敲、流露的情感进行体会，达到积累语言、提升认知之目的。

本节课共安排了三个活动。

活动一：感受鸟儿归林时的场面。学生通过抓关键词，品读自己喜欢的写鸟的语句，在反复朗读中，充分感受灰椋鸟归林时的壮观场面，通过角色体验，感受灰椋鸟的灵性，并初步懂得分号的用法。

活动二：体会鸟儿入林后的喧闹。首先让学生拍摄自己喜欢的镜头并取名字，充分发挥学生的想象，努力实现个性化阅读。同时，让学生讨论“为什么把夕阳映照下的灰椋鸟说成是穿上盛装翩翩起舞的少女”，体会作者的情感变化历程。探究“为什么把刺槐林和竹林说成是天然俱乐部”，引导学生说说“天然俱乐部和生活中的俱乐部有哪些相似之处”，为学生驰骋思维、放飞想象、张扬个性提供广阔的空间，学生在丰富的想象中充分感受到鸟儿归林后喧闹而又热烈的场面。

活动三：品悟作者回来时的感想。在实施这一活动时，巧妙过渡：作者仅仅是在为鸟儿欢呼吗？让学生读读最后一小节，体会作者对林场工人的感激敬佩之情。通过多媒体演示人、鸟和谐的情境，让学生在美妙的音乐中、和谐的画面中感悟到：鸟是人类的朋友，树林是鸟的乐园。进而真情表达，完成检测，升华主题。

最后联系世界环境日，进一步激发学生“保护环境，热爱地球”的情感。

《示儿》教学设计

【教学目标】

1. 正确、流利、有感情地朗读古诗，背诵古诗。

2. 理解诗意，体会诗情，走近诗人。

【教学过程】

一、激情导入，引发共鸣

在南宋有一位人称“小李白”的大诗人，你知道是谁吗？（陆游）谁来介绍陆游？（引读“至死不渝”）

陆游生活在一个动荡不安的年代。当时北宋灭亡了，淮河以北，整个中原地带沦陷在金人的铁蹄之下。陆游一生都在为收复中原、统一祖国而奔走、呐喊。今天我们一起学习陆游临终之时留给儿子们的一首千古绝唱——（齐读《示儿》）。再读，想想什么意思？

示儿什么意思呢？是谁告诉儿子？

二、诵读古诗，理解诗意

（板书：陆游）陆游在临终前究竟想告诉儿子什么呢？请同学们反复诵读古诗，对照“活动一”的要求开始学习。

> 活动一：朗读古诗，理解大意
>
> 1. 反复朗读古诗，读通读顺，结合注释说说诗句的大意。
>
> 元：同“原”，本来。但：只。无：同“勿”，不要。乃：你，你的。
>
> 还有不懂的字词可以互相讨论哟！
>
> 2. 组内交流：
>
> ①朗读古诗，读出节奏。
>
> ②说说诗句的大体意思。
>
> 3. 以小组为单位进行展示。（读古诗，说诗意）

哪一小组先来展示？（请其他小组的同学认真听，等会儿进行评价和补充）

我们再请一小组来读读古诗，说说诗意。

①我们朗读古诗要能读出诗的节奏。（根据老师的手势朗读）

请同学们起立，伸出右手，我们一起来试试。

②除了节奏，我们在朗读时还要读出诗的韵律。（出示）

一、二声可读得长一些，三、四声可读得短一些。自己试试。谁来读？齐读。

读着陆游临终的遗言，你们的心底是不是产生了一个疑问？

预设：为什么明知万事空，还要“家祭无忘告乃翁”？

为什么临死还念念不忘收复中原？

为什么要儿孙家祭时告诉自己中原收复的事？

三、品读诗句，体会诗情

带着疑问，用心品读诗句，对照“活动二”的学习提示，体会诗人所表达的情感。

活动二：品读诗句，体会诗情 1. 对照插图，品读诗句，想想整首诗表达了诗人怎样的情感？ 2. 组内探究：陆游既然知道“死去元知万事空”，为什么还叮嘱儿子“家祭无忘告乃翁”呢？ 3. 班内展示。（①感情诵读　②交流见解）

展示一下你们的学习收获。

你能说说是从哪些诗句体会到的吗？具体说说！（相机板书：爱国）

观察插图，说说陆游此时的外貌、神态和动作，并想象他此刻的心理。

在即将离别人世的时候，陆游为自己不能看到祖国的统一而悲伤哪！谁来读？

看看那紧握的右拳、期待的眼神，陆游盼哪！（齐读）读得真好！老师也被陆游这深厚的爱国情感感染了，我们一起来读读这首诗。

老师读前四个字，同学们读后三个字，我们接读试试。

换个个儿，你们读前四个字，老师读后三个字。

你们读一句，老师跟着和！试试。

老师读，你们和！

（师读）王师北定中原日，（生读）家祭无忘告乃翁。（两遍）

配上音乐，谁再来读？

我们一起在乐声中读好这首诗。

四、拓展延伸，走近陆游

陆游临终悲呀！他悲的是：不见九州同；他急切地盼哪！盼的是：王师

北定中原日。让我们读读诗人人生不同时段的诗句，感受诗人 85 年人生道路上留下的心声吧。

活动三：拓展延伸，走近陆游

1. 自读陆游人生不同时段的诗句，想想陆游的一生是怎样的一生。

①上马击狂胡（敌兵），下马草军书。(20 岁)

②一寸丹心唯报国。(48 岁)

③位卑（地位低下）未敢忘忧国。(52 岁)

④僵卧孤村不自哀，尚思为国戍（shù，守卫）轮台（边防据点）。(68 岁)

⑤一闻战鼓意气发，犹能为国平燕赵。(82 岁)

2. 全班交流。

谁来说说，陆游的一生是怎样的一生？(爱国的一生，忧国忧民的一生。板书：爱国)

20 岁时，陆游豪情满怀，立下这样的壮志——（齐读）上马击狂胡，下马草军书。

48 岁时，陆游守卫边关，在凛冽的寒风中，他放声高歌——（齐读）一寸丹心唯报国。

52 岁时，陆游因为主战而被罢官，成为平民的他念念不忘的是——（齐读）位卑未敢忘忧国。

68 岁时，年近古稀的陆游魂牵梦绕的依然是——（齐读）僵卧孤村不自哀，尚思为国戍轮台。

82 岁时，风烛残年的陆游仍在高唱——（齐读）一闻战鼓意气发，犹能为国平燕赵。

发现了吗？在所有这些诗句中，或隐或现地都贯穿着同一个字，这就是——（国）。这个“国”字，融入了陆游整个的生命啊。直到临终他还要告诉儿子——（齐读：王师北定中原日，家祭无忘告乃翁）陆游的爱国的确可以说是至死不渝。(读：至死不渝)

如此感人的爱国诗篇，你能背下来吗？(指名背诵。集体背诵)

在 1210 年的一个寒冷的冬夜，陆游吟完这首绝唱，带着无限的遗憾离开人世。联系插图和古诗内容，想象陆游“示儿”的情景，用自己的话写下来。拿起笔，完成检测反馈。

五、检测反馈

检测反馈
联系插图和古诗内容，想象陆游“示儿”的情景，用自己的话写下来。
在一个寒冷的冬夜，屋外寒风呼啸，屋内烛泪流淌，____。
交流检测内容。

陆游的爱国的确是至死不渝呀！（板书：至死不渝）

小结：现代著名散文家、诗人朱自清说：“在古代的诗人当中，唯有一人能称得上是真正的爱国诗人。”他就是——陆游，他的遗作《示儿》激励了一代又一代中华儿女为了祖国的统一而奋斗不止。

课后同学们再搜集一些陆游的爱国诗篇，用心品读积累。

【教学反思】

《示儿》这首诗是南宋著名爱国诗人陆游的绝笔，该诗情真意切地表达了诗人临终前复杂的思想感情：既有对抗击金兵未成的遗恨，又有因祖国未统一的无限悲哀，也有对统一大业必成的坚定信念。对于像这样以叙述口气所写的诗，学生借助于注释读懂诗句意思，应该还是没有太大问题的。本堂课旨在引导学生在理解古诗大意的基础上，通过反复朗读感受诗的意境，与诗人的情感产生共鸣，从而受到心灵的震撼，并真正提高古诗文的朗读和欣赏水平。

对于本课，我的最大希望是能在以下几个方面有所突破：

1. 淡化诗意解释，强化情感体验

古诗以凝练的语言叙事、写景、抒情、构境，因其凝练而形成了许多极富美学张力的空白处。这种空白是需要读者以自己的想象去填补、以自己的情感去体验的，这正是古诗的魅力所在。而我们通常的古诗教学往往强调对古诗进行逐字逐句的解释，这样做固然使得我们的理解变得清晰，但同时也是对诗歌美感的一种破坏，总的说来我以为是得不偿失的。因此，在课堂上，我尽量把诗意的解释进行淡化处理，而着力于引导学生们通过朗读，感受诗歌的韵律美和节奏美；通过诵读，把握诗歌情感的脉搏；通过吟诵，让他们与诗人作一次近距离的心灵对话。

2. 加强诵读指导，追求多元共振

《语文课程标准》指出：“诵读优秀诗文，注意通过诗文的声调、节奏等体味作品的内容和情感。”在诵读指导上我尽量追求多元化，通过配手势朗读、据声调朗诵、接读、和读、配乐读等方式，引导学生体会古诗特有的音律美、情感美、意境美。对《示儿》这样的诗，每一个人都会有不同的感悟，因而也会有不同的诵读，但是，我相信每一个人的感悟又会有其共同的基础和共同的倾向，因此就有了共振形成的可能性。本节课引导学生以读传韵、以读悟境、以读传情，就是为了追求这样的共振，进而引发学生内心深处潜在的情感共鸣，真正发挥古诗的艺术感染力。

3. 适度拓展学习，力争全面感知

“诗言志”“诗缘情”，诗中抒发的感情是诗人写诗的动力，诗人的生活经历及其思想均融入其中。不了解这个动力，找不到诗人情感的源头，便摸不准诗人情感的脉搏。《示儿》这首诗之所以感人，我以为并不仅仅因为这首诗本身，其实感动一代代人的，更是它的作者——诗人陆游。陆游一生是悲剧性的，他生命中的每一天都可以说是在对收复中原的渴望中度过的，然而这种渴望却最终成为千古的遗憾。《示儿》，正是这一生的渴望和千古遗憾状态下的集中爆发。因此，要真正读懂《示儿》，就必须读懂陆游，就必须读懂他的渴望和他的遗憾。所以，在“活动三”，我在适度的范围内尽可能地拓展陆游的爱国诗句，以期学生能对陆游的一生有一个全面的、粗略的感知，进而加深对陆游至死不渝的爱国情怀的理解。

当然，对于本诗的教学各人侧重有所不同，是“诗”与“史”结合，还是“诗”与“人”结合，得看我们的出发点和立脚点，本节课我是在运用“诗”“史”结合的方法试上以后，调整到“诗”“人”结合上来的。

石 祥

小学高级教师，“雉水名师许友兰工作室”首批培养对象，如皋市骨干教师。多次执教省市级公开课，参加省、市、县级语文阅读教学课比赛均获得一等奖，数十篇文章发表于《江苏教育研究》《小学语文教学参考》《吉林教育》《基础教育》《新课程研究》等刊物。

在且行且思中实现美丽“蜕变”

——我的成长之路

进步，意味着目标不断前移，阶段不断更新，它的视野总是不断变化的。

——雨果

2004年，我从农村的一所镇中心小学调进了江苏省如皋师范附属小学。在附小工作的第一个年头，也许因为是新人，在新学校的工作岗位上平凡地做着普通教育人的工作。一年的默默无闻不禁让我心生几许惆怅与忧虑：这种状态的工作和生活的延续还有何希望？所幸的是，来到附小的第二个年头，市教研室将举行青年教师优秀课评比活动，为此学校先举行选拔赛。我隐隐感觉到这是一个难得的机会，应该借助这个机会展示一下自己，于是我勇敢地报名参加学校的选拔赛。可在报名后，我的心中不禁忐忑不安起来：就上一堂课，我用什么征服评委、脱颖而出呢？思忖再三，我决定“仿课”。何谓“仿课”？就是反复观看优秀青年名师的课堂教学录像，然后记下执教者课堂上的每一句话和每一个动作、眼神等，接着稍作修改，同样的课堂教学程序、教学结构、教学语言、教学手段，待一切准备妥当便可成形上课了。还记得我当时模仿的是无锡一位青年名师的《特殊的葬礼》一课，执教者清晰的教学思路、巧妙的教学设计、富有智慧的教学环节处理让我特别佩服。花了大半夜时间，我将这位教师的每一个教学环节的处理都熟记于心。带着这节依葫芦画瓢的课，我“很自信”地站在了校选拔赛的赛场上。也许是因为学得有模有样，当时还不是“师傅”的许校长对我说：“你的素质挺好的，加油！”当时，听到许校长的肯定，我的内心相当激动。然后我又赶紧将这节《特殊的葬礼》课再次加工修改，减少了原课的几分影子，去参加市里的优秀课评比，结果获得了一等奖。这是我生平第一次获得如皋市级赛课一等奖，兴奋之余，心中还是多了几分愧疚，毕竟这不是我自己真实的课，充其量是我仿照别人上的一节课。古希腊哲学家亚里士多德曾说过：“人生最终的目的在于觉醒和思考的能力，而不只在于生存。”此时的我也许只是为了“生存”而盲目地成为别人的一个影子，追求的乃是一种个人的“功利主义”的语文课堂。这不应该是我的人生目标!

也许是因为第一次的露面给师傅许校长留下了深刻的印象，2006年，在许校长的大力推荐下，市教研室又一次给了我难得的机会，让我代表如皋市参加南通市青年教师优秀课评比。记得那次赛课是指定课题：苏教版第十二册的《孔子游春》。在备课前，师傅许校长将我叫到她的办公室，和我认真地解读教材、分析教材，并详细听取了我的备课思路。在听完我的汇报后，她非常认真地对我说：“教师对教材解读的高度决定了执教者课的高度。如果你要想上出精彩的课，就必须解读出别人解读不出来的东西，这样的课才能胜人一筹!”我似懂非懂地点了点头。许校长接着对我说：“建议你好好读一读孔子，特别是《论语》以及《于丹〈论语〉心得》。在读完后，你还得去如皋师范请教对古文学有所研究的胡海舟老师和程然老师，这样你才能在心中有一个完整而丰满的孔子形象，将来在课堂上面对你的学生时，你就会胸中有丘壑!”于是，我赶紧从学校图书馆借来了与孔子有关的书籍，并从网上查阅了大量的关于孔子的故事、评价等，连续花了一个礼拜的时间，才勉强走入了孔子的世界。紧接着我又拜访了胡海舟和程然两位老师，与他们谈自己对这篇课文的理解，以及教这篇课文的构思。两位老师也非常严谨地为我的解读和构思作了精要的指导。就这样，在做了充分的前期准备工作后，我设计出了自己的教学详案，当我将这份详细的教学设计交给许校长后，师傅又非常严谨地召集学校的教学骨干对我的设计进行了深度剖析和论证，并及时和我交流修改意见，直到大家都满意为止。就这样，带着这份一半是自己一半是师傅和其他教师智慧的教案，我踏进了南通市青年教师优秀课评比的课堂。也许正因为有了先前大量的积淀和解读，再加上反复的磨课，在赛课现场，我从容镇定，严谨地执行着预设好的教案，课上得相当顺利，获得了南通市一等奖。其实，这是一个带有“执行教案”色彩的一等奖，但它却让我明白了好课离不开阅读积淀以及个体对教材的独到解读，在积聚集体的智慧的同时，更需要将之融入自己的每一个教学细胞。

人生的机遇有时就是这样奇特，当幸运之神眷顾你一次，就绝对不会是仅仅一次。只要你去争取，她依然会再次光顾你的门前。在相继获得如皋和南通市两个一等奖后，我又获得了去常州参加江苏省“杏坛杯”中小学优质课评比活动的机会。这一次我选择了苏教版五年级下册的课文《郑和远航》，在查阅、了解了郑和的资料后，我结合自己个人的思考，将这一课的设计定位成“扬帆起航”“友好交往”“战胜凶险”“缅怀郑和”四个板块，准备用板块推进的方式将郑和的故事以及郑和的形象鲜活地植根于学生心中。我将该课的教学设计呈现在师傅许校长面前时，师傅看着教案点点头，欣慰地对我说：“可喜，你成熟多了，有自己的思想了！板块推进的教学思路，教者教得更明晰，学生会学得更透彻……”比赛那天，我在课堂上发挥出了自己最佳的状态，原本在心中不知反复多少次的教案已化成底本，我不再拘泥于教案的框架，在课堂上敏锐地捕捉着学生即时生成的问题，顺应学生的课堂学情，自由而潇洒地引导着学生向课文的纵深探索，最终这节课获得了一等奖。当我捧着这沉甸甸的证书时，心中想起的是师傅许校长对我无微不至的关怀，以及自己这一路走来的点点滴滴。从“仿课”到“执行教案”，再到“自主开放课堂”，我实现了自我超越。

其实人就是这样，只有不断超越，才能得以前行。诚如歌德所言：“真正的智慧，都是曾经被人思考过千百次；但要想使它们真正成为我们自己的，一定要经过自己再三思维，直至它们在我个人经验中生根为止。”

2008年，我有幸走进了“雉水名师许友兰工作室”，能加入这个温馨的大家庭是一种幸福。导师许校长是一位爱读书、善思考的好老师，工作室的其他学员更是一群富有朝气和智慧的年轻人。在工作室，我们的学习不是单一的被动式接受学习，而是采用探讨式的研究方式，一种教育理念或方法的采用往往需要在工作室成员的多次探讨实践下合理采用它的可取性。这样的学习不是盲目的跟风，而是渗透着集体智慧的切磋，并提炼融为精华，摒弃了单纯的接受阅读，探讨、辩论、研究的氛围充溢着整个工作室。期间，我阅读了《走进新课程》《美学》《中国教育史》《儿童发展》《中国著名特级教师教学思想录（上、下）》《课堂中的皮格马利翁》《教育的问题与挑战》《教育社会学》《当代教育学》《人间词话》《学习的挑战》等数十部教育教学类书籍，丰富的阅读让我的教育教学理论功底越来越丰厚，教育教学视野也越来越开阔。

在工作室这个温馨、团结、充满学术氛围的大家庭里，我忘却了工作的辛苦，从“老师”重新回到“学生”的身份，体会学习的快乐。这里的同伴们各有所长，每一次的活动、每一次的探讨都闪现着每个人的智慧。我们不避讳自己工作中遇到的问题和烦恼，因为同伴们一起讨论、一起帮助，可以消除困惑，给予彼此支持和鼓励；在这里，我们各抒己见，甚而争论，却又仔细聆听他人的想法，博采众长。我们走进名师的课堂，感受名师的魅力，我们研究自己的课堂，展示自己的课堂，反思总结自己的课堂，通过“学习——实践——反思——再学习”的过程，不断地磨炼自己。我们开展课堂教学交流，大家纷纷亮出自己的“家常课”，精彩纷呈，各有千秋：有的讲究课堂的容量，从宏观的角度形成系统性；有的重视课堂的氛围，从学生的角度调动学习的主动性；有的追求课堂的效率，从教师的角度强化指导性……课上，授课者全身心投入，听课者神情专注；课下，大家踊跃发言，有真心实意的肯定，也有恰中肯綮的批评。在平等、互助的交流中，大家达成一个共识：去芜存菁，务求实效。课堂成为我们工作室成员展示教学才能、彰显教学魅力的场所。在工作室学习的几年中，我一共开设市县级以上公开课十多节，在这些课堂上，我努力将阅读的收获与课堂实践相结合，收获着课堂日趋变化的喜悦，享受着学生们充分展示、自由发展的快乐。

就这样，我与导师、同伴共同读书，一起沙龙；共同备课，一起反思；共同听取专家报告，一起探讨语文教学方向……与大家朝夕相处，我深切地感受到这个团队是我新的智慧源泉。在这里，我充分享受着名师的熏陶，享受着同伴间毫无保留的经验，享受着交流的智慧碰撞……回顾这几年，我充分感受到了这个集体带给自己的收获和成长。通过理论学习、交流心得、听课评课、课题研究等学习，在理论和实践之间架起了桥梁，让我在这个团队中不断地成熟起来。我也因此学会了怎样读书、怎样思考、怎样做事。

加入名师工作室，成为工作室的一员，我踏上了新的语文教学之路。回首从前，抬头远望，我不禁重新审视自己：何为一个好的语文教师？难道一位好的语文教师追求的仅仅是一等奖的获得吗？在不断的阅读和反思追问中，我开始了新的语文价值追求。我不再只关注自己课的设计精妙、课堂上自己的发挥是多么潇洒从容，我开始关注学生的发展，努力将语文课上成儿童的课堂。其实，我所面对的学生是儿童，他们既不是缩小的成人，也不是成人的预备。他们虽是儿童，但却是一个思想上、精神上、人格上独立的人，他们是语文学习的主人。因此，小学语文教学必须从成人霸权中走出来，还学生以发展语文素养的自主权。

语文教师的任务，主要不是教导学生和控制学生，而是通过文本向学生提供一个更活跃、更开阔的语文实践平台。在“还”的过程中，语文教师应该自始至终、自觉自愿地成为学生实践的组织者、服务者和帮助者，激发学生的阅读愿望和激情，洞察学生在语文实践过程中可能遇到的困难和障碍，诱发学生作为一名读者的发展和创见，带领学生由语文课走向一片新的语文天地。为此，我必须了解儿童、研究儿童、懂得儿童，这样才能成长为一个儿童喜欢的教师。

就这样，我在不断前进的语文教学之路上，且行且思，且思且行，不断超越，实现着一种难以言状的“美丽蜕变”！

美读睿思、以读促悟

——我的语文教学主张

我非常喜欢法国诗人、哲学家帕斯卡尔的一句名言：人是一根能思想的芦苇。是的，人的全部尊严和优异就在于思想。作为一名语文教师，也应当有自己的语文思想。语文教师只有在教学的同时，思着、想着，才会有方向感。如果没有思想，就不会有教育的创新，就不会有教育的愉悦。因为，语文教学是有着丰富的价值内涵和精神旨趣的活动，其行为是有着明确的目标追求的。

在我的语文教学之路上，我也在努力思考着、探寻着自己的语文教学方向。当我从眼花缭乱的各种语文教学思想和教学行为中挣脱出来时，我认识到，语文教学还是应该守住语文的本土，重视儿童的生命存在与精神发育，努力让儿童成为乐读、善思、巧悟的语文人。

2008年，在有幸成为“潍水名师许友兰工作室”学员后，我开始有意识地关注当下小学语文课堂教学中朗读训练的现状，并结合自身语文课堂教学的特点，初步提出了“美读睿思、以读促悟”的课堂教学主张。

一、研究的起因

读是什么？有什么重要意义？在“活动单导学”模式背景下重新审视“读”，对于我们开展语文教学活动不无益处。

读，1936年版的《辞海》这样解释：（一）诵书也。见《说文·公羊传·定》元年：“主人习其读而问其传。”疏：“习其读，为习其经而读之也。”

1998年版的《现代汉语词典》解释为：①看着文字念出声音；②阅读，

默看（文章）；③指上学；④字的念法。

可见，“读”主要包含这样几个要义：一是“诵”，看着文字念出最初意义；二是“看”，阅读，默看，“涵于内而不宣于外，存于心而不传于人”，是在“诵”的基础上发展起来的一种“不出声”的阅读方式。由此看来，读是一个动作、一个过程、一种能力。动作必须有对象——阅读的文本；过程必须有结果——对文本的认同或拒绝；能力必须可以检测——读了多少，读懂多少。过去许多时候，我们只是让学生读，读的意义主要指的是它的最初意义，即“看着文字念出声音”。后来，我们把读的意义扩大到“阅读，默看”，甚至包含对文本的一切认知过程。理解了“读”的两个基本要义（“出声”和“不出声”），对于我们处理“活动单导学”背景下的语文课堂上的动与静（“书声琅琅”和“鸦雀无声”）、读与悟、品与思，实现阅读教学的增值效应，具有很大的帮助。

不难发现，“活动单导学”模式背景下的语文课堂“活动”特别丰富，充分发挥了学生的主体性，调动了学生的学习积极性。但我们应该清醒地认识到：“读”仍应当是这种模式下的语文课堂中最重要的“活动”。

很多公开课或是比赛课，我们总是习惯于出奇制胜，奇想、奇巧、奇妙、奇异，以为倘无出人意料之奇，便再无制胜的可能。殊不知在“花样百出、争奇斗艳”的公开课语境中，“无奇”之“奇”方为真奇！一个“读”字，无奇之至，却又出奇至极。

鉴于这样的认识，结合我在朗读方面的特长，我在自己的语文教学之路上逐步找到了“美读睿思、以读促悟”的教学方向，并努力通过“四读”来架构我的语文课堂。

二、课堂的建构

所谓“四读”，指的是“表”读、“内”读、“深”读、“美”读。

1.（“表”读）读通

所谓“表”读，就是读文本的原文文字。朱熹有言：“凡读书，须要读得字字响亮。不可误一字，不可少一字，不可多一字，不可倒一字，不可牵强暗记，只是要多诵遍数，自然上口，久远不忘。”也就是说要把功夫扎扎实实地花在读原文上，这是学好语文的金玉良言。

“活动单导学”模式下的语文课堂，首先要关注学生是否能将文本读通。也就是真正落实《语文课程标准》关于读的基本要求：正确、流利地读课文。这个过程引导学生切实关注文本的语言文字，通过朗读，学生初步了解文本文字所呈现的内容，学会并理解生字新词，为读懂文本、关注语言表达的形式和内涵打下坚实的基础。

2.（“内”读）读懂

所谓“内”读，就是在读通文本的基础上，关注语言文字表达的内涵，将语言文字通过读内化成为自己的理解。这种“读”与“悟”是共存的，语文课堂读不离悟，悟不离读，只有读读悟悟、悟悟读读，方能收到悟读一体的功效。在一堂语文课上，“读”不是孤立的一个环节，而是课堂的主体，像光、电一样辐射课之所在的全部时光。而“悟”则如影相随，读在哪儿，悟在哪儿；读在何时，悟到何时。那语文课堂读悟什么？一是悟“言语形式”，也就是文本是怎样表达的。二是悟“意象情味”，也就是通过这样的语言形式表达了怎样的情感。此乃学好语文的关键所在，也是学生课内“得法”的重要过程。

例如在教学《孔子游春》第 8 自然段“孔子论水”时，教师设计了这样的活动：

1. 默读课文第 8 自然段，思考：

①这段话是围绕哪句话写的？

②结合熟悉的成语、名言警句等，在深有感触的地方写写自己的感受。

2. 小组交流，仿写：水________，它好像________________。

3. 班级交流展示。

学生在学习活动中，通过默读，品味、感悟语言文字，有了这样的交流：

生 1：从“水奔流不息，是哺育一切生灵的乳汁，它好像有德行”这句，我想到了“水是生命之源”这句公益用语。水像妈妈一样默默地哺育着大地上一切有生命的事物，但它从不计较自己的得失，这是一种多么无私而伟大的爱。

生 2：从“水没有一定的形状，或方或长，流必向下，和顺温柔，它好像有情义”这句，我读懂了池塘是圆的，水就是圆的，池塘是长的，水就是长的。不管外界是什么形状，水总能适应，这就像君子一样，不是让外界来适应他，而是自己主动去适应周围的一切。

生 3：从“水穿山岩，凿石壁，从无惧色，它好像有志向”这句，我想到了成语“水滴石穿”，水为了目标，有着勇敢顽强、不达目的不罢休的精神。

生4：老师，从这第8自然段，我还读懂了其实孔子论水不仅是在教育他的弟子做人要做真君子，其实，这段话也是孔子自己内心的一种表白！

多么精彩的发言！学生通过默读静思、品读文本语言，悟出了文字的意向情味。同时通过小组合作学习，学生明白了这段话采用的是先分后总的构段方式，通过排比的手法表现了水的品质。而且学生通过仿写进一步了解了“真君子”还应具备的优秀品质，既内化了文本语言，又得到了表达方式技巧的提升，这才是真正的“内”读。

3.（“深”读）读深

所谓“深”读，就是在读通、读懂后进一步读深文本，关注文本的文化价值。这种读着重引导学生关注文本的写作视角、写作背景、写作目的，以及文本拓展的原文阅读等。通过前沿阅读和后续拓展阅读，进一步完善和丰满对文本的认识和理解，从而为积淀丰厚的语文知识和提高语文学习的能力奠定坚实的基础。例如，学习苏教版第八册课文《我和祖父的园子》，教师布置学生课前阅读查找作者萧红的生活背景资料，课后拓展阅读萧红的原作《呼兰河传》，这样的“读”会让学生对课文的理解和把握更加积极有效，长期坚持，学生形成了这种“深”读的习惯，其学习语文的能力就能得到提高。

4.（“美”读）读出

所谓“美”读，是指有感情地将自己对文本内容的理解和文化价值的思考，通过适当的发声方式和技巧“外化”，以达到“感于内”而“宣于外”的目的，这是读的最高境界。这就要求我们语文教师在语文课堂上，不仅要重视读的活动形式和内容，还要注重指导学生正确的朗读方法，给学生推荐什么是正确的朗读、什么是动听的朗读，也就是所谓的朗读技巧的指导。例如，苏教版《郑和远航》这篇课文中对郑和宣布“起航”这一句的朗读指导，有学生在朗读时只是将声音提高了，没能真正地表现出郑和的威武、自信。此时老师就应亲自示范并指导正确的朗读方法：不仅要读得豪迈，更要将“起”和“航”的音有意识地延长，这样才能突出郑和当时对于下西洋的自信；苏教版二年级下册课文《台湾的蝴蝶谷》这篇课文，第3自然段中“有的山谷里有几种蝴蝶，上下翻飞，五彩缤纷，就像谁在空中撒了一把把五颜六色的花瓣，随风飘来，又随风飘去”这一句的朗读指导，很多学生将这一句最后面的“随风飘来，又随风飘去”读得很平，语速也很快。这时教师就应该指导学生，应把这两个词语的音读得轻一点，语速要渐渐降下来，直至缓慢，这样才能表现出蝴蝶飞行时的姿态美。

“活动单导学”模式背景下的语文课堂不能忽视教师的朗读指导，要让学生学会通过正确的发声方式、准确的重低音处理、合理的语速缓急的控制等来达到最佳的“美”读效果，从而将自己对文本的阅读理解、思考的结果、感悟的内容通过“美”读有效地呈现在听者的耳边。

另外，关于“读”的方式及其选择，教师应该根据语文课堂的实际情况灵活运用。

语文教育家钱梦龙先生曾说过，孙悟空有七十二变，读的方式也有七十二种。按音量大小划分，有默读、轻声读、朗读等；按速度快慢划分，有浏览、略读、精读等；按参与面划分，有个体读、小组读、齐读等；按思维运动划分，有自由读、带着问题读、悟读等；按表现形式划分，有分角色朗读、表演读等；此外还有教师的范读、带读、领读、引读等。读的方式如此之多，许多教师茫然不知所措：一堂课到底要用几种读书方式？是否多多益善呢？这样的读书方式又有什么效果呢？

面对“乱花渐欲迷人眼”的读书方式，需要我们擦亮眼睛，将读的内涵看个清清楚楚。例如，朗读，有助于学生感受文本、增强记忆、规范语言、发展智力、训练表达、背诵文本；默读，有利于学生揣摩文字、近距离接触文本、适应不同的阅读目的、养成阅读的习惯、培养正确的阅读态度；齐读，具有相互暗示、提醒和激励的作用，对提高记忆有一定的好处；指名读，能够准确表现个别同学朗读的质量和对文本理解的程度，适宜于检查性、示范性、比较性的教学目的；分角色读，有利于学生对课文内容的深刻理解，更好地体现人物的个性特征，适宜对话式的文本；自由读，有利于学生一边读一边思考，给有不同阅读特点的学生提供独立的阅读空间，便于教师指导……

读的目的决定读的方式，方式为目的服务。我们时常看到一些教师不了解不同朗读形式的特点和具有的不同效果，随意地采用朗读形式，从而导致读的效果十分不理想。只有研究透了各种读的效果，在“活动单导学”模式下的语文课堂上灵活而巧妙地运用恰当的“读”的方式，“活动单导学”模式的语文课才会焕发出更强的生命力。

三、关于“读”与“思”“悟”的关系

1.“读”与“思”

读与思的关系表面上是相辅相成的，但是最终重点还是要“思”，因为这关系到人的本质面对外部环境的压制是否能够超越并战胜。读与思的关系，是要解决知识积累与认知能力发展的问题。读而不思则罔，思而不学则殆。为不罔，就要思，有了思考这一过程，学生对读就有了一个更深刻、更高层次的认识。思考在学生学习语文的过程中起着关键的作用，“学起于思，思源于疑”，语文课堂教学不在于教给学生多少知识，而在于激发学生在读中思，从而培养学生提出问题、分析问题、解决问题的能力。

朱熹曾有言：“大抵观书须先熟读，使其言皆若出于吾之口。继以精思，使其意皆若出于吾之心，然后可以有得尔。”语文课堂要让学生思绪飞扬、真情涌动，闪现自己的真知灼见，教师就要善于创造各种机会让学生开展多种形式的“读”，并让学生在读的基础上深入思考，让学生在思考中发现新的问题，探求新的见解，迸射出创新的思维火花。

2.“读”与“悟”

不难发现，当下的语文课堂没能完全摆脱常规问题设计教学的束缚，致使“读”的实效性没有得到充分地落实。比较突出的问题表现在“品读”和“美读”这两个阶段。在进入到这两个阶段后，几乎都是以问题设计的方式来呈现和实施“促悟”的，以提问取代了“以读促悟”的实施，这就使“读”在此环节中丧失了其应有的地位和功能。如何摆脱常规问题设计教学的束缚，使我们的教学思维转换到“以读促悟”的教学方式上来，是我在今后的研讨中需要深入思考和重点解决的问题。

解决好“读”与“悟”的关系是“以读促悟”的重点和难点。如何将“读”与“悟”的关系充分有效地渗透到各个教学环节中，都或多或少地存在着不到位的缺憾，各教学环节的“读”的方式和过程都呈现出来了，但“读”的目的——“悟”的结果却没能充分地呈现出来。而“悟”的结果不能呈现出来，就导致了“读”只能是平面化的。这种“读”的平面化比较明显地表现在“品读”和“美读”这两个环节上，即由“品读”到“美读”缺少层次性的上升，没能通过深入有效的“读”展现“品味”中的“悟”，进而在这“悟”的基础上实现个性化的“读”——“美读”，再进而由这“美读”来实现更高层次的“悟”——“悟理”。也就是说，“以读促悟，悟中促

读”的层次性上升没能得以很好地实施，从而产生了“读”的平面化。

学生的个性化朗读既是“读”——“以读促悟”的层次性上升，尤其是由“品读”到“美读”的上升，也是“悟”——“悟中促读”的层次性上升，尤其是由“悟美”到“悟理”的上升；它既是我们语文教学的重点，又是难点；它既是“读”的过程和结果的呈现，又是“悟”的过程和结果的呈现。因此，学生的个性化朗读是我们落实和验证语文课堂教学实效的关键。我们在落实学生的个性化朗读时，仅靠教师的朗读指导是不够的，还需要教师运用自己的智慧创设最佳情境，充分调动学生的联想和想象能力，将他们引入到丰富的想象情境中，在想象中感悟和品味文本语言所塑造的情境美。在这个过程中，学生一旦进入自己的想象，调动起自己的生活体验（情感体验），这些美的情境就会浮现在他们眼前，荡漾起他们心中的激情；而学生的这种想象的激情也就自然表现在自己的朗读上，学生对文本的“悟”也就呈现了出来。

小学语文教学从低年级开始就要以读为本，读悟结合，以读促悟。作为一名语文教师，要在教学中多创造机会，让学生在读中把握悟的窍门，读出文章的实感，悟出人性中的真善美，形成健全独立的人格，我想只有这样才能真正达到语文阅读教学的真正目的。

四、“美读睿思、以读促悟”课堂愿景

读，作为一种传统的语文教学方法，是与母语教学的特点相吻合的，是经过课堂实践验证的宝贵经验。内容靠读理解，方法靠读积累，道理靠读明了，情感靠读体验，读要读得有感情，读得有滋味，读得美妙。正如叶圣陶先生所说，读书，就是把作者的情感在读的时候传达出来……设身处地，激昂处还他个激昂，委婉处还他个委婉。

宋代大教育家朱熹曾指出：“书要你自己去读，道理要你自己去探索。”还是让我们重视“读”吧，在“读”的训练中培养学生的语文素养，让我们的语文课堂充满琅琅书声。这样，我们的语文课自然语文味十足。

语文姓“语”，名“文”，字“读”。读与语文的关系之密切，众目可视。读是阅读教学永恒的主题，以读为本是阅读教学的主要特征。无论何时何地，无论语文教学改革到了什么程度，放弃了读，就等于放弃了一切。希望我们“活动单导学”模式下的语文课在纷繁的活动中能够格外重视“读”的活动，通过“读”的活动，“读”出一方天地，“读”出一份精彩！

Shi Xiang 石 祥

让语文之花绽放在生活的沃土上

——谈生活化语文课堂的构建

课改教育专家杨再隋教授在解读《语文课程标准》时曾这样写道："要建构一种新型的教学生活，把教学过程还原为生活过程，把教学情景还原为生活情景，把教学活动还原为儿童的生命活动。"著名的语文教育学家顾黄初也有一句名言，他说："我想用一句话来概括我的语文教学方法论的基本点：语文教学要贴近生活。"的确，语文教学应该联系社会生活，贴近生活，这是大语文教学观的需要。我们只有以课堂为起点来实施生活化的教学，加强课堂与生活的沟通，让教学活动贴近生活、联系实际，才能帮助学生更好地理解课文内容，并真正受到启迪。传统的语文教学，过于追求知识的传承，脱离生活实际，学生很难接触到社会大语文素材，课堂几乎与生活隔离。生活化的语文课堂不同于传统教学，它为学生创设的是一种有助于探究的、开放的情境，呈现给学生的是生活的某一缩影，学生全员参与体验生活，用生活的标准去判断文本、用生活的底蕴去诠释文本、用生活的经验去解读文本。因此，构建生活化的语文课堂势在必行，这有利于语文教学的健康和谐发展。下面我就来谈谈构建生活化的语文课堂的途径。

一、生活化的学习环境

传统的学习环境过于强调学习的功能，忽视了温馨的乐学环境、宽松的人际环境对学生的良好心理品质、认知等方面的影响。而模拟生活化的学习环境，可以促使学生在无拘无束、轻松愉快的生活场景中交流思想、表达感情。教师只有在课堂上充分发扬教学民主、创设和谐氛围，学生才能真正感到自己是学习的主人，因而心情舒畅、求知欲旺盛、思维活跃，从而树立起自主学习的信心和决心。这里所说的学习环境包括两个方面：

1. 硬环境

主要指教室的布置，如黑板报、墙报、墙壁装饰、电教设备、桌椅摆放等。这些布置要力求达到文明、民主、自由的状态，造成一种"人文"的精神氛围。首先，学生座位的安排要有生活气息。有时几人围坐，像个小家庭；有时围成一个大圆圈，像个小小俱乐部；有时根据活动的需要，可以将桌椅全部撤去，给他们更自由的活动空间。在教学时，有些课文需要组织学生讨论，就将桌椅排成四人小组式；有的课文需要组织学生辩论，就可以将桌椅排成“两军对垒”式；还有些课文需要组织学生做游戏、表演等，桌椅的排放就更加灵活多变了。其次，教室环境的布置也要充满生活情趣。我们应注重班级的文化建设，和学生一起动手布置教室环境。例如，随着学生年龄、生理、心理的变化，低、中、高年级分别把教室布置成“我是小明星”“我读书、我快乐”“我的理想”等不同的风格。除此以外，教室里还根据学生的兴趣、特长开辟养殖角，让美丽的鲜花、可爱的小动物伴随学生的学习生活；设立知心信箱，让学习上、生活上遇到困难和心理上遇到问题的能得到及时的帮助……

2. 软环境

主要是指师生关系、师生思想道德和文化修养。生活化的学习环境特别强调发扬教学的民主化。在课堂这个环境里，学生首先要感到友好与尊重。例如，我在范读课文前会问学生：“给老师一个展示的机会，好吗?”读完后说：“老师读得好的地方，你可以模仿模仿，你觉得哪里不够好，可以改一改，再美美地读一读。”在这样的民主课堂上，学生会迫不及待地发表意见，和同学、老师，甚至同教材进行平等地对话。学生在这样的课堂里，开展的不仅仅是语文学习，学到的也不仅仅是语文知识和技能，还有强烈的探索精神和浓浓的人文关怀，学生也不再仅仅是以“学生”的身份出现，他同时还是一个探索者、研究者，是充满个性和灵气的鲜活的生命。

二、生活化的教学内容

随着网络、知识经济和生命科学的迅速发展，新生事物不断出现，教育内容也需要不断补充、更新，加入一些新鲜时文，以适应信息时代的需要。根据教学需要，教材可以适度地“增”教材，增加一些贴近生活、贴近学生实际的内容。在教学中，教师可以联系、结合火热的生活，把反映现实生活的内容纳入到语文课堂教学中来。同时，教师要注意选文的内容要贴近学生的生活，使学生感兴趣，对学生有教育意义。例如，教学《师恩难忘》时，教师可以结合教师节的到来，让学生将课文中描写的田老师与自己生活中的老师对照起来，让学生回忆自己的老师是如何关心自己的学习和生活的，从而为后面习作《我的老师》奠定了写作内容基础和情感基础。又如，教学《负荆请罪》这篇课文时，文本所提供的内容只是一个相对独立的故事情节，为了让学生深入体会文本内容，再现当时的生活情境，可以组织学生分别上网或从课外书中查找资料，了解与《负荆请罪》有内在联系的《完璧归赵》和《渑池相会》，从而更深刻地了解当时的历史背景，体会主人公之间的关系。之后让学生先在小组内预演一下，然后再组成评审组评定最佳演出的小组。通过相互比赛、相互评判，学生体验到了故事发生的情境，并对当时人们所穿的服饰以及故事中的人物语言、心理、动作等都有所了解和感悟，表演起来惟妙惟肖，引人入境。情境演绎在学生的原认知与文本间架起了桥梁，为学生更好地体验文本提供了有效的途径。这样的教学，拓展了文本，超越了文本，同时把文本与现实生活有机地糅合在了一起。

三、生活化的教学方法

课堂教学要求教师把学生的社会生活与课内教学联系起来。我们可以用内引、外联、对比的方法来打开课内外教学的渠道，使语文教学与生活相联系，让语文教学面目一新。

1. 内引

“内引”就是把学生已有的生活经验引到阅读中来。我们可以借助生活现象沟通语文情境。例如，苏教版第五册《学会查“无字词典”》一课，就是典型的将语文学习与学生生活相联系的课例。“骄阳似火”“惊涛拍岸”都能从词典中查到意思，但如果学生只是记住了词典上的意思，也许很快就会忘记。如果我们将学生已有的生活经验调动起来，与夏天去海边游玩的情景相联系，学生会勾起对夏天“骄阳似火”、海边“惊涛拍岸”情景的回忆，那么他们对这两个词语的理解就不仅仅是停留在词典解释的意思上了，他们对词语的理解会更加深刻，甚至是终生难忘。同样，在教学《北大荒的秋天》第2自然段时，学生对“这些流云在落日的映照下，转眼间变成一道银灰、一道橘黄、一道血红、一道绛紫，就像是美丽的仙女在空中抖动着五彩斑斓的锦缎”这句话的理解只是知道颜色多，很美，但如果我们让学生回忆看到过的晚霞，让学生说说生活中的晚霞的景色，然后再读读课文，想想画面，也许他们对这句话的理解就会更加深刻了。

2. 外联

“外联”是学以致用，即得法于课内，得益于课外。一是外延。即在课堂教学中安排由课内向课外延伸训练的环节。用教材例子练习某种技能，用掌握了的技能解决遇到的问题，做到根在课内，梢在课外。例如，学习了《西湖》《九寨沟》《莫高窟》等课文，就引导学生更多地了解自己的家乡；学习了《北大荒的秋天》《音乐之都维也纳》，就让学生借鉴中心句构段的写法，介绍我们的校园、我们的活动情境，等等。二是扩展。可由点及面向节选课文的原著扩展，了解全貌，理解局部；可因文及人向介绍作者有关生平事迹的文章扩展；也可因人及文向同一作者的其他作品扩展；还可以由此及彼向同题材或同体裁的其他作品扩展。例如，教了《负荆请罪》，就让学生们读《完璧归赵》《渑池相会》；教了《给予是快乐的》，就将它与《乞丐》《穷人》等文章联读。

3. 对比

"对比"是通过课文与生活的对比来加深对课文的理解。例如，在学习了《给予是快乐的》这篇课文后，教师引导学生读有关捐款救灾的文章，并联系学校进行献爱心捐书、救助失学儿童的活动。通过现实中的人和事与课文内容对比，既让学生们体会到社会主义大家庭的温暖，也让他们加深了对"给予是快乐的"这一主题内涵的理解。

语文课堂教学采用内引、外联、对比的教学方法，向学生的家庭生活、社会生活等领域延伸、拓展，使课堂语文训练和课堂以外的生活实践实现了浑然一体的、强有力的结合，语文课堂也变得更加活跃起来。

四、生活化的教学活动形式

课堂教学要采取一种适合学生自由发挥的活动形式，体验实践不失为一种好的教学活动形式。俗话说："要想知道梨子的滋味应该去亲自尝一尝。"同样，对课文的感悟也是如此。陶行知先生在他的生活教育理论中也阐述了"教学做合一"的观点，强调在做中学活的知识、用活的知识。小学语文教材中，有不少关于大自然的佳作，传统的教学使我们的学生长期困于教室、困于教材，获得的感知也是肤浅、间接的。因此，我们要走出课堂，走出文本，让学生到大自然中去感悟、去体验，借助大自然的课堂，引导学生去捕捉课文所显示的大自然的生命活力。例如，在上自编作文课《春天来到我们身边》时，为了更有效地达到让学生学会观察并按一定顺序进行景色描述的教学目标，我带着学生到大自然中寻找春天。绿色的草坪，暖暖的阳光，微微的春风，经历了一个多星期的绵绵春雨，我和学生沐浴在了明媚的春光中。学生个个都是那么专注投入：有的蹲在地上轻轻抚摸着刚刚冒出泥土的小草，有的在草坪上追赶着一只低飞的小鸟，有的指着一树绚烂的桃花叽叽喳喳地说个不停，还有的趴在地上，用手扒着泥土，观察小虫子……随后汇报交流的效果在我的意料之中，有了丰富的体验与素材后，学生们的发言十分踊跃，他们从自己的视角感受着春天，描述着春天："我看见尖尖的草芽从泥土里冒了出来，我发现了春天。""我看见桃树开花了，花儿是粉红色的，真漂亮!""今天的太阳照在身上可暖和了，让我感到春天来了!""春天，小虫子都会醒来。今天，我在植物园的泥土里看到了很多虫子，我知道春天来了。""树上的叶子都变得绿油油的。我从树叶上发现了春天。""同学们脱下了厚厚的棉袄，穿上了薄薄的毛衣，因为春天来了。"学生们的描述那么生动、具体，他们尽情地表达着自己对春天最真实的体验和感受。

这节课，学生们在活动中学会了观察，在观察中懂得了感受，在感受中产生了对春天最真切而生动的情感体验，为口语的表达打下了基础，做好了准备。这样的课堂，不论对教师还是学生，都是一种精神享受。

我国著名教育家陶行知先生曾经说过："没有生活做中心的教育是死教育；没有生活做中心的学校是死学校；没有生活做中心的书本是死书本。"由此看来，我们的语文教学应打破传统教学拘泥于课本的陋习，走出课本的狭窄空间，力求贴近生活，利用现实生活中的资源，优化语文学习的环境，扩大学生语文学习的空间，变封闭的、枯燥的教学为开放的、生活化的教学，让学生在生动活泼的活动中掌握知识、培养能力、提高兴趣，让语文教学真正活起来，让学生全员动起来，语文之花在生活的沃土上就会越开越美。

语文资源 无处不在

课程资源是达成课程目标的重要保证，能否合理地开发与利用课程资源直接关系到课程实施的成效。《语文课程标准》强调："语文教师应高度重视课程资源的开发与利用，创造性地开展各类活动，增强学生在各种场合学语文、用语文的意识，多方面提高学生的语文能力。"在语文教学中，只要我们有敏锐的触角，就会发现资源是极其丰富的、无处不在的。

一、教材——一个丰富的资源生长点

语文课程资源在课堂教学中的主要载体是教材，它不是唯一的课程资源，但却是重要的课程资源。因此，我们要根据学生的具体情况，合理地选择和优化教学内容，理解和创造性地使用教材，做教材的主人。既遵循于教材，又不囿于教材；既要凭借教材，又要跳出教材，对教材进行拓宽、延伸、知识建构等，把教材中的构思在课堂教学中生动地体现出来，让一篇篇课文成为一个个最佳的资源生长点，做到举一反三、触类旁通，使教学完成从课内走向课外、从点到线到面、从已知到未知的延伸，打破封闭的教学格局，形成开放的态势，力求学得更广博、更创新一些。

1. 抓住“空白”，放飞想象

语文教材选编的课文，都是优秀作品，有些课文运用含蓄的艺术手法，创造了一种“言犹尽而意无穷”的境界。在语文教学中，如果教师能够引导学生用想象来填补这些空白，想象文中人物的言行和心理，想象故事情节中的细节和结局等，就能放飞学生的想象，帮助学生摆脱思维的僵化和呆滞，促进思维能力的发展。例如，《春笋》一课有这样一句话：“一声春雷，唤醒了春笋。”教学时，我引导学生想象：“雷公公会怎样唤醒春笋呢?”学生们纷纷喊起来：“春笋，快醒醒，春天来了。”“小燕子已经来了，正在给你们唱歌呢!”“快出来吧，春笋，大家都在迎着春风使劲生长啦!”接着，我又问：“这样一喊，春笋们便迫不及待地、争先恐后地从泥土里冒出来了。这时它们会看到什么？听到什么？又会做些什么呢?”通过这些问题的引导，学生们张开了想象的翅膀，积极地调动起他们的生活体验，将静态的语言文字转化为一幅幅生动鲜活的图画。学生在兴趣盎然中说，在入情入境中演，在声情并茂中读，有效地理解了文章的意境，品味了文字的魅力，受到了情感的熏陶。

2. 学科整合，协同提高

语文课内容包罗万象，和其他学科有着千丝万缕的联系。我们在把握语文课个性的基础上，要以课文的语言为凭借，适当、适时地向各科教学开放，使各学科互相渗透，相互提高，发挥整体协同提高的作用。例如，教学《母亲的恩情》一课，我便把它和品德与生活中的《祝你生日快乐》一课联系起来，让学生听妈妈讲怀孕时的感受和生养自己时的情景，然后把印象最深的情节写下来。后来，我读到了很多洋溢着浓浓母子亲情的语段，欣慰地从字里行间感受到孩子们对母亲的那份感激和报答母亲恩情的信心。我相信，这项活动收获的不仅是学生表达能力的提高，更是情感、态度、价值观的提升。

因此，我们语文教师应多与其他学科教师沟通，及时了解学生活动内容，把各学科的活动内容有选择地纳为语文学习的丰富资源。

3. 开放读写，自我感悟

扩大阅读、增加积累是学生“自我感悟”的关键。而丰富学生的语言积累，仅靠读课本是远远不够的。中外文化宝库浩如烟海，语文课本只是沧海一粟，如果我们把课本看作学生学习语文的全部，那必然会“一叶障目，不见泰山”。因此，教学时教师要在课前指导学生搜集资料，增加对作者、背景、主人公的了解，在课中适时插入相关资料、文章的阅读，以帮助学生理解课文，在课后推荐同主题或同体裁读物，以拓展学生的学习内容，提高其阅读能力。

二、学生——一群鲜活的资源生成体

学生是课程资源开发的主体和学习的主人。当教师给他们以心灵的自由、尊重他们独立思考的权利后，他们便会表现出敢于质疑、追问和探究的可贵品质，成为一群鲜活的资源生成体。

1. 关注学生

苏霍姆林斯基说过：“假如你只是从教室的讲台上观察学生，假如学生仅仅因点了名才走近你，假如他跟你的交谈只限于回答你的问题，那么，无论什么心理学的知识也帮不了你的忙。应当像对待同伴和直言相劝的朋友那样跟孩子打交道，同他们一道分享胜利的喜悦和失意的忧伤。”我们只有放下架子，真心地走到学生中间，才能真切地了解他们的生活，体验他们的童趣，也才能从中搜寻到可贵的教学资源。

2. 尊重学生

学生这种课程资源有其特殊性，它具体形象，有时还是不可控制的。所以，当一个学生表现得与众不同时，教师不能武断地下结论，只允许学生跳入自己所设的那个坑，而应调动学生多种感官参与活动，使学生在愉悦的情境中增长知识、培养能力、陶冶情操。

三、教师——一部隐性的资源存储器

语文教师是学生直接接触、学习、模仿的对象，本身就是极其丰富的语文课程资源，它是隐性的，但潜移默化地影响着学生的情感、态度、价值观，影响着学生语文知识与能力的生成和建构。所以，有人说，“一个教师就是一本教科书”，教师是一部“生命经典著作”，是最具有生命性和创造性的隐性资源存储器。

1. 以情煽情

教师的情感对于学生来说，是导体、是火种，能点燃学生对教材的感受及情感体验。和学生学习《母亲的恩情》一课，读到“夜深了，母亲还在油灯下一针针一线线地缝着”这句话时，我想起了小时候家境贫寒，母亲冒着凛冽的寒风挖萝卜、卖萝卜，供我上学的情景。于是我深情地讲述给学生听，没想到，他们也争先恐后地说起自己母亲的故事。我的真情故事，撞击出学生的激情倾吐，使之在身临其境中深刻地体会到了母亲对孩子的关爱和牵挂。

2. 旁征博引

苏霍姆林斯基曾说：“教师讲的话带有审美色彩，这是一把精致的钥匙，它不仅开发情绪记忆，而且深入到大脑最隐蔽的角落。”所以，如果教师知识渊博，语言优美流畅而富有感染力，就一定能极大地激发学生的兴趣，使学习就像在欣赏一首名曲，旋律不绝于耳，不断叩醒头脑。

如学习“识字 2”（碧水　秀峰　倒影　对歌　榕树　壮乡　象鼻　骆驼　笔架　竹筏　鸬鹚　画廊），在引导学生看图时，我觉得他们的观察是零碎、浅显的。望着图上姿态万千的桂林之山和水平如镜的漓江之水，我不由得想起曾经教过的《桂林山水》，于是，凭着记忆，我声情并茂地背诵起来，学生们全神贯注地听着，脸上满是钦佩。不一会儿，有同学情不自禁地说道：“我真想到桂林去旅游。”我趁势问他们：“如果去桂林，你最想看什么？干什么？”一双双小手争先恐后地举起来……他们的语言是那么真挚，情感是那么真切。

四、生活——一座不尽的资源蕴藏库

“语文学习的外延与生活的外延相等”，生活处处皆语文。在教学中开发并用好诸如自然风光、文物古迹、风俗民情、社会文化等资源，会让我们的教学取得事半功倍的效果。

因此，我们应积极创造条件，引领学生由课内走向课外，由校内走向校外……让学生在一次次的参观、采访、调查等活动中真正扎实地形成语文能力，提高语文素养。

总之，语文课程资源是取之不尽的。作为语文教师，只要善于发现，并进行合理取舍、组合变通，使之具有教育的针对性、目的性和现代教育价值和活力，就一定能把语文教育改革推向崭新天地。

在“活动单导学”课堂中追求真正的“面向全体学生”

寒假期间，我再次认真学习了《小课堂演绎大课改》的文章，在佩服决策者超前的观念之余，不禁联想到了实际课堂中的一些现象，心中不禁又有一丝忧虑。

众所周知，“活动单导学”教学模式的根本思想是“面向全体学生，促进学生全面、主动发展”。这其中，“面向全体学生”是“活动单导学”教学模式的基本理念。在建立“活动单导学”教学模式的过程中，我们把这个理念具体为教学策略、教学措施落实到教学流程的每一个环节中，重点放在教学目标的“适度”和学生参与的“广度”上，即目标兼顾各类学生，尽一切可能调动每个学生参与教学全过程，千方百计、想方设法提高中等生和后进生的学习能力和学业水平。

然而，在现实生活中，“活动单导学”课堂真正贯彻了这种模式的基本理念了吗？先来看看这样一些现象：

现象之一：教师刚刚宣布活动开始，一些思维活跃、反应敏捷的学生已经迫不及待地召集小组成员开始交流。而此时，部分组员还没有完成独立思考的任务，也没有形成自己个性的观点，碍于这些平时“颇有影响”的优秀学生，这些中等生和后进生只能被迫地“快速”加入到讨论的行列中，而在这种所谓的交流活动中，中等生和后进生“理所当然”地成为“听客”“看客”。

现象之二：全班交流活动开始，一个小组迅速站了起来，开始汇报，

“我先来回答!”第一个站出来回答的肯定是小组内最能说会道的。“我来补充!”站出来补充的同样也是小组中的“骨干”。而此刻，站着的后进生只是象征性地站在队伍中，只能充当本组中的一个“为了体现小组全员参与而站着的道具”而已。“还有补充吗?”当教师有意识调控这种状况时，“腾”的一声，其他小组的“快嘴”已等不得刚汇报小组后进生开口，迅速地站起来，开始滔滔不绝地发表自己的观点。同样，其他小组的后进生还是没有发言的机会。

而时下的“活动单导学”课堂中，教师为了体现学生的自主性，往往都鼓励学习小组“抢”着交流、回答，甚至都不需要举手就可以站起来抢着说，因此课堂中我们经常可以看到，每到交流环节时，五六个小组就会同时站出来，这些小组在站出来的同时，都不约而同地发出了这样的声音：“我们组来回答!”而这些抢着回答的同学还是那些平时课堂中的“强者”，后进生的发言权利反而得不到保障了。试问，这样的“活动单导学”课还能真正体现“面向全体，促进学生全面、主动发展”的根本思想吗?

也许，我们当下的课堂应该采取一定的措施，以保证“弱势群体”的正当权利，让他们充分享受到“发言”的机会。

措施一：培养组长调控能力

在小组活动中，小组长无疑是组内活动的关键因素，小组长的调控能力直接决定了小组活动的质量和小组成员机会的分配。小组长的选拔要注重其具有公正无私性，以确保其在占据强者地位的同时能顾及组内的后进生。小组长被任命后，教师要注重培养小组长在小组活动时的调控能力，经常有意识地参加小组活动，加强对小组活动的指导，并叮嘱小组长要让组内的每一位成员都有发言、表现的机会，特别应照顾中等生和后进生，多在组内鼓励这部分学生，使他们有机会、有勇气发表自己的见解。同时，教师还应经常召开活动小组长会议，了解活动小组内具体情况，鼓励小组长多给后进生表现的机会，并将后进生对组长的评价纳入考核“优秀小组长”的依据之一。

措施二：增强教师等待意识

小组活动时，教师应努力将活动的时间和空间给足，不能为了完成教学任务和追求教学进度而仓促地让学生进入交流活动阶段。否则，能够参加交流活动的还是那些反应敏捷、思维活跃的尖子生，而中等生和后进生必将又沦为活动的边缘人。在全班交流过程中，一个小组集体汇报时，小组发言人发言完毕，其他组员补充，教师应多一点等待，不要立即进入其他小组补充发言阶段，也许就在那稍许的等待中，那些“胆小”的后进生就能给你一个奇迹。

措施三：唤醒后进生的激情

后进生为什么会“胆小”，不敢开口？归根结底，还是因为他们缺乏自信。泰戈尔说过：“激情，是鼓满船帆的风，没有风，帆船就无法航行。”从某种意义上讲，人的成功很大程度上应归功于激情。因为没有激情，做事就缺乏动力，成功的机会也就很小。后进生同样也有激情，只是因为他们很少获得成功的喜悦，而一次次的挫折又使他们的心理产生障碍，失去了进取心，因而激情也就暂时无法调动起来了。如果教师能为其创造一些“成功”的机会，就能够唤起他们的激情。例如，可以在小组里设置每周评一次的周进步奖，并设置期中进步奖和期末进步奖。奖项内容可包括学习、生活习惯、纪律、品德各方面。每个阶段都进行总结评比，对比自己前一阶段有较大进步的同学都给予表彰奖励。实践证明，这一办法对激励后进生进步很有效。因为被教师表彰奖励是每一位后进生所梦寐以求的，而进步奖是只要努力争取就可以得到的，因此他们就会觉得有奔头，做事也就有了动力，教师再引导帮助其进步就较为容易了。可见唤起后进生的激情就等于给了他们前进的动力，就能使其摘掉“后进生”的帽子。

要真正做到“面向全体学生”是不容易的，但只要我们心中有爱、有后进生，在课堂上多关注后进生，在课后多鼓励后进生，也许“面向全体学生”就不是空口号，而是现实了。

在阅读教学中培养学生个性化阅读的能力

阅读是人类社会生活的一项重要活动。阅读能使人积累知识、培养能力、陶冶情操，能让人身心愉悦。每一个有时代感、责任感的教师都应该重视学生的阅读。但是在传统的阅读教学中，课文被赋予一种绝对的、独一无二的意义，学生只能被动地、谨慎地、封闭地去阅读与欣赏，在学生眼中，作者和课文是至高无上的，他们只能是“服从”阅读。教师把从一大堆教学参考书中看到的对课文的理解、分析滔滔不绝地强灌给学生，或者是把对课文的“深刻”“精辟”的个人理解自我炫耀或自我欣赏般地塞给学生，都是不负责任和危害严重的思想、行为。因为21世纪是个充满竞争的时代，社会需要的是一大批有独特思维的人才，而上述这种传统的阅读教学模式，只能培养出千篇一律的人，他们无法参与激烈的竞争，小而言之，是毁了个体的前途，大而言之，则关系到民族的存亡。

如今，在新课改的春风吹拂下，我们欣喜地看到了学生阅读的春天，看到了民族的春天，新课标指出：“阅读是学生的个性化行为，不应以教师的分析来代替学生的阅读实践。应让学生在主动积极的思维和情感活动中，加深理解和体验，有所感悟和思考，受到情感熏陶，获得思想启迪，享受审美乐趣。”又提出，阅读是一种个性化的行为，阅读教学要充分尊重学生的个性，要把阅读活动变为学生自我探究、自我体验的活动。它使学生在富于个性的阅读活动中发展阅读能力，强化阅读体验，感悟阅读方法，提高阅读水平。所谓学生个性化阅读，是指学生个体从书面语言中获取信息，并与非认知因素互为影响的活动，存在着个体差异，它是学生借助文本与作者对话的心理过程，具有鲜明的个性特征，它是教师引导学生探究性、创造性感受、理解、评价、鉴赏文本的过程，由于每个学生的生活积淀、文化底蕴、审美情趣千差万别，因此，它是一种个性化行为。那么，怎么引导学生个性化的阅读呢？

一、努力为学生创设良好的个性化阅读氛围

很多教师在阅读课上喜欢喋喋不休地讲述课文背景、介绍作者、分析课文，等等，用一个接一个的问题作诱饵，把学生统一到教参的标准答案之中。教师的讲解完全代替了学生的自主活动，学生总是处于被动状态，一节课学生没多少时间去阅读。其实，教师应千方百计地营造宽松的教学环境，给学生充分阅读的时间，让学生正确地读课文。在深入阅读时，要留下足够的时间让学生调动各种感官，读出感觉，读出味道，读出情趣。学生在良好的个性化阅读氛围中，会有“心理安全”和“心理自由”的感觉，于是才能积极地思考，去把握、分析和赏析课文，使阅读成为个性化的行为。只有学生主动、自由地个性化阅读，才能在其中形成自己独特的阅读感受。

二、学生的自主性是个性化阅读的关键

1. 让学生自主选择阅读材料

在进行个性化阅读时，应充分尊重学生的选择。学生是学习活动的主体，教学中，教师应给学生自由活动的时间和空间，让学生自主取舍学习对象。教师在教同一篇课文时，可以给学生自主选择阅读材料的权利，在新课改后的课堂上，我们常能听到这样的课堂用语："选择你喜欢的自然段来读一读。"这体现的就是学生个性化阅读的自主性。学生可以根据自己的学习基础和阅读兴趣的不同，自主选择阅读材料，在个性化阅读中充满兴趣。正确运用兴趣规律，能促使学生不断增长求知欲望，有利于学生在学习中自我体验阅读的快乐，将教师的"要我读"转化为"我要读"，从而形成独到的见解，发展阅读个性，提高阅读水平。例如，在学习《小动物过冬》这课时，教师就可以让学生自主选择喜欢的自然段来学，这样把长课文转化为短课文来学，学生就不会感到吃力，学习起来就有成就感。

2. 让学生自主选择学习方法

学生因各人的知识水平不一，又具有不同的兴趣、爱好，表现为不同的个性，因此，教师在教学中必须尊重学生的个性差异，让学生用自己认为最佳的方法进行学习，教师再加以适当的引导，就会取得意想不到的效果。阅读的方法有很多种，可以是边想边读，可以是边表演边读，可以集体读、个人读，也可以是批注阅读。学生通过有感而发、有疑而注、有得而写，满足个体学习的需要，促进个性品质的发展。当学生自主选择喜欢的学习方法阅读时，他们会学得主动、自觉、轻松、愉快，把学习当作一种享受，而不是被迫的痛苦和无奈。例如，在学习《云房子》这课时，教师可以鼓励学生用自己喜欢的方法学习，可以美美地朗读，可以表演，学小鸟在云朵中飞来飞去，可以用画画的方式画出各种各样的云房子，等等，也可以用批注。这样，教师给予学生充分展示自己才能的机会，学生学得主动积极，读书效率也高了。

3. 让学生自主选择交流方式

学生在个性化阅读中会有各种各样的体验，他们必然希望和别人交流，和别人分享自己的见解，体验成功。教师要使学生的个人体验能得到很好地表述和交流，可以鼓励学生自主选择交流的方式，如和老师交流、下座位找好伙伴交流、回家和家长交流，等等。学生在体验与交流中、观点的相互碰

撞中，把握自己的理解程度，判断与目标的差距，反思自己并采取各种帮助自己思考和增进理解的策略，最终实现对课文全面、深入的理解和掌握，使学生真心喜欢阅读，热爱阅读，从阅读中获得乐趣。

三、教师的主导性是正确的个性化阅读的保证

1. 引导学生形成正确的审美观

强调阅读活动中学生的自主性，并不是要教师放弃对阅读活动的主导作用。其实，在学生的个性化阅读中，教师一定要注意保持自己的主导作用，要关注学生的阅读审美经验。由于学生自我经验的局限性，在个性化阅读中学生难免会有一些不正确的理解，甚至是荒谬的地方，对于学生的这些体验，教师要多一些尊重，多一些交流，要给学生敞开心扉说想法的空间，加强师生、生生之间的交流，从中了解学生的理解方式、水平，给予引导纠正。发挥教师的主导作用，引导学生形成正确的审美观，是对学生的将来负责任。例如，在学习《三袋麦子》时，有学生认为小猴最笨，辛苦地把麦子种下地，不如学习小猪把麦子变成各种好吃的食品吃了，麦子完了可以再找土地爷爷要。这时教师就要发挥自己的主导作用，引导学生形成正确的审美观，让学生明白小猴的行为才是正确的。

2. 引导学生大胆质疑，勇于创新

个性化阅读是一种拥有批判意识的阅读观。学生要想在阅读活动中有所创新，获得独到的体验，必须学会批判地接受、学习课文。一个学生只有敢于批判、会批判，才能显示出他的个性。学生可以批判课文的内容和观点，并能陈之以理，也可以批判教师的观点和错误，敢于向教师提出质疑。而教师在阅读教学活动中，也要时刻注意发挥自己的主导作用，引导学生勇于质疑、不迷信阅读文本和教师，引导学生展开讨论，多从不同的角度来释疑。这样，学生的个性化阅读才能有质的提高。

四、课内阅读向课外延伸是个性化阅读永不枯竭的动力

个性化阅读是建立在学生大量阅读的基础上的。然而，在传统的语文教学模式中，教师往往特别强调对课本上文章的精讲精读，结果学生的阅读视野越来越狭窄，对阅读失去了激情。因此，在新课改中，教师要千方百计把学生的阅读视野引向课外，引向一个更广阔的空间，加大课外阅读量，鼓励学生多读有益的书和各种报纸杂志，鼓励学生在网上阅读，引导学生从多种

渠道获取丰富的精神养料，进行情感的熏陶，获得思想的启迪，享受审美的乐趣，从而提高语文的素养。

只要教师牢记新课标中关于个性化阅读的理念，坚持在教学中贯彻执行，做到学生的自主性和教师的主导性兼顾、课内和课外阅读结合，相信个性化阅读之花会越开越美丽！

《爱国长歌》教学设计

（古典爱国诗词诵读）

【设计理念】

以课文为载体，进行辐射阅读。以欣赏、背诵诗歌和品味字句为核心，利用多种方法，激发学生兴趣，调动学习的主动性、积极性，促进学生有效地理解诗歌内容，掌握古诗阅读的方法，以提高学生阅读古诗的能力，培养自学能力，达到提高语文素养的目的。

【教学目标】

学习爱国诗词，感受诗词中的爱国情怀。能有感情地朗读、背诵，并从中习得学习古诗词的能力。

【教学过程】

一、谈话导入，激发学习兴趣

1. 同学们，中华民族有着五千年的文明史，在这条源远流长的文化长河中，涌现出了一批又一批的爱国诗人——屈原、杜甫、岳飞、陆游、文天祥、梁启超、龚自珍……他们满怀一腔热血，用一篇篇动人的诗词抒发着自己的爱国情怀。（相关视频展示）

2. 揭示课题：“爱国”是我国古典诗词中一个重要的主题。这节课就让我们一起诵读几首爱国诗词，来感受一下我国古代人民的爱国情怀。

（板书：爱国长歌）

二、品读诗词，感悟爱国情怀

（一）学习诗歌《从军行》

过渡：盛唐时期是我国历史上最为强盛的时期，而诗歌发展到唐朝也最为繁荣。唐诗中有一类专门描写边疆将士生活和战斗的诗歌，这类诗歌被称为边塞诗。现在就让我们打开课本，一起学习一首边塞诗——《从军行》。

1. 自由读《从军行》这首诗，多读几遍，读正确。然后结合后面的注释和译文理解诗句的意思。

2. 指名读诗句。读懂了吗？谁来说说这首诗的意思？

3. 欣赏读第一、二句。

展示：

（指名读）这两句诗写到了边塞哪几处地方？（青海湖、雪山、孤城、玉门关）大家都知道，青海湖在遥远的青藏高原，而“玉门关”也会让大家想到一句名诗——“羌笛何须怨杨柳，春风不度玉门关”。可见玉门关是多么遥远。

（出示相关图片、配乐）再读一读这两句，你有怎样的感受？（苍凉）

（让学生说画面）

（指名读一、二句）能用你的朗读把你的感受表达出来吗？（指名读，再齐读）

4. 边塞是如此偏僻，如此荒凉，将士们表现得怎样呢？读三、四两句，然后交流。

（勇敢、不怕困难、不怕牺牲……）

5. 情境对白，指导朗读。（配乐）

你敬佩这些将士吗？现在你们都是守卫边关的将士：

将士们，边塞遥远，黄沙漫天，你就不怕苦吗？你们驰骋沙场，浴血奋战，就不怕血染沙场吗？妻儿老小对你望眼欲穿，夜深人静，你就不想念他们吗？你们什么时候才会返回家乡呢？（指名读。男生齐读。齐读）

6. 感情朗读全诗。

（二）欣赏《满江红》

过渡：刚才我们学习了《从军行》这首边塞诗，深深地感受到了边塞将士保家卫国的爱国情怀。下面再让我们来欣赏一首宋词——《满江红》，看看著名抗金将领岳飞又有着怎样的爱国情怀。

（指名读）大家熟悉这首词吗？对岳飞了解吗？（指名交流）这首词是岳飞在什么情况下写的呢？

1. 同学们，刚才学习《从军行》这首诗的时候，大家先读熟诗歌，然后借助注释和译文理解诗歌，这是学习诗歌的一个重要方法。下面请大家结合译文自由读这首词，画出最能打动你的句子。

2. 把你感受最深的地方和同桌说说。

3. 我们一起来交流，看看哪些句子最打动你的心灵。说说你的感受。

4. 同学们，读完全词，你们感受到岳飞有着一种怎样的情怀呢？多少年来，这首词激励了无数仁人志士怀着一腔热血，报效祖国，让我们自由地有感情朗读全词。

5. 齐读。

6. （欣赏歌曲《满江红》）同学们，让我们一起来欣赏艺术家是怎样用国粹京剧这种形式来表现岳飞的爱国情怀的。

三、诵读诗词，树立爱国志向

1. 同学们，我们中华民族经历了几千年的发展，（多媒体展示发展图——画轴展开，出现一篇篇诗歌）每一个时代爱国主义都是一脉相承的，有的维护国家利益和统一，有的坚持民族气节，有的强烈要求改革，以振兴国家……我国古典诗词中的爱国内容还有很多，下面就请大家从《在传统文化中成长》这本书中选读一首自己喜欢的爱国诗词，有感情地读一读，感受一下诗歌中的爱国情怀，还可以背一背，待会儿我们一起交流。

2. 背诵欣赏。

3. 小结：同学们，作为新时代的少年，我们面对的是改革开放、生机勃勃的新中国，我们相信，爱国主义一定会深深植根于我们每一位少年的心中。最后，让我们一起背诵梁启超《少年中国说》中这则片段，来结束我们今天的爱国之旅，奏响新时代的爱国乐章。

（配乐朗诵《少年中国说》片段：

少年智则国智，少年富则国富，少年强则国强，少年独立则国独立，少年自由则国自由，少年进步则国进步，少年胜于欧洲，则国胜于欧洲，少年雄于地球，则国雄于地球。）

【教后反思】

1. “读进去”，读得扎扎实实

古诗词语言凝练，意境深远，因此，以言语文字的训练为依托，让学生体会诗歌的意境，是古诗词教学的重点。本课教学，能准确把握诗词中关键词引导学生体会诗人强烈的爱国之情，并通过想象，把抽象的语言文字转化为可观可感的画面，训练扎实，真正落实语文学科工具性的基本属性。

2. “读出来”，读得有滋有味

古诗词不仅韵律美，而且蕴含的情感非常丰富，让学生有感情的朗读，读出古诗词的韵律和情感，是古诗词教学的又一重点。本课教学，朗读的形式多样，有范读、引读、指名读、男女生读、小组读、齐读等；讲究读的层次性，注重读的目的性，还特别注重朗读过程的指导。没有生硬的技巧灌输，也没有教师呆板的“口型”传授，而是在深入理解诗人描绘的意境以及抒发的感情的基础上，教师借助多媒体画面，让学生“入情入境”，将诗人的情感了然于胸。此时，学生的情感与文本情感浑然一体，再辅以教师的情感渲染，引导学生有感情地朗读，他们的情感喷薄而发，读得有滋有味。

《孔子游春》教学设计

【设计理念】

根据本文的特点，结合新的课程理念，本课在教学时注重以人为本，以读为本。引导学生抓住重点段，让学生在读中感、在思中悟、在说中得。尊重学生的阅读感受、独立思考、批判思维和创造性等个性风采。让学生在学习过程中初步触摸古文，触摸儒家文化，感受孔子博大精深的教育思想和人格魅力。

【教学目标】

1. 学习课文中论水、言志两部分内容，并能有感情地朗读。

2. 凭借课文的具体语言材料，领会孔子论水的目的以及“真君子”的内涵，从而初步了解孔子的大教育观和博大精深的教育思想。

3. 学习课文，渗透《论语》的有关内容，激发学生学习古文和了解孔子思想的兴趣。

【教学过程】

一、复习导入，欣赏泗水河畔的景色美

1. 揭题、读题。

2. 有感情地朗读课文第 2 自然段。

（设计意图：富有感情的朗读，将学生引入春意浓浓的情境，使本课的阅读教学形成一个有机的整体。）

二、精读品味，感悟孔子的智慧与魅力

（一）论“水”——感受孔子的智慧

过渡：我们已陶醉在这浓浓的春意中，可孔子却动情地凝望着泗水河，陷入了沉思。孔子究竟对水有怎样独到的见解呢？

1. 自由读第 8 自然段，了解孔子对水的独到见解。

交流：有德行、有情义、有志向、善施教化、真君子。

你能将这段文字读成一句话吗？（水是真君子啊）一个词呢？（真君子）

（设计意图：由分到总，既让学生一下子就抓住了这段话的要旨，又训练了学生读书时抓中心句、抓中心词的能力。）

2. 再读课文，理解孔子论水的深刻含义。

让我们静下心来默读这一段，从描写水的品性的四句话中选择你深有同感的一句，谈谈你的理解，可以用上熟悉的成语、名言警句等。

（1）学生默读，理解。

（2）学生交流。

（设计意图：《语文课程标准》指出：“阅读是学生的个性化行为。”如何让学生突破“论水”这一部分的难点，教者没有越俎代庖，而是让学生自读自悟。尊重学生的选择，尊重学生的体验，学生真正成了语文学习的主人。而在学生自主学习的过程中，教者又充分发挥了引导者的作用，注意调动学生的生活经验和语言积累，以加深学生的感悟，使语文向课外延伸，向生活延伸。）

（3）仿照句式、展开想象，补充省略号的内容。

这一段“善施教化”的后面还有一个省略号，（板书：……）这表示什么呢？水还有真君子的哪些品性呢？请你模仿这四句话也来写一两句。

（设计意图：对省略号的内容进行补充，既发展了学生的想象力，又拓宽了学生对水的品性的认识。这样的读写结合，使语文的工具性和人文性得到了较为完美的统一。）

3. 了解孔子论水的目的。

同学们，水是很常见的、很平常的，用课文中的一个成语来讲就叫——（司空见惯），孔子却从这司空见惯的水中看出了水有德行、有情意、有志向、善施教化……孔子仅仅是在赞美水吗？（用水来教育弟子做人要做像水一样的真君子）

4. 拓展《论语》中有关“君子”的名句。

在短短两万多字的《论语》中就有 100 多处提到“君子”这个词语，我们来看其中的几句：

君子喻于义，小人喻于利。

君子和而不同，小人同而不和。

君子坦荡荡，小人常戚戚。

……

（1）大家自由读读这些句子。看看你能理解哪些？

（2）齐读。

（3）生活中关于“君子”的成语、名言还有很多，你们能说说吗？

现在我们回过头来看论水这一段，这番话孔子仅仅是说给弟子听的吗？

所以孔子论水，不仅是教育弟子怎样做人，而且也是他内心世界的表白呀！

（设计意图：关于“君子”的拓展，这是本课中第一次引用古文，旨在加深学生对“君子”的理解，同时让学生初识《论语》，了解孔子就是一位真君子。从而明白他论水的这番话，不仅是教育弟子如何做人，而且是他自己内心的表白。）

5. 分角色感情朗读。

难怪孔子对弟子们说出这番话时是“意味深长”。

（1）让我们再来感受一下孔子在泗水河畔与弟子们论水的情景。自己读读3～8自然段，待会儿分角色朗读。

（2）分角色读。

（二）谈“志”——了解孔子的人格魅力

提问过渡：孔子论水的良苦用心弟子们有没有领悟到呢？请大家读一读课文10～17自然段。

1. 自由读10～17自然段。

2. 理解并交流。

（1）子路的志向。

（2）颜回的志向。

（3）孔子对弟子的志向很满意。

（设计意图：教学言志的内容，教者首先提出一个牵一发而动全身的问题，既承上启下、自然过渡，使“论水”与“谈志”浑然一体，又让学生抓住了“谈志”这一部分的重点语句。）

3. 介绍此段内容的出处。孔子和弟子们言志的这段课文是根据《论语》——《公冶长第五》中的一段话改编而来。

（1）（先出示原文前三句）

颜渊、季路侍。子曰："盍各言尔志？"

子路曰："愿车马、衣轻裘，与朋友共，敝之而无憾。"

颜渊曰："愿无伐善，无施劳。"

（2）大家结合课文11～13自然段的内容读一读这三句话，相信你会明白它的意思的。

（3）理解孔子的志向。

孔子胸怀天下，心系百姓，这就是孔子一贯主张的"仁爱"思想啊！

（4）教师范读。现在来听老师读这段话，注意老师的断句和语调。

（5）自由读。大家自由读一读，注意读通顺、读出古人读书的语调和神韵。

（6）指名读。

4. 小结。同学们，水是司空见惯的，但孔子将水看作真君子，他希望弟子们要做真君子，他也一直要求自己也要做真君子。

（设计意图：将《论语》中孔子与弟子们言志的内容引入课堂，对比阅读，加深学生对课文内容的理解，让他们了解古今文法的差异，再次激发学生阅读古文的兴趣。孔子言志的内容，在课文中是空白，补充原文，让学生改写，插入课文中，既丰富了课文内容，加深了学生对孔子就是真君子的理解，又让学生体会到了学习古文的乐趣。）

三、总结课文，了解孔子对后世的影响

1. 总结，认识孔子。

现在请大家浏览全文，说说孔子是一位怎样的人。

2. 了解影响。孔子是一位伟大的思想家、教育家，我国伟大的史学家司马迁对孔子作出了这样的评价：

天下君王和贤人非常之多，他们在世时荣华显贵，但死后则名随身去。唯有孔子，他虽是布衣，却传了十余世，学者皆宗法他。自天子王侯以下，凡是讲六艺的人，都折服于夫子，真可算是至圣了！

四、诵读《论语》名句，感受孔子的思想魅力

1. 其实，孔子不仅是中国的，而且是世界的。（出示《巴黎宣言》中的一段话）

20世纪末，75位诺贝尔奖获得者齐聚巴黎，发表了《巴黎宣言》，指出：（学生齐读）人类要想在21世纪生存下去，就必须回首2500年前，去寻找孔子的思想和智慧。

2. 推荐读《论语》。要想更深入地了解孔子的思想，同学们课后可以读一读《论语》或者《于丹〈论语〉心得》，挑出自己感兴趣的读一读，背一背。

3. 诵读《论语》经典语句。最后，让我们再一次重温孔子那闪烁着人生智慧的经典名言，结束今天的泗水之游。

（屏幕滚动孔子名句）

（设计意图：拓展阅读，诵读《论语》有关名句，旨在激发学生阅读《论语》的兴趣，进一步了解孔子的思想。）

【教学反思】

遵照学生的知识基础和学习语文的规律，本课教学力求知识与能力、过程与方法、情感态度与价值观的结合，工具性与人文性的统一。

1. 发挥学生的自主性

学生是语文学习的主人。在教学中，我始终以学生为主体，放手让学生去读、思、悟，尊重学生的独特体验。在教学“论水”时，我并没有因为这一部分是教材的难点就进行讲解、灌输，而是引导学生自主读书，让学生从一段话中选出深有同感的一句，结合已有的知识结构、生活体验以及语言积累交流，从而加深对孔子论水目的的理解。

2. 凸现语文的本色性

语文姓“语”，语文课堂应该充满浓浓的语文味。本教学设计中，我抓住重点段落、重点词句引导学生品味，注重读写结合，注重语言的积累、运用，注重对文本外延的拓展、延伸。特别值得一提的是，我先后三次将《论语》中的经典语句引入课堂，收到了意想不到的效果：第一次，引入孔子关于“真君子”的名言，意在拓宽学生对君子的理解，感悟孔子论水时的内心世界；第二次，引入《论语》中孔子与弟子们谈志向的原文，学生通过对比阅读，通过改写古文，既深入理解了文本内容，又体会到了学习古文的乐趣；第三次，在课堂尾声引入《论语》中的经典名句，师生同诵，旨在暗示学生《论语》意蕴深远，孔子思想光耀千秋。总之，这三次古文的引用拓宽了文本内容，丰富了教材内涵，增添了课堂的文化底蕴，激发了学生学习古文的兴趣。

3. 营造课堂的和谐性

优雅的乐曲，精美的画面，煽情的语调，琅琅的书声……构成了课堂上亮丽的风景。然而，这不仅仅是课堂的表面现象，我还力求整堂课动静结合、有张有弛，教师与学生之间平等对话、激情碰撞，让学生的思维自由飞扬，让学生的感情恣意流淌，这才是课堂上真正的和谐。这节课即将结束之时，我与学生同诵《论语》名句，为的就是营造一种师生相亲、其乐融融的氛围。

《钱学森》教学设计

【设计意图】

这篇课文生动地记叙了我国著名科学家钱学森在美国时一刻也没有忘记祖国，以及回国后所做出的卓越贡献，赞扬了他高尚的爱国情怀。凭借个性化的人物语言来塑造人物形象、揭示人物内心世界是本文的重要写作特色。根据上述特点，我想引领学生以“人物语言”的朗读感悟为重点，以“人物内心”的探究显化为标志，组织教学活动；以“自主学习”为基础，以“合作学习”为中介，以“相机点拨”为重点，组织学习活动。力求让学生在自主阅读、自主学习、自主探究中充分感受钱学森的爱国情怀。

【学习目标】

1. 有感情地朗读课文。

2. 了解倒叙的写法。

3. 品读人物语言，感悟其情感，使学生受到热爱祖国的美好情感的熏陶。

【教学过程】

一、创设情境，揭示课题

1. 同学们，通过上节课的学习，谁能用一句话概括钱学森给你留下了怎样的印象?

2. 正因为如此，2007 年，钱学森被评为年度感动中国人物，一起来看：(视频展示)

今天，就让我们再次走近这位被称为“中国导弹之父”的钱学森，品读他的语言，了解他的回国路，感受他崇高的爱国情怀。

二、品读人物语言，感受爱国之心

活动一：品读人物语言，感受爱国之心

1. 自主活动：

①自由读课文 2～4 自然段，画出钱学森的语言，联系上下文，了解钱学森是在什么情况下说这番话的。

②思考：钱学森的语言中哪些词句感动着你？为什么？

2. 小组活动：交流自主活动内容。

3. 全班交流：读人物语言，结合背景，抓关键词句谈自己的理解，有感情朗读。

展示交流：

1. “我是中国人。我现在所做的一切，都是在作准备，为的是回到祖国后能为人民多做点事。”

(1) 我是中国人。(当时旧中国贫穷落后，中国人在国外饱受欺凌，但钱学森从来不掩饰自己的身份，在各种场合，他总是自豪地说：“我是中国人！”)

(2) 回到祖国后能为人民多做点事。(正如他 1935 年离开祖国时，就在心中默默地说：“再见了，祖国！你现在豺狼当道，混乱不堪，我要到美国去学习技术，他日归来为你的复兴效劳。”)

(3) 齐读。

(4) 钱学森如果继续留在美国，意味着他将得到什么？

(5) 出示：尽管在美国拥有____________，拥有____________，拥有____________，但钱学森还是选择了____________，因为他牢记着自己永远是____________！

2. “我们日夜盼望着的，就是祖国能够从黑暗走向光明，这一天终于来到了。祖国现在是很穷，但需要我们大家——祖国的儿女们共同去创造。我们是应当回去的。”

(1) 日夜盼望：说明钱学森时时刻刻都在思念祖国。

(2) 终于：钱学森盼望新中国成立很久了，他等待回国报效祖国太久了。

(3) 应当回去：钱学森虽然在美国享受着优越的工作、生活条件，虽然他明知祖国条件差，他还是把回国报效国家看作是一种责任，一种义务。

钱学森是在什么情况下说的？

祖国刚解放，可以说是一穷二白，钱学森这时回国，不是只怕有困难，而是一定有困难，可他还是诚恳地说：——（出示句子：“我们日夜盼望着的，就是祖国能够从黑暗走向光明，这一天终于来到了。祖国现在是很穷，但需要我们大家——祖国的儿女们共同去创造。我们是应当回去的。”

好一个热爱祖国的钱学森呀，虽然在美国享受着优厚的待遇，可他坚定地说——（齐读：“我是中国人。我现在所做的一切，都是在作准备，为的是回到祖国后能为人民多做点事。”）

当他面对留学生袒露心迹，有人劝他不要回国时，他诚恳地说——（齐读：“我们日夜盼望着的，就是祖国能够从黑暗走向光明，这一天终于来到了。祖国现在是很穷，但需要我们大家——祖国的儿女们共同去创造。我们是应当回去的。”）

回国，回国，回到日夜盼望的祖国去！然而归国之途却是多么坎坷！一起进入“活动二”的学习。

三、了解归国之路

活动二：了解归国之路，体味爱国之情 1. 自主活动： ①自由读课文第5自然段，思考：美国海军高级将领的话说明了什么？ ②默读拓展资料，然后再读课文第6自然段，文中“终于”一词让你感受到了什么？ 2. 小组活动：交流①② 3. 全班展示。

1. 这5年对钱学森来说是怎样的5年？（度日如年、饱受煎熬、寝食难安）是的，无论回国的阻力有多大，但钱学森还是义无反顾地选择要回国！

2. 因此当他历经种种困难，终于登上回国的轮船时，他又是怎样的心情呢？（激动、兴奋）

（出示第一小节）读一读，哪一句最能让你感受到他的心情？

（想到前方就是自己魂牵梦绕的祖国，他多么希望脚下不是轮船的甲板，而是火箭的舱壁呀）

3. 指名读、齐读。

4. 这一自然段，如果按时间顺序，它本应放在哪一自然段？这种写法叫“倒叙”，这种写法有什么好处？

5. 齐读：“当想到前方就是自己魂牵梦绕的祖国，他多么希望脚下不是轮船的甲板，而是火箭的舱壁呀！”

四、检测反馈

现在，满怀壮志的钱学森乘着轮船回家了。想到前方就是自己朝思暮想的祖国，想到自己即将踏上魂牵梦绕的故土时，他是多么激动啊！那他会想些什么？说些什么呢？

【教学反思】

一堂课就是人生中40分钟的生命历程，就是一幅“教师、学生、文本”不同言语生命互动交流的整体的鲜活图景。“好的课堂应当是言语和情感共生的课堂，要让学生能够从言语中品读，从言语中悟情，让学生情感的闸门不断开启，让学生智慧的火花不断点燃。”言意兼得理应成为我们追求的目标。

《钱学森》是一篇情感性和故事性很强的文章，如把握不好，很容易上成思品课、故事课，甚至是煽情课。作为六年级的学生，我们该教给他们些什么？正是基于这样的思考，我有了这样的教学认识：

1. 与文本对话，理清写作思路；与人物对话，受到情感熏陶

六年级的学生，我们应该在平时的课堂中给予一些写作方法的指导。《钱学森》是一篇写事记人的文章，作者的文路非常清晰，比如，全文围绕两条主线展开，就是钱学森的热爱祖国和出众才华，当然以热爱祖国为主线；又如倒叙手法的运用；再如，钱学森归国前后，我有意识地让学生概括出他面临的三次考验，以及在考验面前所持的态度。这样解读文本，不仅使整个教学流程、板块清晰，其实也是渗透了一些行文技巧的训练。

在教学中，我为了让学生真切地体会人物内心，感受人物的爱国情怀，紧紧抓住情感这条主线，努力做到在品词析句中感悟真情，在个性朗读中倾吐真情，在语言训练中表达真情。

2. 在品读中理解语言，在概括中发展语言，在拓展中积累语言，在抒写中训练语言

语文课首先要有语文味，也就是说要教给学生理解和运用祖国语言的技能、技巧。“语文不是个万能筐，什么都可往里装。”语文课要尽量减少非语文的环节，避免语文文字本体的失落或淡化，扎扎实实地让学生理解语言、品尝语言、积累语言、运用语言，让学生在扎实的语文实践中习得语感、积淀语感、领悟语言规律。

(1) 品读。品味语言，不是单纯地分析语言的表面特征，而是从语言运用的角度指出文章用语行文的精妙，在特定的语境中，着重体会文本语言的

分寸感、和谐感、情味感、独特感等。例如，“最得意和最得力”“绝不能”；再如，第四小节中的“终于”“应当”等，我都是让学生自读自悟，而且大多采取默读的方式，让学生在静思默想中理解文本的语言。

（2）概括。理应把高年级学生概括能力的培养作为语文教学的一个重点，在教学中，我特别重视了学生概括能力的训练。如三次考验的概括，三次态度的概括等，就是让学生在概括中发展自己的语言。

（3）抒写。在情感体验中达到高潮，注重读写结合，把学生的真实情感自然倾诉。而这倾诉也不是单纯地想说什么就说什么，同样也是让学生把自己最想说的一句话写下来，实际上也是让学生学习用凝练的语言进行表达，训练了学生的言语表达能力。

《珍贵的教科书》教学设计

【设计意图】

1. 在读书节来临之际，让学生了解解放前同龄人的读书情况，从而激发学生珍惜现在的幸福生活、热爱读书的感情。

2. 全课以三大板块推进：走进条件艰苦的岁月、享受突然有书的快乐、体会失去亲人的痛楚。以这三大板块推进课堂，层次清楚，感情对比强烈，学生的体验会更加深刻。

3. “读”为主线，采用多种形式的读，让学生在读中想象、感悟、体验、抒情。

【教学过程】

同学们，给大家猜一个节日，看谁是有心人。4 月 23 日是什么节日？知道世界上哪个民族是最爱读书的民族吗？据说，犹太人在孩子出生后，都会在书上沾上一些蜂蜜让孩子舔一舔，从而让孩子从小就知道书是甜的。

一、揭示课题，质疑提问

1. 今天我们学习的是一篇跟“书”有关的课文。（板书：珍贵的教科书）

2. 齐读课题。

3. 质疑：有疑问吗？（为什么“珍贵”？）

活动一： 以小组为单位，快速读课文，讨论：教科书珍贵在哪里？

二、走进条件艰苦的岁月

让我们一起走进1947年，转进小山村的延安小学。

1. 自由读课文第1、2自然段，延安小学的同学和他们的学习条件给你留下了怎样的印象？

2. 生自由读，概括感受。（同学们爱学习、学习条件艰苦）

3. 提问：

（1）条件艰苦表现在哪里呢？

（2）最困难的是什么？此时，大家最大的愿望是什么？这种愿望强烈吗？从哪里读出来的？（多么渴望）

4. 指导朗读。

三、享受突然有书的快乐

过渡：就在这极其艰苦的时刻，有一天，指导员给大家带来了一条振奋人心的消息：咱们有书了！

1. 赶紧读读课文3～7自然段，你又感受到了什么呢？

2. 自由读，指名回答。（兴奋、高兴、激动……）你从什么地方感受到的？

3. 交流：

（1）“一天下午，我们的老师张指导员兴奋地对我们说：‘告诉大家一个好消息，咱们有书啦！’听了这个振奋人心的消息，我们高兴得跳了起来。”

理解“振奋人心”。在特别渴望有书的时候，突然听到这个消息，你会有怎样的感受？这就是“振奋人心”。

（2）“在同学们的欢呼声中，我亮开嗓门喊起来：‘走哇，领书去！’”

理解“亮开嗓门”。注意这里的“我”是怎么喊的？谁来亮开嗓门喊一喊这句话？

（3）“‘我去！’‘我去！’同学们争先恐后地喊着。最后决定，让我跟指导员去印刷所取书。”

理解“争先恐后”。这里哪个词语特别能体现大家的激动？同学们，如果我是指导员，现在我请一位同学去领书，你们会怎么做？这就是成语“争先恐后”。谁能用这个成语说一段话？

4. 分角色朗读表演，感受快乐。

这段场景非常快乐，你们想不想表演读呢?

活动二： 以小组为单位，小组长分好角色，表演时注意人物的神态、动作和语言。

四、体会失去亲人的痛楚

过渡：书领到了，我和指导员恨不得一步赶回村子，把书发给同学，可是就在这个时候……（配乐）

（师配乐范读）

1. 提问：此时大家的心情怎样？为什么？

自己读读这一段，把最令你感动的地方画出来，并在旁边写写你的感受，然后在小组内交流。

2. 交流：

（1）“指导员趴在离我不远的地方，一动也不动。那捆书完整无缺地压在他的身下，只是被鲜血染红了。”

“完整无缺”是什么意思？

想想：当时指导员张老师是怎么想的？

（2）“好半天，他才微微睁开眼睛，嘴里念叨着：‘书……书……’”

（3）“他轻轻地摇了摇头，两眼望着那捆书，用微弱的声音说：‘你们要……好好学习……将来……’”

指导员还没有说完的话是什么呢？（指名说）

3. 写话：同学们，指导员话还没有说完，就永远地闭上了眼睛，离开了我们。此时此刻，你最想对指导员说什么？赶紧拿起笔写一写。

4. 交流对指导员说的话。

小结：同学们，让我们永远记住指导员未说完的话，记住这党中央从文件用纸里节约出来的，更是用指导员生命换来的“珍贵的教科书”。

齐读最后一个自然段。

【教学反思】

执教《珍贵的教科书》，我觉得自己在教学目标的设计上能紧扣主题，并能有效地把握住教学重点，采用多种形式的“读”来突出重点，突破难点，在新的教学理念指导下，体现了“长文短教，抓住重点，培养语感，读中悟情，渗透学法”，课堂上充分调动了学生情感参与的积极性、思维的活跃性。

1. 紧紧围绕“教科书的珍贵”这一重点主题展开四个层次的“读”

一是激起关注读。第一课时，我就通过板画“一捆书”来吸引学生的兴趣与关注点，先感受到我们的书普通而易得，然后又突出“珍贵的”这一关键的字眼，激起学生对“珍贵”原因的关注，从而激起读书的欲望；二是围绕问题读。让学生们自己读书、感悟、发现，“找一找、画一画”，初步找到了文中的几个关键处；三是引导感悟读。通过抓重点词、句“完整无缺”“压”“最困难”“渴望”“毛主席的关怀”“党中央印文件的纸里节省”的理解与感受，同时又补充介绍背景，让学生一步步明白了这些书不但是在条件极其艰苦的情况下，延安小学的孩子们非常渴望的，而且印书用的纸是在毛主席的关怀下，从党中央印文件的纸中节省出来的，更是张指导员用鲜血和生命换来的，真切地感受到了书的珍贵；四是想象补充读。通过回看这捆书，想起哪些人，应该记住些什么，激发学生根据当时的情境想象、补充，写出指导员未说完的话，并进行多人次的交流读，从而让学生在补充读中领悟到教科书寄托着老一辈的激励。通过这堂课，我充分地认识到：多读，不仅能帮助学生理解文章的思想内容、丰富学生的想象、激发学生的爱憎情绪，而且还可以激活学生的思维。

2. 以“情”为主线，读中体验“情”

整堂课我都紧紧围绕课题中饱含深情的字眼——“珍贵”做足文章。在读书、理解、引导、感动中体验珍贵之情、朗读珍贵之情、表达珍贵之情，以“情”为主线，以教师的热情之“情”激起学生的真诚之“情”。以情贯穿，从而让学生多次深情地读课题。

3. 引导学生进行比较、想象，抓重点词、抓标点等培养语感的“读”

通过“比较和想象”的语感训练，再现了课文情境，为学生提供了鲜明、准确、丰富的形象，丰富了课文内容，使学生的思想情感有了一定程度的体验；把读书的方法教给学生，唤起学生的学习兴趣，从而自觉地参与教与学的活动；同时学生在大量的训练过程中，丰富了语言，增强了语感。

这篇课文中有些词语并不深奥，表面意思也不难理解，但却用得十分精妙，耐人寻味，起到了画龙点睛的作用。我引导学生通过解一解、想一想、比一比，来体会其用词的准确性和精神实质。例如，在课文中有这样一句话：“那捆书完整无缺地压在他的身子下面，被鲜血染红了。”引导学生进行比较：书被“压”在下面——指导员的血肉之躯在上面；书“完整无缺”——指导员却身负重伤。通过比较，学生体会到指导员的舍身护书。又如，把“最困难的是没有书”和文中的四个困难句作比较，突出句中的“最”字，让学生了解在战争环境中能得到一本教科书是十分困难的，从而突破“教科书是十分珍贵的”这一教学难点，也让学生感受到课文用词的准确性。通过这些潜移默化的引导，让学生逐步学会抓住关键词读书。

语感的产生是以“感”为主，它离不开生动具体的想象。因而，在教学中，我启发学生运用形象思维，在心中产生“内心视像”，品味语言文字，感悟课文的意境，获得丰富的语感。例如，文中的四个“没有”，我通过一选读——了解困难感受艰苦、二连读——体会孩子们的学习热情、三范读——想象孩子们当时学习的情景，让学生身处“没有桌椅、没有黑板、没有粉笔、没有书”的“教室”之中去学习，真切感受书对于延安小学的孩子们来说是那样神圣、重要、宝贵、渴望。对于“渴望”的理解，我创设又热又渴的情境，让学生们想象当时的心情、希望，理解了“急切希望”就是“渴望”的意思。再如，“那捆书完整无缺地压在他的身子下面，被鲜血染红了。”我引导学生想象指导员在飞机呼啸而来他倒下的那一刹那，心里想到的是什么，体会到文中没有描写但完全可以想到的感人场面：指导员用自己的身体保护住书，自己却献出了宝贵的生命，从而走进了指导员至死还想着“必须保护好书”的内心，再次让学生感受到书的珍贵——用鲜血和生命换来的。

《宋庆龄故居的樟树》教学设计

【教材解读】

这是一篇托物言志、借物喻人的抒情散文，课文描写了宋庆龄故居的两棵樟树的外形和生长特点，以及具有抗虫的香气且能永久保持的可贵之处。文章语言简洁，表达了作者对这两棵樟树的赞美和对宋庆龄的怀念之情。表面看，文章层次清晰地介绍了樟树的外形及作用，但真正的目的是要借樟树赞扬宋庆龄高尚的品格和坚毅的革命情怀。因此，教学本课的难点就在于通过理解樟树的可贵之处来引领学生领会樟树的象征意义。

【学习目标】

1. 有感情地朗读课文，感受樟树的外形美和香气永存的内在美。

2. 阅读补充资料，了解宋庆龄，知道宋庆龄和樟树间的关系及感情。

3. 初步懂得“借物喻人”的写作方法。

【导入新课】

一、揭示课题

今天我们继续学习《宋庆龄故居的樟树》。

上一节课，我们知道了周恩来总理觉得宋庆龄的房子小了点，劝她搬家，可是宋庆龄不肯，因为她舍不得庭院里的两棵樟树。这究竟是怎样的两棵樟树呢？

二、活动一：感知樟树蓬蓬勃勃的外形美

1. 自由读课文第 4 自然段，思考： ①樟树的外形给你留下了怎样的印象？（从第 4 自然段中找出一个词语概括） ②“蓬蓬勃勃”一词是什么意思？这一自然段哪些地方写出了樟树的“蓬蓬勃勃”？ 2. 小组交流，练习感情朗读第 4 自然段。 3. 小组汇报、朗读。

1. 引导抓住关键词语感受樟树的外形特点和生长特点。

2. 指名读第 4 自然段，评读，齐读。

三、活动二：体会樟树香气永存的内在美

1. 自由读课文第 5 自然段，思考： ①樟树的“可贵之处”表现在哪里？画出有关句子（注意画全），这些句子讲了几层意思？ ②课文是写宋庆龄故居的樟树，第 5 自然段一开始为什么要写石榴树呢？ 2. 小组交流①②。 3. 汇报交流。

过渡：宋庆龄之所以舍不得这两棵樟树是不是只是因为这两棵樟树长得“蓬蓬勃勃”呢？

出示——（而樟树本身却有一种香气，而且这种香气能永久保持。即使当它枝枯叶落的时候，当它已经作为木料制作成家具的时候，它的香气仍然不变。只要这木质存在一天，虫类就怕它一天。）

1. 引导感受樟树的可贵之处。

2. 句式比较。一般“即使”和哪个词搭配组成一组关联词语？（也）那这里是用“仍然”好还是“也”好？

3. 指导朗读。

四、活动三：感受宋庆龄的人格魅力美

1. 阅读宋庆龄的故事，思考：宋庆龄给你留下了怎样的印象？ 2. 小组交流： ①宋庆龄是一个____________________的人。 ②宋庆龄和庭院里的两棵樟树有什么关系？ 3. 小组汇报交流。

过渡：现在，大家有没有明白宋庆龄为什么舍不得这两棵樟树？可樟树有那么多，为什么作者偏要写“宋庆龄故居的这两棵樟树”呢？

1. 出示：我说当时在上海，只有一个光辉灿烂、无与伦比的人物，她就是勇敢、美丽而又孤独的孙中山博士的遗孀。——美国记者：海伦斯诺

小结：这就是外国人眼中的宋庆龄，她的声名不仅在中国大地上传播，而且香飘四海。（出示：她的美德就像樟树一样四季常青，芳香四溢，播洒在人们的心间）现在你知道作者写宋庆龄故居的樟树实际是为了写谁？这种写作方法就是：借物喻人。

2. 推荐阅读：同学们课后还可以阅读这几篇文章：《海燕》《白杨礼赞》。

3. 齐读第 6 自然段：正因为宋庆龄品质高贵，周恩来称她为（出示：“国之瑰宝，二十世纪伟大女性。”）一起读第 6 自然段。

五、检测反馈

心灵有约。

来到宋庆龄的故居，站在这两棵樟树下，我________________________

____

____

____。

【教学反思】

《宋庆龄故居的樟树》描写了宋庆龄故居两棵樟树的外形和生长特点，以及具有拒虫的香气且能永久保持的高贵之处，表达了作者对这两棵樟树的赞美和对宋庆龄的怀念之情。课文以树喻人，树与人形成了本文一明一暗的

两条线索。明线是写樟树，暗线是突显人物的情怀。怎样才能让学生真正读懂樟树、读懂宋庆龄、读懂作者的写作意图呢？

1. 抓“舍不得”，悟“可贵”

你看这两棵樟树，枝干：“粗壮，伸向四面八方，伸得远远的”；叶子：“稠密、绿得发亮”；这两棵樟树“蓬蓬勃勃”，充满了生命力。“别的树木容易招虫。从同一棵石榴树上，可以捉到三四种不同的虫子。”“而樟树本身却有一种香气，而且这种香气能永久保持。即使当它枝枯叶落的时候，当它已经作为木料制作成家具的时候，它的香气仍然不变。”“只要这木质存在一天，虫类就怕它一天。”通过让学生品读这些句子来感受樟树的可贵——拒虫、香气永久保持。难怪周恩来劝宋庆龄同志搬家时，她不肯，说：“我舍不得这两棵树。”学生真正体会到宋庆龄从心底里喜欢这两棵树是因为樟树“蓬蓬勃勃、香气永久”。

2. 抓“瞻仰”，悟“神似”

“人们怀着崇敬的心情前来瞻仰宋庆龄的故居”，是要表达对宋庆龄的尊敬和爱戴。宋庆龄是一个怎么样的女性？人们为什么纷至沓来瞻仰宋庆龄的故居？学生对宋庆龄的了解毕竟是浅显的，文中也没有做翔实的介绍，如何让树与人之间架起桥梁呢？课前就得让学生查阅资料，充分了解宋庆龄的生平事迹，课中让学生浏览有关宋庆龄的故事。这样既培养了学生搜索资料、整合资料、加工资料的能力，同时又为解决课文的难点做了很好的铺垫。

课文写的是宋庆龄故居的樟树，这樟树与宋庆龄有什么联系吗？樟树蓬蓬勃勃——宋庆龄的精神蓬蓬勃勃；樟树拒虫、香气永久保持——宋庆龄坚强不屈、一生正气；樟树有高贵的木质——宋庆龄有高贵的品质。

3. 抓“留影”，悟“怀念”

如今宋庆龄已经离我们而去，我们看到的只是伟人生活过的故居，还有她舍不得离开的两棵樟树。“人们怀着崇敬的心情前来瞻仰宋庆龄故居，也总爱在这两棵樟树前留个影，作为永久的纪念。”这句话是点睛之笔，由叙写樟树到睹物思人，文章的结构由此而画上一个圆满的句号。给我们的感受是：树即是人，人即是树，宋庆龄的精神品质将四季常青。樟树不仅外形美，蓬蓬勃勃，而且本身有一种永久不变的拒虫香气，“一切景语皆情语”，人们爱在樟树前留影纪念，就是因为宋庆龄就像樟树一样，是一位外表秀美、具有高尚品格和坚毅精神的伟大女性，人们对她非常崇敬和怀念。